ビジキャリ

とは、"職務を遂行する上で必要となる知識の習得と実務能力の評価を行うことを目的とした公的資格試験"です

◆ 受験者数は延べ70万人超の実績のある試験です

◆ 厚生労働省の後援をいただいております
（ロジスティクス分野においては経済産業省・国土交通省の後援をいただいております）
（生産管理分野においては経済産業省の後援をいただいております）

ビジキャリ受験の 5 step

① 自分の受けたい科目を選ぶ
8分野41試験の中から自分に合った試験を選んでみよう

② ビジキャリに申し込む！
申請方法は個人申請と一括申請※の2種類！ビジキャリHPから申請してみよう
（※）企業などで一括して申請する方法です

③ 標準テキストor認定講座でしっかり学習
標準テキストを読み込み試験日に備えよう
ビジキャリHPでは過去問題と認定講座の紹介もしています

④ 試験日
試験日当日！受験票を忘れずに、余裕を持って会場へ

⑤ 合格発表
ビジキャリHPで合格者番号を確認しよう

詳細はWEBで！
ビジキャリ　[検索]

合格者の声

3 級 人事・人材開発

人事・労務についてここまで体系立てて、またテキストもしっかりしている検定は他になく、知識補完の上でとても有意義であると感じた。
受験を通じ人事業務において必要な知識の再整理ができたことで、改めて自分の立ち位置を確認することができ、今後進むべき方向性を知る道標にもなったように思う。

2 級 営業

自分の仕事内容では、本試験は出題範囲が業務上、関連していることも多く、全般的に知識を整理することができた。
また、営業3級と2級のテキストを購入したが、試験の勉強目的以外にも、日常的な仕事内容でも考え方のヒントになることも多く、単純に書籍として良いものだと感じている。

受験情報

◆ だれでもどの級からでも受験ができます　　◆ 全国47都道府県で実施しています

等級	想定される受験対象者	受験料（税込）	出題形式	合否基準	試験時間
1級 *前期のみ	部長、ディレクター相当職を目指す方	12,100円	論述式（2問）	試験全体として概ね60%以上かつ問題毎に30%以上の得点	150分
2級	課長、マネージャー相当職を目指す方	8,800円	マークシート（5肢択一/40問）	出題数の概ね60%以上の正答	110分
3級	係長、リーダー相当職を目指す方	7,920円	マークシート（4肢択一/40問）	出題数の概ね60%以上の正答	110分
BASIC級 *後期のみ	学生、内定者、就職希望者　等	4,950円	マークシート（真偽法/70問）	出題数の概ね70%以上の正答	60分

ビジネス・キャリア検定試験® 標準テキスト

人事・人材開発

木谷　宏 監修
中央職業能力開発協会 編

3級

第3版

発売元 社会保険研究所

ビジネス・キャリア検定試験 標準テキストについて

　企業の目的は、社会的ルールの遵守を前提に、社会的責任について配慮しつつ、公正な競争を通じて利潤を追求し永続的な発展を図ることにあります。その目的を達成する原動力となるのが人材であり、人材こそが付加価値や企業競争力の源泉となるという意味で最大の経営資源と言えます。企業においては、その貴重な経営資源である個々の従業員の職務遂行能力を高めるとともに、その職務遂行能力を適正に評価して活用することが最も重要な課題の一つです。

　中央職業能力開発協会では、「仕事ができる人材（幅広い専門知識や職務遂行能力を活用して、期待される成果や目標を達成できる人材）」に求められる専門知識の習得と実務能力を評価するための「ビジネス・キャリア検定試験」を実施しております。このビジネス・キャリア検定試験は、厚生労働省の定める職業能力評価基準に準拠しており、ビジネス・パーソンに必要とされる事務系職種を幅広く網羅した唯一の包括的な公的資格試験です。

　3級試験では、係長、リーダー等を目指す方を対象とし、担当職務に関する専門知識を基に、上司の指示・助言を踏まえ、自ら問題意識を持って定例的業務を確実に遂行できる人材の育成と能力評価を目指しています。

　中央職業能力開発協会では、ビジネス・キャリア検定試験の実施とともに、学習環境を整備することを目的として、標準テキストを発刊しております。

　本書は、3級試験の受験対策だけでなく、その職務の担当者として特定の企業だけでなくあらゆる企業で通用する実務能力の習得にも活用することができます。また、異動等によって初めてその職務に就いた方々、あるいは将来その職務に就くことを希望する方々が、職務内容の体系的な把握やその裏付けとなる理論や考え方等の理解を通じて、自信を持って職務が遂行できるようになることを目標にしています。

標準テキストは、読者が学習しやすく、また効果的に学習を進めていただくために次のような構成としています。

　現在、学習している章がテキスト全体の中でどのような位置付けにあり、どのようなねらいがあるのかをまず理解し、その上で節ごとに学習する重要ポイントを押さえながら学習することにより、全体像を俯瞰しつつより効果的に学習を進めることができます。さらに、章ごとの確認問題を用いて理解度を確認することにより、理解の促進を図ることができます。

　本書が企業の人材力の向上、ビジネス・パーソンのキャリア形成の一助となれば幸いです。

　最後に、本書の刊行に当たり、多大なご協力をいただきました監修者、執筆者、社会保険研究所編集部の皆様に対し、厚く御礼申し上げます。

中 央 職 業 能 力 開 発 協 会
（職業能力開発促進法に基づき国の認可を受けて
設立された職業能力開発の中核的専門機関）

目次

ビジネス・キャリア検定試験　標準テキスト
人事・人材開発 **3級**（第3版）

人事企画の概要

この章のねらい

　第1章は、人事管理が果たすべき機能と、人事管理を構成する諸分野の関連性の全体像を理解してもらうための章である。人事管理の機能については、社内外の環境（コンテキスト）との関連性を理解することが重要である。特に社内環境の面では、経営戦略や組織等の経営システムと従業員の働く意識が労働のあり方を決め、そのことが、社員の効率的・効果的な活用を図ることを基本的な役割とする人事管理のあり方を決める。また社外の環境については、労働市場、労使関係、法制度に加えて、政治・経済・社会・技術・競合の動きを正しく認識しておくことが必要である。

　人事管理の構成については、社員区分制度と社員格付け制度が人事管理のプラットホームを形成し、採用、配置、報酬などの個別の管理分野はその上に乗るサブシステムであり、プラットホームの設計が変わるとサブシステムのあり方も変わるという視点を持つことが重要である。

第 1 節　人事管理の意義と範囲

学習のポイント

◆人事管理の機能と構成の全体像を理解する。
◆人事管理の基本構造は、会社と従業員の契約関係（雇用形態）
を基本とし、社員区分制度と社員格付け制度からなる基盤シ
ステムのあり方によって決まる、という視点を理解すること
が重要である。
◆人事管理のあり方は社内外の環境条件によっても規定されて
おり、この節では、特に社外環境を構成する労働市場、法制
度等について知っておくべき最低限のことを理解する。

1　組織と管理システム

　経営目標を実現するために、外部からヒト、モノ、カネ、情報の資源
を調達し、それらを内部で製品やサービスに変換して外部に提供する。
企業はこうした経営活動を効果的・効率的に行うために組織と管理のし
くみを構築する。→図表 1 - 1 - 1

　まず調達、変換、提供からなる経営活動は、細分化され、組織がつく
られる。組織は多くの部分（ここでは部門と呼ぶ）から構成され、それ
らが複雑な分業構造を形成する。その中でいずれの部門も、外から（企
業外から、あるいは企業内の他の部門から）何らかの資源をインプット
として受け入れ、それを事前に決められたアウトプットに変換して外部
へ（企業外へ、あるいは企業内の他の部門へ）提供するという変換機構
としての役割を持ち、このインプットとアウトプットを通して、部門は

図表1-1-1 ● 組織と管理システム

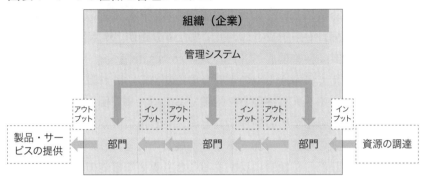

相互に有機的に関連づけられている。

　管理システムは、こうした組織あるいは部門の「インプットを受け入れ、それをアウトプットに変換して外部に提供する」経営活動が効率的・効果的に行われるように管理する機能を持ち、相互に有機的に関連する財務管理、生産管理、販売管理などのサブシステムから構成されている。たとえば生産管理は、生産する機能を持つ部門が行う「社内外から原材料・部品等を受け入れて製品に変換する」経営活動を管理するためのサブシステムであり、効率的・効果的な生産活動を実現することが目標になる。

2 人事管理の機能と構成

　その中でヒトにかかわる部分を担当するサブシステムが人事管理である。企業を構成するどの部門も、ヒトを調達して活用することによって与えられた役割を果たそうとする。人事管理の基本的な役割は、部門あるいはその集合体である企業が行う「ヒトを調達する」「ヒトを活用する」経営活動が、部門あるいは企業の目標を達成する方向に向かって効果的に行われるように、また、それが少ない費用で効率的に行われるように管理することにある。

　こうした役割を持つ人事管理には、①人材を確保して仕事に配置する、

②人材が仕事を遂行する職場環境等の就業条件を整備する、③働きに対する報酬を決める、という3つの機能がある。それに対応して人事管理は多様な管理分野から構成され、①に当たる分野が「雇用管理」、②に当たるのが「就業条件管理」、③に当たるのが「報酬管理」と呼ばれる。

　これらに加えて、もう1つの重要な分野がある。それは、従業員の働きぶりを評価する「人事評価」の管理である。人事評価というと、賃金などの報酬を決めるための管理活動と考えられることが多い。しかし、それは人事評価の機能の一部であり、従業員の働きぶりから、配置が適切であるかを評価して教育に反映することも重要な機能である。つまり人事評価の基本的な役割は、評価すること自体にあるのではなく、人々の働きぶりを評価し、その結果を採用、配置、人材開発、報酬などにフィードバックすることにある。

　これらの人事管理の諸分野はさらにいくつもの個別システムから構成され、それを企業における個人の職業生活の流れに沿って整理すると図表1-1-2になる。すなわち、企業はヒトを採用し（それに対応する人事管理が採用管理）、仕事に配置し（配置・異動の管理）、仕事に必要な能力を教育する（人材開発の管理）。こうして従業員は仕事を遂行することになるが、その際に企業は、労働時間、職場環境などの就業条件を適正に管理することが求められる（就業条件管理）。さらに企業は従業員の働きぶりを評価し（人事評価の管理）、その結果を踏まえて、昇進（昇進管理）と賃金などの報酬を決める（報酬管理）。最後に、従業員は定年や自己都合などによって企業を離れていくが、そのための人事管理が雇用調整・退職の管理に当たる。このように、入社から退職までの各段階に対応して人事管理の個別システムが構築されている。

3　人事管理の構造

（1）会社と社員の契約関係

　以上は人事管理の全体を知るにはわかりやすい説明であるが、人事管

図表1-1-2 ● 人事管理の構成

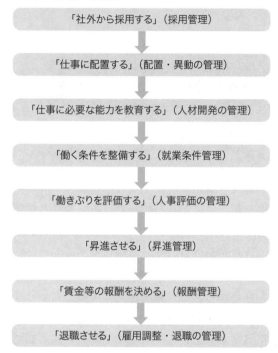

「社外から採用する」（採用管理）

「仕事に配置する」（配置・異動の管理）

「仕事に必要な能力を教育する」（人材開発の管理）

「働く条件を整備する」（就業条件管理）

「働きぶりを評価する」（人事評価の管理）

「昇進させる」（昇進管理）

「賃金等の報酬を決める」（報酬管理）

「退職させる」（雇用調整・退職の管理）

理の機能を構造的に把握するには不十分である。そこで、人事管理を構成する個別システムの相互関係を機能面から整理しておきたい。まず強調しておきたいことは、人事管理システムの骨格は設計思想に規定され、設計思想は会社と従業員の間で結ばれる契約の考え方を表している、ということである。

　図表1-1-3に示すように、法的に見ると、使用者（会社）が労働者を雇用し、労働者が働くという雇用関係は、会社と労働者との間で結ばれる「労働者が会社の指揮命令ないしは具体的な指示のもとで労務を提供し、会社がこれに対して報酬を支払う契約」である雇用契約に基づいている。ただしわが国では、個別に雇用契約書を作成することが少ないために、就業規則によって労働条件等が詳細に定められている。

図表 1 - 1 - 3 ● 使用者（会社）と労働者間の雇用契約

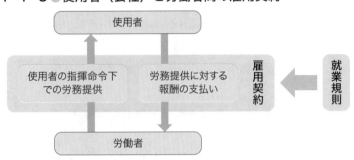

　しかし、人事管理の基盤を形成する会社と個人の間の契約関係は、こうした法的関係を超えた広がりを持っている。会社と従業員の間に「どのような働きをするのか、それに対して、どのように報酬を決めるのか」について暗黙の合意が形成されているからである。たとえば、わが国の就職は「就職」ではなく「就社」であるといわれるが、このことは、「この仕事をしてもらうから、この報酬を支給する」という「仕事を介した契約」ではなく、「入社をすれば、生活の安定を保障するので、会社が指示した仕事を担当する」という「所属の契約」が両者間で形成されている例を示している。

　こうした暗黙の合意の中で会社が提示している考え方が、人事管理の骨格を規定する設計思想なのである。たとえば、「社員の生活の安定を第1に考えよう」という設計思想をとれば、営業、技術等の職種の違いを大きく意識した人事管理にはならないし、一家の生計を支える世帯主を中核的な社員として位置づけて採用と配置を決め、彼ら（彼女ら）の生計費を考えて報酬を決めるという人事管理になるだろう。

（2）人事管理の基盤システム

　こうした設計思想の人事管理システムへの影響はまず、人事管理システムのプラットホームを形成する基盤システムに現れる（→図表1-1-4）。基盤システムは社員区分制度と社員格付け制度から構成され、そ

図表1-1-4 ● 人事管理のサブシステムの関連性

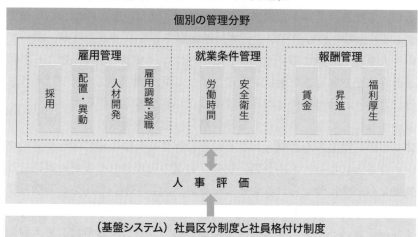

れらが変わると配置・異動、人事評価、賃金、昇格・昇進、人材開発などの他のすべての個別システムのあり方が変わるという意味で、人事管理の中で最も重要である。

　企業には、雇用形態、仕事内容、働き方あるいはキャリア見通しの異なる多様な従業員が雇用されている。それにもかかわらず、1つの人事管理の体系を全員に適用すれば不都合なことが起こる。たとえば、毎日決まった時間働き、しかも長い期間勤務することを前提に雇用されている正社員に適用されている賃金を、いつ働くのか、1日に何時間働くのかを自由に決め、しかも長い期間勤務しないかもしれないパートタイマーに適用することは難しいだろう。そうなると、正社員用の人事管理とパートタイマー用の人事管理を別々に用意しなければならない。実は、こうしたことは正社員においても見られ、企業は人事管理の細部のしくみを設計する前に、管理上の効率性を考えながら、社員を異なる人事管理の体系が適用される異なるグループに区分する。そのための制度が社員区分制度である。

　次に、企業は経営にとって重要であると評価した社員に適切な地位と

賃金を与えるが、そのためには、この「重要さ」の尺度を決め、それに基づいて社員のランクを決める（一般的に「格付け」と呼ばれる）必要がある。そのための制度が社員格付け制度である。「重要な仕事に就いている人を高く評価する」という企業であれば、「重要さ」の尺度として仕事の責任度や難しさを選択することになるが、「重要さ」の尺度はそれ以外にもあり、社員格付け制度には多様な形態が考えられる。

　いずれにしても、企業がある社員格付け制度を選択すると、その尺度に基づいて従業員を評価し、さらにその評価結果によって給与や昇進を決めることになり、人事評価、賃金、昇進の管理のしくみが社員格付け制度をベースにつくられることになる。また社員格付け制度は、「会社はどのような従業員を必要としているのか、つまり、どのような人材を高く評価するのか」を示すシグナルになるので、それを基盤にして人材開発のしくみも設計されることになる。

（3）人事管理の個別システム

　このようにして社員区分制度と社員格付け制度からなる基盤システムが決まると、それに合わせて個別システムが設計される。

　個別の管理システムは前述したように、①職場や仕事に人材を供給するための管理機能を担う雇用管理（採用、配置・異動、人材開発、雇用調整・退職）、②働く環境を管理する機能を担う就業条件管理（労働時間管理、安全衛生管理）、③給付する報酬を管理する機能を担う報酬管理（賃金管理、昇進管理、福利厚生管理）、の３つの分野から構成されるが、それとともに、人事評価が基盤システムと個別システムをつなぐ連結環の役割を果たしている点に注意してほしい。

　基盤システムは「このような従業員に対しては、このようなことを望んでいる（つまり、このような人材を高く評価する）」という会社の意思の表現であり、その意思はまず人事評価の基準として制度化され、それを通して個別システムに伝達されるのである。

4 人事管理のサイクル

このようにして設計された管理システムを通して人事管理の諸活動が展開されることになるが、その管理サイクルを整理すると図表1-1-5になる。

図表1-1-5●人事管理のサイクル

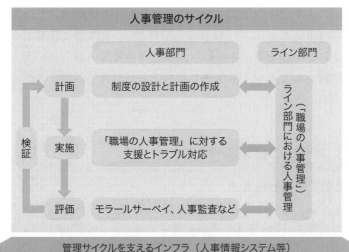

前掲の図表1-1-1でも説明したように、現場の個々の部門（ここでは「ライン部門」と呼ぶ）は指示された役割を果たすために、管理者が部下の配置を決める、部下のモチベーションを高めて効果的に活用する、部下を育成する、部下の働きを評価する等の人事管理（これを「職場の人事管理」と呼ぶ）を行う。そうしたライン部門の人事管理活動を支援して調整する管理システムが人事管理であり、その機能を担うのが人事部門である。

そのため人事部門は、1つの職場を超えた観点（たとえば、全社的な観点、事業部の観点）から人事管理の諸制度を設計し、人事管理にかかわ

る諸計画を策定する（「計画の段階」）。個々のライン部門はこうした制度
と計画のもとで「職場の人事管理」を行うことになるが、人事部門はそ
れを支援し、その過程で発生する問題やトラブルに対応する（「実施の段
階」）。さらに「職場の人事管理」の結果、つまり人事部門が策定した制
度と計画が生み出した結果をモラールサーベイや人事監査等の方法で評
価し（「評価の段階」）、その結果を「計画の段階」にフィードバックする
（「検証の段階」）。

　こうした人事管理の管理サイクルを見ると、人事部門にとって、制度
設計や計画策定とともに、「職場の人事管理」への支援と検証が重要な業
務であることがわかる。さらに、人事管理の管理活動全体を支えるイン
フラを整備することも人事部門の業務であり、人事情報システムがその
中心である。

5 ● 人事管理の環境条件

（1）環境条件のとらえ方

　これまで説明してきた人事管理のあり方は企業内外のさまざまな環境
条件から影響を受けており、その関係を整理したのが図表1-1-6である。

　まず企業内の環境条件としては、経営戦略、従業員の意識、労使関係
の3つが重要である。企業は製品・サービス市場に合わせて経営戦略と
組織構造を設計するが、それらは部門や個人に対して、「何の仕事をして
ほしいのか」「その仕事でどんな成果を上げてほしいのか」を決める機
能、つまり企業内の労働力需要の構造を決める機能を持っている。した
がって、それらが変われば、どのような人材を採用するのか、従業員を
どのように訓練するのか、どのような働きを評価するのかなどの面で人
事管理のあり方が変わる。

　しかし、そうした会社の都合だけでは人事管理のあり方は決まらない。
それは、「会社の期待すること」を実現するように従業員に意欲を持って
働いてもらわなければならないからである。そのために会社は、個人が

図表1-1-6●人事管理の環境条件

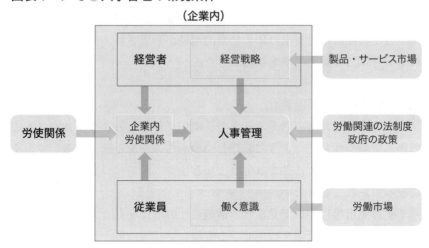

「働くことに何を求めているのか」「どのような働き方をしたいと考えているのか」という働く意識に応えた人事管理、つまり労働力の供給構造に適合した人事管理を構築することが必要になる。また企業内では、経営者と労働組合が労働条件等をめぐって交渉し、さまざまなルールをつくっている。人事管理はこのルールに基づいて行われることになるので、労使関係のあり方も人事管理に大きな影響を及ぼす。

　企業外の環境条件としては、次の3つが重要である。第1に、人事管理は労働市場から影響を受ける。たとえば企業は、短期的には、労働市場の需給状況によって採用の仕方や賃上げ額を変えざるを得ないし、長期的には、労働者の意識が変化する等の労働市場の構造変化に合わせて人事管理を変えざるを得ないだろう。

　第2は、労働関連の法律や政府の政策であり、それによって人事管理の基本的な枠組みが規制されてくる。たとえば法律によって、採用管理では募集や労働契約の仕方、就業条件管理については労働時間の長さ、報酬管理については賃金の水準や払い方、退職管理については定年年齢や解雇の仕方にかかわる基本ルールが決められている。

第3に、人事管理は社外の労使関係からも影響を受ける。たとえば、これまで賃上げ率は春闘で決定していた。個々の企業を超えた広がりを持つ労使関係の中で賃上げ率の社会的相場が形成され、個々の企業はそれを参考にして賃上げ率を決めてきた。

(2) 労働市場の構造変化

人事管理のあり方を考えるうえで、環境条件がどのような状態にあるのか、環境条件がどのように変化しつつあるのかを正確に認識しておくことが必要である。ここでは労働市場と法律・政策について、重要な点に絞ってふれておきたい。

まず労働市場について見ると、構造変化の時代を迎えており、企業はそれを前提に人事管理を展開せざるを得ない状況に置かれている。最も特徴的な構造変化は労働力人口(働く意思を持っている人)がこれまでのように増えないことである。年平均で60万人前後のペースで増えてきた労働力人口は、出生率の長期的な低下を背景にして、90年代に入ると増加ペースが低下し、21世紀に入るとついに減少に転じ、その傾向はさらに加速すると予想されている。

それに加えて、労働力人口の構成も大きく変化しつつある。その第1は高齢化の進展である。若年層の減少と高齢層の増加を背景にして、高齢者比率(労働力人口に占める65歳以上の比率)が急増し、ほぼ4人に1人が65歳以上の高齢者であるという時代を迎えている。若年労働者が豊富に供給されることを前提にしてきた人事管理のあり方は変わらざるを得ない。

第2は高学歴化の進展である。新規学卒就職者の学歴構成を見ると、昭和40年代(1965年〜75年)は中卒者の急減、高卒者と大卒者の急増を経験した変化の時代であった。こうした高学歴化の傾向は1990年代に入って加速し、ついに大卒者が新規学卒就職者の約半分を占め、現在では3分の2を上回るまでになっている。一方で、新規大卒就職者の就職後3年以内の離職率は3割を超える。大卒者比率10%の1960年代に比べる

と隔世の感があり、長期雇用にこだわらない高学歴者が普通の労働者であることを前提にした人事管理が求められる。

第3は働く女性が増えていることであり、いまでは全雇用者の約4割が女性である。こうした女性労働者の増加は働き方の多様化を促進しつつあり、たとえば、家庭生活との両立を求めるパートタイマー等の働き方が増えるという現象が起きている。これまでの人事管理は「男性が基幹的な社員」を前提につくられてきたが、それが通用しない時代がきている。

さらに、非正規労働者は全労働者の3割を超えている。これまでは「誰が働くのか」の観点から労働市場の構造変化を見てきたが、もう1つの重要な変化は「労働者が会社や仕事に対して、どのような意識を持って働こうとしているのか」(就業観・就業意識)から見た変化であり、会社や仕事を生活の中心に置こうとする仕事人間的な考え方は確実に弱まりつつあり、仕事と生活の調和(ワーク・ライフ・バランス)を大切に考える就業観・就業意識が強くなってきている。

つまり、これからの企業は多様な人材と働き方に対応した人事管理(ダイバーシティ・マネジメント)を構築しないと、従業員を有効に活用することも、従業員に高い労働意欲を期待することも難しくなるのである。

(3) ワーク・ライフ・バランスと「働き方改革」

2007(平成19)年12月、政労使代表者らが参加した「官民トップ会議」において、政府は「仕事と生活の調和(ワーク・ライフ・バランス)憲章」と行動指針を策定した。憲章では、仕事と生活の調和が実現した社会とは、「国民一人ひとりがやりがいや充実感を感じながら働き、仕事上の責任を果たすとともに、家庭や地域生活などにおいても、子育て期、中高年期といった人生の各段階に応じて多様な生き方が選択・実現できる社会」としている。行動指針においては、2017(平成29)年までに年次有給休暇を完全取得させ、男性の育児休業取得率を当時の0.5%から10%に引き上げるなど、具体的な数値目標が盛り込まれた。先に施行された

次世代育成支援対策推進法と本憲章の策定によって各企業におけるワーク・ライフ・バランスの取り組みは急速に拡大した。

憲章策定から10年が経過する中、ワーク・ライフ・バランスの理念は社会や企業にある程度は浸透した。しかしながら、大手企業における過労死など多くの課題が指摘され、多くの数値目標の達成も困難であることが明らかとなった。政府は次なる一手として2016（平成28）年９月に「働き方改革実現会議」を開催し、2017（平成29）年３月に「働き方改革実行計画」を策定するに至った（→図表１-１-７）。この内容は、①同一労働同一賃金を主眼とする非正規雇用の処遇改善、②賃金引き上げと労働生産性の向上、③上限規制の導入による長時間労働の是正、④柔軟な働き方（テレワーク、副業・兼業）のための環境整備、⑤女性および就職氷河期の若者支援、⑥病気の治療と仕事の両立、⑦子育て・介護と仕事の両立、⑧転職・再就職支援、⑨高齢者の就業促進、⑩外国人材の受け入れ、など多岐にわたる。政府は多様な人材の活躍を推進する具体的な方法論として「働き方改革」に着手し、このことは精神論としてのワーク・ライフ・バランスの限界を認めるものでもあった。「働き方改革」とは無制約に働くことのできる人々（無制約社員）よって築かれた日本の企業文化そのものを変えることを意味し、日本人のライフスタイルや労働観の変革を迫るものである。

（4）労働関連の法律と政策

次に法律と政策の環境条件について見ると、わが国の労働関連の法律は３つの領域から構成され、政府の政策もそれを基盤にして展開されている。第１は、個々の労働者と使用者との雇用関係を規制し、労働者が働くうえでの（使用者が労働者を雇用するうえでの）条件の最低基準を設定する領域である。最低の賃金を決める最低賃金法、労働時間等を規制する労働基準法、職場の安全等を確保するための労働安全衛生法がこれに当たる。

第２は、労働組合と使用者・使用者団体との間の労使関係をめぐる法

図表 1-1-7 ●「働き方改革実行計画」の概要

1. 働く人の視点に立った働き方改革の意義
   (1) 経済社会の現状
   (2) 今後の取組の基本的考え方
   (3) 本プランの実行
   (コンセンサスに基づくスピードと実行)
   (ロードマップに基づく長期的かつ継続的な取組)
   (フォローアップと施策の見直し)
2. 同一労働同一賃金など非正規雇用の処遇改善
   (1) 同一労働同一賃金の実効性を確保する法制度とガイドラインの整備
   (基本的考え方)
   (同一労働同一賃金のガイドライン)
   ① 基本給の均等・均衡待遇の確保
   ② 各種手当の均等・均衡待遇の確保
   ③ 福利厚生や教育訓練の均等・均衡待遇の確保
   ④ 派遣労働者の取扱
   (法改正の方向性)
   ① 労働者が司法判断を求める際の根拠となる規定の整備
   ② 労働者に対する待遇に関する説明の義務化
   ③ 行政による裁判外紛争解決手続の整備
   ④ 派遣労働者に関する法整備
   (2) 法改正の施行に当たって
3. 賃金引上げと労働生産性向上
   (1) 企業への賃上げの働きかけや取引条件の改善
   (2) 生産性向上支援など賃上げしやすい環境の整備
4. 罰則付き時間外労働の上限規制の導入など長時間労働の是正
   (基本的考え方)
   (法改正の方向性)
   (時間外労働の上限規制)
   (パワーハラスメント対策、メンタルヘルス対策)
   (勤務間インターバル制度)
   (法施行までの準備期間の確保)
   (見直し)
   (現行制度の適用除外等の取扱)

   (事前に予測できない災害その他事項の取扱)
   (取引条件改善など業種ごとの取組の推進)
   (企業本社への監督指導等の強化)
   (意欲と能力ある労働者の自己実現の支援)
5. 柔軟な働き方がしやすい環境整備
   (1) 雇用型テレワークのガイドライン刷新と導入支援
   (2) 非雇用型テレワークのガイドライン刷新と働き手への支援
   (3) 副業・兼業の推進に向けたガイドラインや改定版モデル就業規則の策定
6. 女性・若者の人材育成など活躍しやすい環境整備
   (1) 女性のリカレント教育など個人の学び直しへの支援などの充実
   (2) 多様な女性活躍の推進
   (3) 就職氷河期世代や若者の活躍に向けた支援・環境整備
7. 病気の治療と仕事の両立
   (1) 会社の意識改革と受入れ体制の整備
   (2) トライアングル型支援などの推進
   (3) 労働者の健康確保のための産業医・産業保健機能の強化
8. 子育て・介護等と仕事の両立、障害者の就労
   (1) 子育て・介護と仕事の両立支援策の充実・活用促進
   (男性の育児・介護等への参加促進)
   (2) 障害者等の希望や能力を活かした就労支援の推進
9. 雇用吸収力、付加価値の高い産業への転職・再就職支援
   (1) 転職者の受入れ企業支援や転職者採用の拡大のための指針策定
   (2) 転職・再就職の拡大に向けた職業能力・職場情報の見える化
10. 誰にでもチャンスのある教育環境の整備
11. 高齢者の就業促進
12. 外国人材の受入れ
13. 10年先の未来を見据えたロードマップ
    (時間軸と指標を持った対応策の提示)
    (他の政府計画との連携)

出所：内閣府「働き方改革実行計画（概要）」2017年3月

の領域である。憲法第28条は労働基本権として団結権（労働者が労働組合を結成する、あるいは労働組合に参加する権利）、団体交渉権（労働者が労働組合を通して使用者と交渉する権利）、団体行動権（団体交渉などで要求が通らないときに、労働者がストライキによって使用者に対抗する権利）の労働三権を保障している。それを実現するための法がこの領域に当たり、労働組合法と労働関係調整法が中心である。

　第3は、労働市場の枠組みをつくり、労働市場が適切に機能するように支援するための法律である。会社が行う求人活動、あるいはハローワークや民間の職業紹介会社が行う労働者に仕事を紹介する活動等の労働力の需給調整にかかわる職業安定法、労働者の能力向上を支援することを目的とした職業能力開発促進法などがこれに当たる。

　なお、前述した「働き方改革」に関連した法律改正が2019（平成31）年4月より相次いでいる（働き方改革関連法）。

1．働き方改革の総合的かつ継続的な推進（雇用対策法の改正）
2．長時間労働の是正・多様で柔軟な働き方の実現等（労働基準法、労働安全衛生法、労働時間等設定改善法の改正）
　①　各種労働時間制度の見直し
　　・時間外労働の上限規制
　　・中小企業における月60時間を超える時間外労働の割増賃金率（50％以上）の猶予措置廃止
　　・年5日の年次有給休暇の時季指定義務化　など
　②　勤務間インターバル制度の普及促進
　③　産業医・産業保健機能の強化
3．雇用形態にかかわらない公正な待遇の確保（パートタイム労働法、労働契約法、労働者派遣法の改正）
　①　非正規雇用労働者の不合理な待遇差を解消するための規定の整備
　②　待遇に関する説明義務の強化
　③　行政による履行確保措置および裁判外紛争解決手続（行政ADR）

の整備

　上記に従って、労働基準法ほかの関係法が改正され、各改正事項が施行されていくことになる。

　また、職場でのパワーハラスメント（パワハラ）を防ぐため、企業に防止策を義務づける労働施策総合推進法の改正案が2019（令和元）年5月に成立した。義務化の時期は大企業が2020（令和2）年6月、中小企業が2022（令和4）年4月の見通しである。同改正法は、パワハラを「優越的な関係を背景にした言動で、業務上必要な範囲を超えたもので、労働者の就業環境が害されること」と定義しており、パワハラ防止策をとることを企業に義務づけるものである。従わない企業には、厚生労働省が改善を求め、応じなければ企業名を公表する場合もある。

　このように今日の環境変化に応じて、労働法制も目まぐるしく対応を余儀なくされている。人事管理のあり方も大きく変わらざるを得ないであろう。

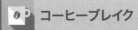

Column　コーヒーブレイク

《成果主義の意義》

　1990年代以降の人事改革を表すキーワードとして「成果主義」という言葉が頻繁に使われている。統一した定義があるわけではないが、従業員を評価し、報酬を決める際に「仕事と成果」を基準にするという点に最大の特徴がある。日本の社員格付け制度は、成果主義の登場によって年功的な職能資格制度から職務等級制度へ移行し、さらには細かな修正を施した役割等級制度へと変容を続けているともいえる。

　成果主義の評判はあまりはかばかしくないが、わが国企業の社員格付け制度は年齢や能力よりも確実に「仕事」を機軸にした制度に変わりつつある。成果主義においては成果によって賃金が変動する賃金制度が重視されがちであるが、それ以上に人事管理の基盤をなす社員格付け制度が変わることのほうが重要なのである。

<table>
<tr><td>第 2 節</td><td>人と組織の基礎</td></tr>
</table>

学習のポイント

◆人事管理の役割は、経営ニーズと社員の働くニーズを結びつけて人材の有効活用を図ることにあるので、そのあり方は経営ニーズと社員のニーズによって変わるものである。

◆人材に対する経営ニーズは、経営戦略、組織、業績管理等の経営システムに規定されるので、それらと人事管理との関連性を理解する視点を持つことが大切である。

◆特に、仕事の管理を担当する業績管理と、人の管理を担当する人事管理との関連づけを決めるにあたっては、人材育成などの長期的な観点をいかに組み込むかが重要な決定になる。

1 経営のニーズと社員のニーズ

　人事管理の機能と構成について詳しく説明したが、その基本的な役割を改めて整理すると、「このように働く、このような人材が欲しい」という経営のニーズ（人材需要）と、「このような仕事がしたい、このように働きたい」という従業員のニーズ（人材供給）を結びつけて、人材の有効活用を実現して経営成果を上げることにある。したがって、時代を超えて絶対で普遍的な人事管理などはなく、あるべき人事管理はその時代の環境条件、つまり経営のニーズと従業員のニーズによって変化するという視点を持つことが大切である。

　そうなると、それぞれのニーズがいまどのような状態にあり、将来どのように変化するのか、さらに、それが人事管理とどのような関連を持

つのかを正しく認識しておくことが必要である。ここでは、経営ニーズを見るための枠組みを提示し、従業員のニーズについてはモチベーションとの関連で説明することにする。

2 経営戦略と人事管理

（1）人材需要を決める組織と業績管理

　第1節では経営戦略と組織構造が人事管理のあり方を規定する内部環境であると説明したが、そこには図表1-2-1に示したような関連性がある。

　まず、図表中の個人が行う「仕事のプロセス」を見てほしい。それは、個人の「能力」が「仕事（役割）」に投入され「成果」が出るという構成になっているが、その中で個人が行う「仕事」の内容は組織のあり方と業績管理の方法で決まる。それは組織によって、どのような仕事を担当するのか（期待役割）が、業績管理によって、仕事を通してどのような成果を上げることが期待されているのか（期待成果）が決まるからである。このようにして組織構造と業績管理は個人の需要構造を決め、働き方を誘導する役割を持つ。

　こうした役割を持つ組織構造と業績管理を決定する作業は、経営理念に基づく経営目標と経営戦略の作成から始まる。「これまでは売上高などの経営規模の拡大を重視してきたが、これからは収益性を重視する」という方向で経営が変わりつつあるといわれているが、このことは市場の変化を示しており、その経営目標を実現するために、「どのような分野で事業を展開し、どのように経営資源を組み合わせるのか」を決める経営戦略が立てられる。次に、経営戦略に沿って組織が設計されるが、組織が決まれば個々の部門の事業内容（期待役割）が決まり、それを個人の役割（期待役割）へ落とし込む。さらに経営戦略と連動した経営計画が策定され、それによって設定された業績目標は業績管理のしくみを介して、全社レベルから部門レベルに、さらには個人レベルに細分化され

図表1-2-1 ●戦略および組織と人事管理の関連構造

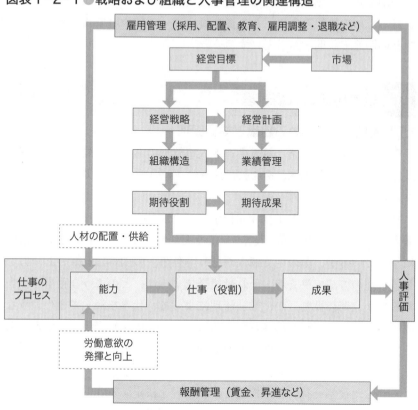

注) 図表中の網掛け部分は人事管理分野を示す

る。そうなると、期待役割（たとえば、A商品をA地域で販売するとい
う役割）を担う個人は、業績目標によって決まる期待成果（たとえば、
今年はA商品の売上高を10％拡大するという目標）に基づいて業務に取
り組むことになる。

　ここで重要な点は、経営目標、経営戦略、組織構造、経営計画、業績
管理は、その企業が競争している市場の特性に規定されるということで
ある。たとえば、付加価値の高い製品やサービスを持って競争する、し

たがって「売れるかもしれないし、売れないかもしれない」というリスクの大きい市場に身を置く企業は、「作れば売れる」時代にとっていた量的拡大を重視する経営目標と経営戦略に代わって、リスクを超えた収益性を重視する経営目標を設定し、それを実現するために高い収益を期待できる事業分野に資源を集中する経営戦略をとらざるを得ない状況に置かれる。このようにして経営目標と経営戦略が変われば、それらを実現するための組織構造、経営計画、業績管理も変化し、それが人材に対するニーズを決めるのである。

（2）人事管理と業績管理の関係

　人事管理は、このようにして形成された人材需要に応えて、職場に「適切」な人材を「適正」に供給し、彼ら（彼女ら）に期待役割を果たし、期待成果を実現するように働いてもらうという機能を担うことになる。それを改めて整理すると、部門、職場、仕事に人材を供給する役割を果たすのが雇用管理、働く環境を整備するのが就業条件管理、従業員の労働意欲の維持・向上を図るのが報酬管理ということになる。また、経営目標、経営戦略、組織構造、経営計画、業績管理は人事管理と市場を連結する役割を果たしており、人事管理がそれらに合わせて変わることは市場変化への対応を意味している。

　さらに、こうした人事管理のもとで個人は仕事に従事することになるが、彼ら（彼女ら）は適性に合わない仕事に就いたために、能力を十分に発揮できなかったかもしれない。あるいは、仕事に必要な能力を十分に備えていなかったかもしれないし、逆に仕事を通して能力が向上したかもしれない。よりよい人事管理を実現するには、このような人事管理上の結果を正しく測定して改善に結びつける必要がある。この管理サイクルにおいて、仕事の結果と人事管理の諸機能を結びつけるための測定機能を果たすのが人事評価である。すでに強調したように、人事評価は昇進や賃金を決めるためのものと狭く考えてはならない。人事管理のすべての分野に、結果の情報、改善のための情報を提供することが人事評

価の機能である。だからこそ、図表1-2-1では、人事評価に向かう矢印は「成果」からではなく、仕事のプロセス全体から出ているのである。

それに対して業績評価は、個人および職場・組織としての業績を期待や計画と比較し、その結果を経営戦略や組織構造にフィードバックするという「仕事の管理サイクル（マネジメント・サイクル）」の中での測定機能を果たしている。同じ評価でも、人事の管理サイクルに組み込まれた人事評価と、仕事の管理サイクルの中に組み込まれた業績評価とは異なる機能を果たしているのである。

（3）評価と業績評価の異なる役割

しかし、人事評価と業績評価をいかに関連づけるかは人事管理のあり方を考えるうえで重要なポイントであり、関連のつけ方には多様な選択肢がある。この点を説明したのが図表1-2-2である。

たとえば、業績評価で成果をいかに厳密に評価しても、その結果を人事評価に反映させないこともできるし、直接反映させることもできる。もし後者の政策をとれば、業績評価が人事評価の主要な基準になるし、

図表1-2-2 ● 業績評価（業績管理）と人事評価（人事管理）の連結

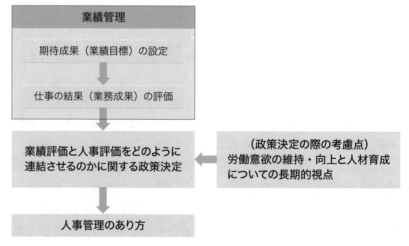

その結果いかんによって昇進・昇格や昇給が大きく左右されることになるだろう。あるいは、業績評価を部分的に人事評価に反映させる方法もある。このような多様な選択肢の中から何を選択するかは、企業の人事政策上の問題であるが、その際考慮されるべき点は労働意欲の維持・向上と人材育成への配慮である。

　ここで、次のようなケースを思い浮かべてほしい。ある営業部門では毎年、製品別・顧客別の売上げ目標を細かく立て、それに基づき、期末には個々の営業スタッフの業績を評価している。ここで、もしその評価結果だけで昇給や賞与を決めるとすれば、営業スタッフはとにかく、その年の業績を上げるように働くだろう。しかし、長期的な観点に立って顧客に満足してもらうことよりも、今年あるいは今月の業績を上げるために無理な売り込みを行い、結局は顧客の信頼を失うかもしれない。あるいは、その年の売上げの拡大に精力を使うために、将来を見据えて自分の能力を高める意欲を失うかもしれない。

　つまり、短期的な意味合いが強い業績評価を人事管理へ反映することは「今」の労働意欲を刺激するかもしれないが、そのことは必ずしも、長期的な観点に立った労働意欲の維持・向上や人材育成には寄与しない。こうした短期と長期の間に起こるトレードオフの関係を考えながら、企業は業績管理と人事管理の最適な連結を可能にする仕掛けをつくり上げなければならない。

3　モチベーションと人事管理

（1）モチベーションと生産性の関係

　人事管理の諸制度をいかに精緻につくり上げても、それが従業員の労働意欲（モチベーション）を引き出すものでなければ何の意味もない。それは、従業員のモチベーションこそが組織を活性化させ、生産性を高めるからである。したがって、制度を設計するにあたっても、制度を運用するにあたっても、従業員のモチベーションを高めるための工夫を凝

23

らし、間違いのない対応をすることが重要である。

　そのためには、働く人々はどのようなときにモチベーションを発揮するのか、あるいは、どのようにしたら個人のモチベーションを引き出すことができるのかという「ヒト」の問題を正しく認識しておくことが必要である。この点については、これまで心理学の研究成果から多くのことが指摘されている。ここでは、主要な点について説明しておきたい。

　一般的にモチベーションとは「目的に向かって行動を立ち上げる力」と定義され、行動が立ち上がるには動因と誘因という2つの要素の組み合わせが必要であるとされている。動因とは、ヒトの内にある欲しいという気持ち（つまり、欲求や願望）であり、誘因とは、ヒトの外にある欲しい気持ちを満たすもの（行動にとっての目標）である。つまり、欲しいという気持ちと欲しい気持ちを満たすものがないと、ヒトの行動は立ち上がらないというわけである。このことは労働についても当てはまり、働きたいという動因と、それに合わせることができる賃金等の誘因が組み合わさって、社員は高いモチベーションをもって働くのである。

　それでは、どのようにしたらモチベーションを高めることができるのか。それは、ヒトによって、組織によって、経営環境によって異なり、普遍的な解答を示すことは不可能に近い。しかし、考えるためのしっかりとした視点は必要であり、心理学がつくり上げてきたモチベーションに関する理論が役立つだろう。

（2）モチベーションの理論

① 欲求に関する理論

1）A. マズローの「欲求の5段階説」

　モチベーションの理論には2つのタイプがある。1つは、ヒトは何によって動機づけられるのか、動機づけの要因は何なのか、つまり、どのようなアメとムチを用意すればモチベーションを高めることができるのかに注目する欲求説と呼ばれる理論である。もう1つは、ヒトはどのようにして動機づけられるのかという動機づけのプロセスや背景に注目す

る過程説と呼ばれる理論である。

　まず欲求説について見ると、その代表はA. マズローの「欲求の５段階説」である。ヒトは欠乏状態にある欲求を充足しようとして動機づけられて行動する。それによって欲求が満たされると、その欲求はそれ以上の行動を引き出す要因にはならず、ヒトはより上位の欲求に関心が向かい、それが次の動機づけになる。そして、欲求は低次の欲求から高次の欲求へと、以下に示す５段階の階層をなしている。→図表1-2-3

図表1-2-3 ●マズローの「欲求の５段階説」

```
        ⑤自己実現
         の欲求
      ④自尊の欲求
    ③社会的な欲求
   ②安全の欲求
  ①生理的欲求
```

① 　食欲などの「生理的欲求」
② 　不安や危険などを回避したいという「安全の欲求」
③ 　組織等に所属して他人との関係をつくりたいという「社会的な欲求」
④ 　自分が他人より優れていたいという「自尊の欲求」
⑤ 　自分の能力を実現したいという「自己実現の欲求」

　さらにマズローは、この説はどの社会、文化にも当てはまる普遍的な理論であると主張している。この説には多くの疑問も提示されているが、その後のモチベーションの考え方に大きな影響を及ぼした重要な理論である。

2）F. ハーズバーグの「動機づけ・衛生理論」

　欲求説のもう１つの代表はF. ハーズバーグの「動機づけ・衛生理論」

である。まず欲求が「衛生要因」と呼ばれる低次の欲求と、「動機づけ要因」と呼ばれる高次の欲求に分けられる。

衛生要因は、①賃金等の経済的報酬、②作業条件、③経営方針、④上司・同僚・部下等との人間関係等、仕事の外にある外発的な要因（つまり、低次な欲求）であり、それがないと不満を感じるが、それがあったとしても満足になるわけではないという特性を持っている。

それに対して動機づけ要因は、①達成（仕事を成し遂げること）、②承認（認められること）、③仕事そのもの（仕事自体に満足できること）、④責任（責任を持たされること）、⑤成長（能力が向上すること）等、仕事そのものにかかわる内発的な要因（つまり、高次な欲求）であり、充足されないからといって不満を生むわけではないが、充足されると大きな満足を得る欲求である。

以上の欲求説に基づく考え方は、モチベーションを高めるには経済的報酬では限界があり、仕事そのものに働きがいの要素を入れる必要があること、特に、高次の欲求を持つヒトの場合にそうであることを示している。

② 動機づけのプロセスに注目する理論

1) 公平説

動機づけのプロセスに関する理論にはいくつかのタイプがある。その第1は、他人と比べて公平に扱われているかどうか、つまり、努力の対価として得た報酬が他人と比べて大きく違うかどうかがモチベーションに大きな影響を及ぼす、という点に注目した公平説と呼ばれる理論である。ここでのポイントは2つである。第1には、比較対象を誰にするかであり、一般的には同じような仕事や立場に就く人になろう。

もう1つのポイントは公平さを決める努力と報酬との関係であり、報酬が同じであることが公平さを担保するわけではない。それは同じ報酬でも、努力の大きさが違うかもしれないからである。つまり、努力の程度に対応した報酬の大きさが他人と同じであることが、公平さを感じるための条件であるということになる。それを数式で表現すると図表1-

図表1-2-4 ●「公平さ」を感じる条件

$$\frac{\text{自分が得た報酬}}{\text{自分が行った努力}} = \frac{\text{他人が得た報酬}}{\text{他人が行った努力}}$$

2-4のようになり、努力に対する報酬の比率が自分と他人で同レベルになることをもって公平と考える。

2）期待説

　期待説では、努力すれば相応の成果が得られるだろうという期待と、その成果の個人に対する価値を示す誘意性を掛け合わせたものがモチベーションの強さを決めると考えられている。少しの努力で魅力のある成果が得られそうなときほど、つまり期待が大きく、誘意性が大きいほどモチベーションが高まるというわけである。

　図表1-2-5に示したL. W. ポーターとE. E. ローラーの動機づけモデルは、期待説の代表的な考え方である。同図表に沿って説明すると、努力をしたら、業績が上がり、ある程度の報酬を得られるであろうという想定のもとで形成される「期待」と「誘意性」に基づいて、ヒトは「努

図表1-2-5 ● 動機づけモデル

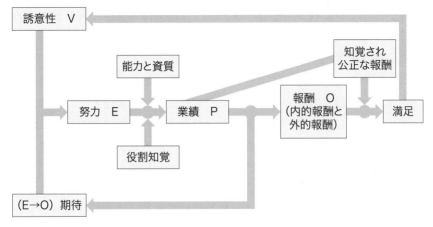

力」をし、何らかの業績を上げて「報酬」を得る。その「報酬」を、個人が実現した業績から見て公正であると思う報酬と比べることを通して「満足」を得る。

　このように見ると、個人にとって誘意性の高い報酬が何であるかを知り、それを業務遂行と結びつけることがモチベーションを高める方法ということになる。

4　リーダーシップ論

（1）リーダーシップ論の概要

　リーダーシップ論は、今日でも経営学において最も活発に議論されているテーマである。リーダーシップとは、「集団目標の実現のために集団構成員の自発的な協力意思と貢献を引き出す機能」とされ、「組織目標と組織構成員の個人的目標との均衡を維持しながら貢献意欲を喚起する機能」を内容とする。あるいは、「組織構成員の個々の努力を喚起し、組織目的をより効果的に達成できるよう、組織構成員に対して発揮される対人的影響力」といってもよいだろう。

　従業員のモチベーションを高めるためにも、組織の生産性を高めるためにも、職場の管理者や監督者がリーダーシップを発揮できるかどうかが重要になる。これまでのリーダーシップ論では、すべてを自分で決めて部下はそれに従うという方法で集団を方向づける専制的リーダーシップと、部下の考えや希望に配慮しながら集団を方向づける民主的リーダーシップの2つの概念が提示され、緊急を要する場合には専制的リーダーシップが、通常の場合は民主的リーダーシップがよいとされてきた。

　この考え方に基づき、リーダーシップを2つの変数で類型化する理論も提案されている。第1の変数は、メンバー間の緊張を和らげ、良好な人間関係を保つように働きかけるリーダーの行動であり、社員指向、人間関係維持などと呼ばれている。もう1つの変数は、メンバーの関心と行動を集団目標の達成のために動員して統合するリーダーの行動であり、

生産性指向、業績達成などと呼ばれている。

　この考え方に基づくと、管理職等のリーダーは集団目標の達成と集団内での良好な人間関係の形成の2つを実現するように努力することが求められることになる。また、この2つの変数を用いることによって管理職のリーダーシップ能力を評価する、あるいは、リーダーシップ能力を高めるための訓練プログラムを作成することが可能になる。

　さらに、リーダーシップの要件は組織の置かれた状況によって異なるとする状況的リーダーシップ、戦略とビジョンを提示しみずからリスクをとるカリスマ的リーダーシップ、メンバーを支援する奉仕型のサーバント・リーダーシップ、管理能力と共存しつつもこれを抑制・補完し、変革を実現する変革リーダーシップ、ビジョンの設計と実現がリーダーの最も重要な行動要件であるとするビジョナリー・リーダーシップなどの有効性も主張されている。

（2）リーダーシップ論のアプローチ

　リーダーシップの研究が始まったのは、1930年代ごろといわれている。いわゆるリーダーシップ研究は、リーダーの資質（特質および特性）に関する研究、リーダーシップの形態に関する研究、リーダーシップの態度・行動に関する研究、さらに組織の状況によって求められるリーダーシップに関する4つのアプローチが一般的である。

　最も古いアプローチであるリーダーシップ特性論は、リーダーが持つべき個人的かつ心理的資質や要件を解明することを目的としている。たとえば、①知性、機敏性、発言力、決定力などの一般的能力、②知識や体力に関する業績、③信頼性、忍耐力、責任感、④活動力や社会性などの社会参加態度、⑤他者からの好感度、の5項目に関する研究が有名である。

　リーダーシップ形態論（リーダーシップ・スタイル）は、リーダーシップのスタイル（型）の違いが組織に対してどのような効果をもたらすかに分析の視点を置いている。これはリーダーシップを、①独裁的（専制的）リーダーシップ、②民主的リーダーシップ、③放任的リーダーシ

ップの3つに類型し、集団の生産性・凝集性・満足度のいずれにおいても、民主的リーダーシップが最も有効であることを明らかにした。この研究に続いて、仕事中心型と人間中心型の2つのリーダーシップによって、システム1（独善的専制型）、システム2（温情的専制型）、システム3（相談型）、システム4（集団参加型）の4類型が提起され、支援的関係、集団的意思決定、高い業績目標を基本とするシステム4の管理スタイルが最も有効であることが指摘された。

リーダーシップ態度・行動論は、今日でもわれわれに強く影響を与えており、リーダーシップを「仕事志向」と「人間関係志向」の二軸によって有効性を分析するものである。「配慮（人間志向）」と「組織づくり（タスク志向）」の高低マトリックスによって、いずれも高いHi-Hi型のリーダーシップが普遍的に有効とした研究が有名である。

リーダーシップ状況論は、現実的なリーダーシップとは状況（組織の置かれた環境）に適合していることが重要であるという理論である。これは、リーダーとメンバー間の信頼関係の状況、仕事の構造化の程度、リーダーのパワーの程度、さらにはメンバーの成熟度などによって、リーダーシップの有効性（とるべきスタイル）は異なることを明らかにした。

Column　コーヒーブレイク

《リーダーシップ研究のいま》

上記のほかにも、リーダーシップの本質は「道徳的創造性」であるとして、メンバー間のコンフリクト（軋轢）の本質は道徳的なもの（モラル）であり、リーダーのなすべきことは個人的利害を超越した組織全体の利益を優先する新たな道徳（規範、ビジョン）を創造することであるとした研究も興味深い。また、変革型リーダーによる「課題設定→組織づくり→動員・実践」というステップは有名であり、現在、最も人気のある理論の1つである。さらに、フォロワーの自律性に焦点を当てた「サーバント・リーダーシップ」、情緒面の知性（EQ）に着目した「EQリーダーシップ」なども広く知られている。

第3節 資格制度の種類・内容

学習のポイント

◆人事管理は、採用、配置、評価、報酬などの多様な分野から構成されているが、そのあり方は、社員区分制度と社員格付け制度からなる基盤システムいかんにかかっている。

◆企業の求める働き方が社員によって異なれば、それに合わせて複数の人事管理体系を整備しなければならない。それを明確に示すための制度が社員区分制度である。

◆社員格付け制度は、どのような社員が会社にとって大切な社員であるのかに基づいて社員の序列を決める制度であり、評価、報酬などの諸制度はそれに沿って設計される。

1 資格制度の基礎

(1) 多様化する従業員と社員区分制度

従業員の多様化が進んでいる。正社員に代わって非正社員が増えているだけでなく、非正社員もパートタイマー、アルバイト、契約社員など多様な人々から構成されている。また正社員を見ても、管理職に対する専門職と専任職、総合職に対する一般職、全国社員に対する地域限定社員といったように多様化している。このような多様化は人事管理にとってどのような意味を持つのか。

仮に人事管理の体系を新たに設計するとしたら、どこから手をつけるべきであろうか。採用、評価あるいは賃金などの個別の分野から始めることは間違いではないが、決して適切なやり方ではない。会社が技術開

発を担当する技術者と生産を担当する技能者の2つの社員群を必要とするとしたら、経営者は彼らに何を期待するであろうか。両社員群とも、長期にわたって会社に残って働いてほしい、長期にわたって社内で育成していきたいと考えるであろうか。あるいは、技術者についてはそうであるが、技能者についてはそうする必要はないと考えるであろうか。この2つの考え方のどちらを選択するかは、将来にわたって会社が伸びていくには、どのような人材が必要であるのかについての経営者の考え方にかかっている。

　もし前者の考え方をとるのであれば、技術者と技能者の両者に対して、長く働いてもらう、長い時間をかけて社内で育成することに適合した1つの人事管理の体系を設計することになる。もし後者の考え方をとれば、技術者と技能者では期待することが異なるので2つの異なる管理手法、つまり技術者に対しては、長く働いてもらうように、長い時間をかけて社内で育成するための人事施策を、技能者に対しては、とにかくいま一生懸命働いてもらうため、社内で教育をする必要のない人材を獲得するための人事施策が必要になる。

　このように見てくると、新たに人事管理を考える際には、まず経営者に「人材の確保と活用」に関する基本的な考え方を明確にしてもらい、それに基づいて従業員をグループ化することから始める必要がある。このための制度が社員区分制度であり、採用、評価、賃金などの個別の制度をつくる作業はそれからである。前述した従業員の多様化は、社員区分制度の構造が変化しつつあることを示している。

（2）変化する社員序列と社員格付け制度

　年功制が崩れ能力主義が強まりつつある。よく聞いた話であるが、このことは「長く勤めること」を基盤にして形成されてきた社員序列を、「能力の発揮」を基盤にした序列に再編することを示している。

　企業は利益を追求する組織なので、時代を超え、業種を超え、国を超えての序列を決める基準は普遍的であり、それは「利益にどの程度貢献

するのか」で決まる。この考え方に間違いはないにしても、現実の人事管理を考える場合、それでは何の役にも立たない。複雑な分業が当たり前の企業の中で、たとえば経理部門で働く個人の「利益に対する貢献度」を直接測ることは難しく、それに代わる何らかの尺度を用意する必要があるからである。

　「利益に対する貢献度」が測りやすいかもしれない営業職であっても、いつの貢献度を測ればよいのか。今期の売上高を見れば、確かにいまの貢献度は測定できるかもしれない。しかし、もしその社員が今期の売上げを上げるために無理な売り込みをしたため、顧客の会社に対する信頼が低下し、将来の売上げにマイナスの影響が出るとしたら、貢献度は低く評価される必要があるだろう。このことは、同じ貢献度といっても、短期の貢献度を測るのか、長期の貢献度を測るのかという問題を突きつけている。

　以上の例からわかるように、社員序列を決める基準は多様であり、その中から特定の基準を選択する必要があるが、その選択が人事管理の基本構造を決めることになる。それは序列の決め方が決まれば、たとえば、それに合わせて評価する方法、賃金を決める方法の基本が決まることになり、最終的には、高い評価と賃金を得たいと考えている社員の行動のあり方も決めることになるからである。年功制が崩れることの意味とは、評価、賃金、昇進などの決め方が変わることではなく、社内序列を決める基本構造が変わることなのである。

（3）基盤システムは人事管理のOS

　このように、人事管理は多様な従業員をいくつかのグループに分けるしくみと、社員序列を決めるしくみからなる土台の上に形成され、前者は社員区分制度、後者は社員格付け制度と呼ばれる。両制度をコンピュータにたとえれば、人事管理のOS（オペレーティング・システム）に当たる部分であり、その上に賃金にとどまらず採用、配置、人材開発、評価、昇進等の個別システム（コンピュータのアプリケーション・ソフト

に当たる）が乗る構造になっている。したがって、この土台をなす2つの制度が変化すると人事管理全体が変化する。

　ここで、パソコンのOSと表計算ソフト等のアプリケーション・ソフトとの関係について考えてみてほしい。これまでパソコンのOSは幾度となく変化し、ユーザーはそのたびにアプリケーション・ソフトを取り換える問題に悩まされてきた。しかし、土台であるOSが変われば、その上に乗るアプリケーション・ソフトが変わるのは当然であり、社員区分制度と社員格付け制度からなるOSと採用、配置、人材開発、評価、賃金等の個別システムとの間にも同様の関係が成り立つのである。

2 社員区分制度

（1）社員区分制度の理論

① 社員区分の基準

　まず社員区分制度を設計するには、「どの程度に区分するのか」（社員区分の程度）と「どのように区分するのか」（社員区分の基準）の2つを決める必要があり、その決め方によって社員区分制度は多様な形態をとる。また、その決め方によって同一の人事管理が適用される従業員の範囲が決まるので、社員区分制度は人事管理の多様性を決めることにもなる。

　まず社員区分の基準は、「1人ひとりの従業員に期待することが、どのように異なるのか」についての企業の基本的な考え方に依存し、図表1－3－1に示してあるように、いくつかのタイプが考えられる。

　まずは、従業員が「内部型か外部型か」の基準による区分である。企業には、社外から容易に人材を調達できる仕事と、社内で長い時間をかけて養成した人材でないと対応が難しい仕事の2つがあるだろう。ここでは、前者にかかわる人材を外部型、後者を内部型と呼んでいる。外部型人材には、特定の仕事のために採用され、その仕事での成果で評価され、賃金が決定されるという人事管理が有効だろう。それに対して内部

図表1-3-1 ● 社員区分の基準

区分の基準（例）	区分の例示
①内部型人材か外部型人材か	正社員と非正社員の区分
②期待する仕事内容	技能職と事務・技術職の区分
③期待するキャリア形成	総合職と一般職の区分
④キャリア段階	能力養成期、能力拡充期、能力発揮期の区分
⑤働き方	グローバル社員、全国社員、勤務地限定社員の区分

型人材の場合には、長期的な観点に立って養成されるので、時々の仕事と成果に直結した人事管理ではなく、長期の人材育成に整合的な人事管理が必要になる。以上の点を現状に即して考えてみると、正社員が内部型、非正社員が外部型に当たり、それぞれに異なる人事管理が適用されている。

　このようにして区分された内部型人材（正社員）についても、いくつもの区分基準が考えられる。その第1は、「期待する仕事内容（役割）」の違いに基づく区分であり、仕事内容が異なれば、求められる能力も成果の質も異なるので、それぞれに合った人事管理を適用するというものである。その代表は職種によって区分する方法であり、社員を技能職と事務・技術職に区分する方法、事務・技術職を事務職と技術職に区分する方法などがある。

　第2は、企業が「期待するキャリア形成」の違いによる基準であり、経営幹部となることが期待されている層と、将来にわたって補助的な業務を担当することが期待されている層に分けるという基準がその典型である。ホワイトカラーでよく見られる総合職と一般職の区分がこれに当たり、採用から配置、教育訓練などのさまざまな面で分けて扱われている。あるいは国家公務員では、採用試験の違いによって職員を「キャリア」と「ノンキャリア」に区分する方法がとられている。

　第3のタイプは、「キャリア段階」の違い、つまり育成と活用の観点

から社員を区分する方法である。たとえばキャリア段階を、業務に必要な能力を基礎から勉強する新人時代の「能力養成期」、収益を出せるまでに成長し、さらに高度な能力を養成する一人前時代の「能力拡充期」、蓄積した能力を発揮して成果を出すことが求められる管理職時代の「能力発揮期」に分け、それぞれに合った人事管理を設計する。こうした区分を行う場合には、たとえば能力養成期の社員に対しては、成果よりも能力向上を重視して評価し賃金を決める人事管理が、能力発揮期になると、成果のみで評価して賃金を決める人事管理がとられるだろう。

　第4は、企業が期待する「働き方」の違いによる基準である。フルタイムで働く正社員と短時間のパートタイマーを別の社員区分として扱い、それぞれに異なる評価や賃金の制度を適用するというのが典型的な例である。また正社員の中でも、日本全国・海外のどこでも勤務することを前提にした全国社員と、特定の地域内で勤務することを前提にした勤務地限定社員という区分の仕方がある。

② 　社員区分の程度

　次に問題になることは、前述の「社員区分の基準」に基づいて、従業員をいくつのグループに区分するかにかかわる「社員区分の程度」の決定である。その際に区分を細かくする（つまり、従業員を多くのグループに区分する）ことも可能であるし、大まかに区分する（少ないグループに区分する）ことも可能である。その中から最適な区分を選択することになるが、それを決めるための基準と特徴を整理すると図表1-3-2になる。

　第1に、人材の多様性に合わせた人事管理、つまり、前述の「社員区分の基準」から見て異なる特性を持つ従業員にはそれぞれに適合する個別の人事管理を行うのであれば、細かく区分することが望ましい。たとえば、営業職と技術職では仕事内容が異なるので、営業職には売上高などの短期的な成果を重視する営業向けの人事管理を、技術職には学会で評価されるような高度な専門能力を持っているか否かを重視する技術者向けの人事管理を行うことになる。

図表１-３-２ ● 社員区分の程度を決める基準

		社員区分の程度	
		大まかな区分	細かな区分
判断基準	①従業員の個々の特性に適合的な人事管理の設定	困難	容易
	②異なる社員区分間の公平性の確保	容易	困難
	③人材の流動性の確保	容易	困難
	④従業員間の協調性・集団意識の形成	容易	困難

　しかし第２には、細かく区分するほど、多くの人事管理体系が同一企業内で同居することになるため、異なる人事管理が適用されている社員群間の公平性を確保することが難しくなる。たとえば、営業型の人事管理に基づいて決定されたある営業職の給与は、他の方法で決定された技術者の誰と等しくすれば公平性のある処遇といえるのか。こうした社員群間の公平性の問題は社員区分が増えるほど解決が難しく、バランスのとり方を間違えると従業員の不満は大きくなり、労働意欲にマイナスの影響を及ぼすことになる。

　第３に、従業員を区分することは異なる区分の社員群に対しては異なる扱いをすることを意味するので、区分を細かくするほど、企業内での人材の流動性は阻害される。また、「他の区分の従業員とわれわれは違う」という意識が強まることから意思疎通と協調性が阻害され、組織全体の生産性が低下するおそれがある。それならば社員区分を１つにすればよいかというと、人材の多様性を無視することになるので、なぜ「仕事の違う他の社員と同じ基準で評価され、賃金が決まるのか」という不満が大きくなるかもしれない。

　このように見てくると、単一化しすぎても、また細分化しすぎても問題があることになるし、企業を超えて最適な社員区分が存在するわけでもない。個々の企業は自社の現状を踏まえ、図表１-３-２の観点を参考にしながら、自社向けの最適な「社員区分の程度」を決める必要がある。

　このようにして「社員区分の程度」と「社員区分の基準」に従って社員

区分制度が決定されるが、現実はさらに複雑な様相を呈している。それは、従業員の区分を決めても、異なる区分の社員群に対して「どの程度異なる」人事管理を適用するかについても多様な選択肢があるからである。たとえば、2つの社員群に対してまったく異なる人事管理を適用する場合もあるし、評価あるいは賃金決定などの特定の分野に限って異なる人事管理を行う場合もある。いずれにせよ、大枠としてどのような社員区分行うかは、企業の人事管理を理解するうえできわめて重要である。

（2）社員区分制度の現状と人事管理の複線化
① 多様な労働者グループと雇用ポートフォリオ

それでは、現状の社員区分制度はどうなっているのか。まず、企業で働く労働者の多様性の構図を正確に理解しておく必要がある（→図表1-3-3）。企業はある範囲の事業活動を行うが、その中の何を社内で行う内製分野とし、外注・委託・請負・アウトソーシング等の方法によって何を社外に任せる外製分野にするかという「業務の内外区分」を決めな

図表1-3-3 ●多様な労働者グループ

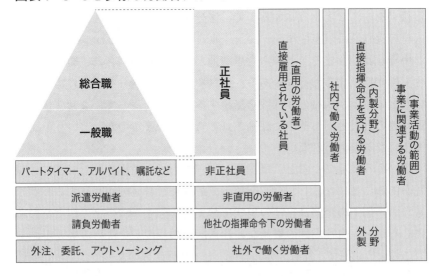

けなければならない。外部に任せる業務分野を小さくすれば、当該企業で働く労働者は増え、大きくすれば減少する。

　このようにして内製分野の範囲が決まると、そこで働く労働者は「企業から直接指揮命令を受けて働く労働者」ということになるが、それにも企業が直接雇用している労働者（直用の労働者）と、他社に雇用されている非直用の派遣労働者の2つのタイプがある。しかし、現実はもっと複雑である。

　それは派遣労働者以外にも社外工、請負工等と呼ばれる、同じ会社の中で働く他社の請負労働者がいるからである。企業が他社に任せた業務（つまり、外製分野の業務）に従事し、他社の指揮命令を受けるが、仕事場が当該企業の中にあるという労働者の場合である。工場の特定ラインの仕事を一括して他社に任せる（請け負わせる）というのが代表的な例であり、この場合には、他社の社員が直用の労働者と同じ工場の中で働くことになる。したがって、同じ企業で働く非直用の労働者には、当該企業から指揮命令される派遣労働者と、他社から指揮命令される請負労働者の2つのタイプがある。直用と非直用の範囲が決まると、企業は次に、直用の従業員を長期に雇用することを前提にした正社員と短期を前提にしたパートタイマー、アルバイトなどの非正社員に分ける。

　このように多様な労働者をいかに組み合わせるかは人事戦略上の重要な決定であり、企業は近年、雇用のスリム化と柔軟性を図るために組み合わせを変えつつある。アウトソーシングを積極的に活用する企業が増えてきているが、それは外部に任せる業務分野を拡大する方向で「業務の内外区分」を変更することである。また、直用と非直用（派遣労働者）、正社員と非正社員の間の区分も非直用を増やす、非正社員を増やす方向で変わりつつある。こうした中で、直用社員についての人材の組み合わせ（雇用ポートフォリオと呼ばれる）をどうするのかも企業にとって重要な課題であり、この点に関して日経連（現在の経団連）が図表1-3-4のモデルを提案している。

　同モデルは、従業員が長期勤続あるいは短期勤続を望むのか、企業が

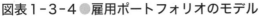

図表 1-3-4 ● 雇用ポートフォリオのモデル

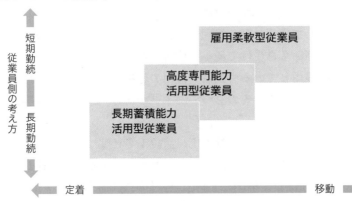

出所：新・日本的経営システム等研究プロジェクト編著『新時代の「日本的経営」：
　　　挑戦すべき方向とその具体策』日本経営者団体連盟、1995年

定着型社員あるいは移動型社員を望むのかによって、社員を雇用柔軟型
従業員、高度専門能力活用型従業員、長期蓄積能力活用型従業員、の3
つのタイプに分け、それぞれに異なる人事管理を適用することを提唱し
ている。雇用形態と賃金を例にとると、雇用柔軟型従業員には有期雇用
契約と時間給・職務給で昇給なしの賃金制度、高度専門能力活用型従業
員には有期雇用契約と年俸制・業績給で昇給なしの賃金制度、長期蓄積
能力活用型従業員には期間の定めのない雇用契約と月給制・年俸制・職
能給で昇給ありの賃金制度としている。いずれにしても、どのような雇
用ポートフォリオを採用するかは、社員区分制度を決める土台になる。

② 正社員の区分—「社員区分」

　さらに正社員の現状について見ると、いくつかのグループに分けて人
事管理が行われている。戦前の人事管理を見ると、企業は明確な学歴別
身分制度をとっていた。たとえば、小学校卒の現場労働者は工員、大学
卒の事務・技術系のホワイトカラーは職員と呼ばれ、両者には明確な身
分格差が設けられていた（職工身分制）。そのため、人事管理上も異な

る社員集団として扱われ、たとえば、職員の月給に対して工員は日給で
あったし、職員に支給されるボーナスが工員にはなかった。現在は職種
にかかわらず、全社員に対して月給制もボーナス制度も適用され、それ
が当たり前のようになっているが、それは戦後の一時期に、こうした職
工間（職員と工員の間）の身分格差の撤廃が急速に進み、学歴別身分制
度によって複数のグループに分割されていた社員が1つの社員グループ
に統合されたからである。

　このことが日本の人事管理の重要な特徴の1つになってきたが、すべ
ての社員がまったく同一の人事管理の適用を受けていたわけではなく、
社員の区分がある程度導入された。その最も代表的な社員区分制度が、
技能職と事務・技術職という分け方である。しかも、ここにきて「人事
制度の複線化」「複線型人事制度」などの呼称でホワイトカラーを中心
にして社員区分の再編成が急速に進んでおり、その動きを整理すると図
表1-3-5のようになる。

　まず、男女雇用機会均等法の制定を直接の契機とする補助的業務を担
う人材か、基幹的業務を担う人材なのかによって、ホワイトカラーを一
般職と総合職に区分する制度改革の動きがある。第2に、勤務地（転勤）
の地理的範囲から社員を区分する勤務地限定社員制度が普及しつつある。
この2つの制度には重複する部分が多く、一般職は住居の移転を伴う転
勤のない社員区分、総合職は全国、海外のどこでも転勤する社員区分で
ある。したがって、勤務地限定社員の大きな特徴は、一般職と総合職に
加えて、家庭の事情などで転勤の難しい総合職的な社員のために、転勤
の範囲を一定のエリア内（したがって、住居の移転がない範囲内）とす
るエリア社員などと呼ばれる新しい社員区分（図中の中間職）を設けた
ことにある。

　もう1つの新しい社員区分が専任職、専門職等と呼称される社員群で
ある。総合職の多くは一定の勤続年数を経た後に管理職に対応するラン
クに昇進していく。これまでは、彼ら（彼女ら）は管理職に昇進するキ
ャリアを踏んできたが、最近では、管理職ポストが足りないこともあり、

図表1-3-5 ● 社員区分の現状

				社員区分の基準								
				仕事の内容					勤務条件			
									転勤の範囲			労働時間
				①補助的業務	②企画的業務	③豊富な業務経験を有する業務	④高度な専門業務	⑤管理義務	①転勤なし	②特定エリア内転勤	③無限定	①通常勤務時間（フルタイム）	②短時間（育児・介護の特例措置）
社員区分	一般職群	勤務地限定社員	一般職	●					●			●	●
			中間職		●					●		●	●
		総合職			●						●	●	●
	管理職・相当群	専任職				●					●	●	●
		専門職					●				●	●	●
		管理職						●			●	●	●

彼ら（彼女ら）を管理職に加えて、研究開発等の高度な専門能力を要する専門職や、豊富な経験を要する特定の領域の専任職に分ける制度を導入する企業が増えてきている。

3 社員格付け制度

（1）社員格付け制度の理論

① 社員格付け制度の類型化

以上のようにして社員区分が決まると、次に社員格付け制度が問題になる。社員格付け制度は、企業にとっての重要度を表現する何らかの尺

度によって従業員をランキングする、つまり企業内での個人の序列を決めるしくみであり、重要度の尺度として何を採用するかによって制度の形態は異なってくる。

　図表１-３-６はこのような社員格付け制度の多様性を体系的に整理するための枠組みであり、そこでは属人系・仕事系・成果系の３つの部分からなる仕事の流れが示されている。属人系は仕事に取り組む人が持つ労働意欲と潜在能力、仕事系は人が取り組む仕事とその際に発揮された能力（発揮能力）から構成される。最後の業績は最終的には成果として評価されるので、ここでは成果系に位置づけられている。以上の仕事の流れを構成する要素の何を評価基準として重視するかによって、社員格付け制度の類型が決まる。

図表１-３-６ ● 社員格付け制度の構成

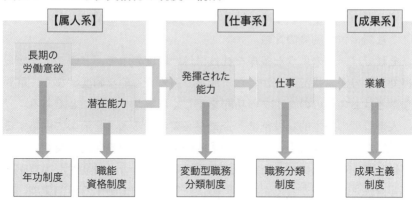

　たとえば年功制度は、「会社のために働こうという高い労働意欲を持った従業員を確保する」効果を期待するものであり、年齢や勤続年数を代理変数にして測定された労働意欲に応じて従業員をランキングする社員格付け制度である。いま日本で最も普及している職能資格制度は、後述するように潜在能力によってランキングを決める社員格付け制度である。米国流の職務分類制度は、配置されている仕事の重要度に応じてラ

ンキングする社員格付け制度であるといったように、既存の社員格付け制度を体系的に整理することができる。

　理論的には、これら以外にも発揮された能力と成果に対応する社員格付け制度が考えられ、図表1-3-6では前者を変動型職務分類制度、後者を成果主義制度としている。しかし成果主義は、成果が短期に変動する性格を持ち、長期的な観点から序列を決める基準になりにくいため、社員格付け制度として機能することは難しい。それに対して変動型職務分類制度は、新しい社員格付け制度として開発が進みつつある。その代表例が、「仕事において安定的に高い業績を実現する行動特性」と定義されるコンピテンシーを利用する試みである。つまり、特定のコンピテンシーを持つ人材であれば、一定の成果を安定的に上げることが期待できるので、それによって個人の格付けを決めようという方法である。しかし、コンピテンシーに基づく評価については正確性と安定性に心配がある等の理由から、これを格付け基準として採用する企業は少ない。

② 社員格付け制度の比較

　それでは、このような多様な社員格付け制度の中で、どのタイプが最善であるのか。状況にかかわらず最善である普遍的な制度はなく、重要なことはおのおののタイプの功罪を正しく理解しておくことである。

　人事管理の基本的な役割は、企業が必要とする人材を適切に供給することにある。市場に規定される企業内の人材需要が短期的に変動するのに対して、それを満たすための従業員の雇用も教育も長期的な視点が必要とされる。したがって企業はいわば、短期的に変動する外部環境（市場）からの影響を遮断して、長期的な観点に立って人材を安定的に供給する（つまり、雇用して教育する）ための社会的な装置である。そうなると、企業が人材の余剰が一時的に発生するというリスクを負うことは不可避であり、人事管理はそれを前提につくらざるを得ない。したがって、リスクの大きさや質が変われば、人事管理のしくみも変わらざるを得ない。

　人材余剰のリスクに対応するには2つの方法がある。第1は、需要の

変動に合わせて人材の供給を調整することによってリスクを回避する方法であり、ここでは、それに対する人事管理の対応力を市場調整力と呼ぶことにする。この点を追求すると、必要なときに必要なだけの人材を提供するジャスト・イン・タイム型の人事管理ができ上がる。第2の対応方法は、新たな市場を開発する（つまり、新しい仕事をつくる）ことによってリスクを回避する方法であり、その対応力を市場開発力と呼ぶことにする。市場開発力を強化するための基本戦略は、高い労働意欲と能力を持った人材をできる限り多く準備しておくことである。

　以上の市場調整力と市場開発力は、リスク対応の面で異なる強みと弱みを持っている。市場調整力を持つ人事管理は人材余剰のリスクを最小にできるが、新たな市場を開発するための人材を供給する、変化する仕事や組織に合わせて迅速かつ柔軟に既存人材を活用するという面で弱点を持っている。他方、市場開発力を持つ人事管理は将来の市場を開発するための人材、あるいは仕事や組織の変化に柔軟に対応できる人材を蓄積するという面では強みを持っているものの、短期的な需要変動の中で人材余剰が発生する、あるいは新たな市場開発に失敗したために人材の蓄積に要したコスト（投資）を回収できないリスクがあるという弱みを持っている。

　社員格付け制度の特性を、以上の市場調整力と市場開発力の2つの観点からとらえてみると、労働意欲と潜在能力の属人系に基づく年功制度と職能資格制度は、現在の仕事にかかわらず高い労働意欲と能力を持つ人材を高く格付ける。したがって、職能資格制度とは市場開発力をねらった社員格付け制度である。それに対して、仕事系に基づく職務分類制度は、いま企業が必要としている仕事の重要度によって社員を格付けることである。したがって、職務分類制度とは市場調整力をねらった社員格付け制度といえる。

（2）人基準の社員格付け制度─職能資格制度
① 職能資格制度の理論

　それでは、日本企業はどのような社員格付け制度をとっているのか。最も重要な点は、2つの尺度に従って社員を序列化していることである。社員の序列を決めるしくみとしてすぐに思いつくのは、部長－課長－係長－一般社員という役職ランクを尺度にして序列を決める職階によるものであるが、日本企業はもう1つのしくみを持っている。従事している仕事から離れ、職務遂行能力（「職能」と呼ばれている）を尺度にして社員の序列を決める職能資格によるものである。そして、これら2つのしくみを持つ社員格付け制度が職能資格制度である。

　同制度は広く導入されている制度であり、したがって、日本企業の多くの社員は「職階上は課長、職能資格上は参事」といったように2つの序列を持ち、昇進も職階による昇進と職能資格による昇進の2つから構成される。ただし、人事管理の観点から見ると、職階と職能資格の間には以下のような関係がある。

　職階に比べ序列の段階をきめ細かく設定し、1つの役職レベルに対して複数の職能資格を対応させていることからわかるように、職能資格制度は社員序列を広く統制している。職能資格によって能力があると認定された人（ある職能資格に格付けされた人）から管理職が選抜される。さらに賃金などの処遇は基本的に、職階による役職ランクというより、職能資格に基づいて決定される。こうした点からも、職能資格制度が社員格付け制度の基本をなしていることがわかるだろう。

② 職能資格制度の設計方法

　職能資格制度は次のような手順に沿って設計される。

〔第1ステップ〕職務を調査し（職務調査）、職務に必要な能力（職務遂行能力要件）を抽出する。

〔第2ステップ〕その職務遂行能力要件を職種別・難易度別に整理して、一覧表（職能分類表）を作成する。

〔第3ステップ〕難易度をいくつかの等級に分類して、仕事の違いを超えた各等級の共通的な能力要件（職能資格等級基準）を作成する。この等級が職能資格に当たる。図表1-3-7は、こうして作成され

図表１-３-７●職能資格等級基準の例

級	職能区分	定　　義
10	上級統轄管理職能	会社の基本的政策や方針に基づき、部またはそれに準じる組織の運営を統轄し、かつ会社の政策・方針の企画・立案・決定に参画するとともに、トップを補佐する職能段階
9	統轄管理職能	会社の基本的政策や方針に基づき、部またはそれに準じる組織の運営を統轄し、かつ会社の政策・方針の企画・立案・上申を行うとともに、さらに調整および上司の補佐をする職能段階
8	上級管理（専門）職能	会社の政策・方針についての概要の指示に基づき、部または課あるいはそれに準じる組織の業務について、自主的に企画、運営し、かつ実施上の実質的責任をもって部下を管理するとともに、上司の補佐をする職能段階
7	管理（専門）職能	会社の政策や方針についての概要の指示に基づき、課またはそれに準じる組織の業務について、自主的に企画、運営し、かつ実施上の実質的責任をもって部下を管理する職能段階
6	指導監督職能	一般的な監督のもとに担当範囲の細部にわたる専門的知識と多年の経験に基づき、係（班）またはそれに準じる組織の業務について企画し、みずからその運営・調整にあたるとともに部下を指導・監督する職能段階
5	指導判断職能	担当業務の方針について指示を受け、専門的知識と経験に基づき、自己の判断と創意によって部下を指導しながら、計画的に担当業務を遂行し、上司を補佐しうる職能段階
4	熟練定型職能	細部の指示または定められた基準により、高い知識・技能・経験に基づき、複雑な定型的業務については、主導的役割をもち、下級者を指導しながら、かつ自己の判断を要する熟練的（非定型も含む）業務を遂行しうる職能段階
3	高度定型職能	細部の指示または定められた基準により、高い実務知識・技能・経験に基づき、日常定型的業務については主導的役割をもち、必要によっては下級者を指導するとともに、一般的定型的業務の指示を受けて遂行しうる職能段階
2	一般定型職能	具体的指示または定められた手順に従い、業務に関する実務知識・技能・経験に基づき、日常的定型的業務を単独で遂行しうる職能段階
1	定型補助職能	詳細かつ具体的指示または定められた手順に従い、特別な経験を必要としない単純な定型的繰り返し的業務もしくは見習的補助的な業務を遂行しうる職能段階

出所：清水勤『ビジネス・ゼミナール会社人事入門』日本経済新聞社、1991年

た職能資格等級基準の例である。

〔第4ステップ〕最後に、①職能資格の名称、②新規学卒者を入社時に格付ける初任資格、③部長や課長などの役職に対応する資格、④上位の資格に上がるために、下位の資格にどの程度の期間滞留することが必要であるかの昇進要件を決める。

このような手順を踏んで設計された職能資格制度のモデル例を図表1-3-8に示してある。このようにして職能資格制度が設計されると、社員は職能資格等級基準をベースに評価され、その結果に対応する資格に格付けされることになる。より上位の資格に対応する能力を得たと評価されれば、その資格に就く（資格が上がるので、一般的には昇格と呼ばれ、役職が上がる昇進と区別される）ことができる。また、賃金制度は資格等級に対応するように設計されるので、資格が決まると給与が決まる。この給与が職能給と呼ばれる。

③　職能資格制度の仕掛けと強み

このような職能資格制度には、いくつかの重要な仕掛けが巧みに組み込まれている。第1は、「評価の基準」の仕掛けである。職務遂行能力をもって社員を評価するとき、「何をもって能力と考え」「その能力をいかに表現するのか」が重要になるが、前者については、あらかじめ決められた絶対基準（職能資格等級基準）に基づいて評価される「絶対能力」が強調されている。また後者については、絶対基準となる能力要件が普遍的な尺度として表現されているので、1組の絶対基準によって、仕事内容の異なる社員を共通に評価して格付けできる。そのため、社員間の公平性を確保することができる。

第2は、「仕事（役職）と資格の分離」の仕掛けである。絶対能力を評価基準にするということは、仕事から離れて職務遂行能力（つまり、潜在能力）をもって社員を評価することになる。そうなれば、組織の都合で能力を十分発揮できない仕事に就いている社員に対しても、能力に見合った資格を付与することができる。

第3は、処遇、特に給与が資格に対応して決定されるという仕掛けで

図表１-３-８ ● 職能資格制度のモデル例

職能資格			職能資格の等級定義（業務の職能の等級区分＝職能段階）	対応職位	初任格付		昇格基準年数		
層	等級	呼称					モデル年数	最短	最長
管理専門職能	9	参与	管理統率業務・高度専門業務	部長			—	—	—
	8	副参与	上級管理指導・高度企画立案業務および上級専門業務	副部長			5	—	—
	7	参事	管理指導・企画立案業務および専門業務	課長			5	3	—
指導監督専任職能	6	副参事	上級指導監督業務・高度専任業務・高度判断業務	課長補佐			4	3	—
	5	主事	指導監督業務・専任業務・判断業務	係長			4	2	—
	4	副主事	初級指導監督業務・判定業務	主任			3	2	—
一般職能	3	社員一級	複雑定型および熟練業務	一般職	大学院修士		3	2	6
	2	社員二級	一般定型業務		大学卒		2	1	6
	1	社員三級	補佐および単純定型業務		高校卒	短大卒	4 / 2	4 / 2	6

出所：清水勤『ビジネス・ゼミナール会社人事入門』日本経済新聞社、1991年

ある。これを「仕事と資格の分離」のルールと組み合わせることによっ
て、「仕事と給与の分離」が可能になり、仕事内容に変化がなくても能
力を高めれば資格と給与が上がり、また仕事が変わっても、能力が不変
であれば資格と給与が変わらないことになる。

　こうした仕掛けを持つ職能資格制度は、欧米企業で広く用いられてい
る仕事をベースにした社員格付け制度と異なり、「社員の成長に視点を
置く人間基準」を基本的な理念としているといわれる。それは、「社員に
対して雇用を保障し、そのために生涯を通じての能力開発を重視し、会
社は個人の能力を活かすように配置し、その能力に基づいて格付けと処
遇を決める」という能力開発主義の考え方が強調されているからである。

　こうした仕掛けを持つ職能資格制度には、企業経営にとって3つの利
点がある。第1に、働き方の異なる社員を共通の基準で評価して格付け
るので、人事管理の公平性が確保され、「多様な社員が協力し合う」集団
主義のメリットを期待できる。第2に、「仕事と給与の分離」のルールに
よって、給与が仕事と離れて安定的に決められているので、変化する仕
事に人材を機動的に配置でき、組織の柔軟性を確保することができる。
さらに重要な第3の点は、「能力を上げれば給料が上がる」という、個人
の能力開発努力を誘因する強力なインセンティブ機構を組み込んでいる
ことである。つまり、日本企業の人事管理の特質は、人材の能力向上を
促進し、それを介して企業成長に貢献するしくみを組み込んでいる点に
ある。

（3）仕事基準の社員格付け制度─職務分類制度

① 職務分類制度の理論

　欧米先進国等の国々では、職能資格制度とは異なり仕事を基準にした
社員格付け制度が一般的であり、その代表が職務分類制度（職務等級制
度）である。この制度は企業にとっての重要度の尺度として「職務の重
要性」をとり、以下の手順に沿って設計される。

　第1に、職務を調査し（職務調査）、分析する（職務分析）。たとえば、

どの程度の責任度があるのか、解決の難しい問題がどの程度あるのか、どの程度の知識が要求されるのかなどの視点から個々の職務が分析される。第2に、職務分析の結果に基づいて、職務Aは評価点150点、職務Bは180点といったように個々の職務の価値を総合的に評価する（職務評価）。次に、こうして決まった多様な評価点を50点未満、100点未満、150点未満といったようにいくつかの階層にくくり、グレードⅠ、Ⅱ、Ⅲといったように段階に名称を付けて制度の基本設計は終わる。

　そうなると、120点の職務に従事している社員はグレードⅡであるといったように、間接的に社員の格付けが行われることになる。さらに、グレードに対応する賃金表を作っておけば賃金が自動的に決まり、昇進するには上のグレードに入る評価点の職務に異動する必要がある。このようにして、職務分類制度によって社員格付けが決まると、それに連動して評価、賃金、昇進のしくみが整備されていくことになる。

② 職務評価手法の事例―ヘイ・システム

　前述の職務評価には多様な方法があり、日本で独自に開発された方法もある。ここでは、職務評価の際に考慮すべき変数が体系化され、職務評価の構造を理解するうえで役に立つという点から、国際的に知られている米国のヘイ・システムを紹介しておきたい。

　ヘイ・システムの職務評価の方法論は、図表1-3-9に示したように、職務遂行には知識・経験が必要であり（インプット）、それを駆使して問題解決策を見いだし（スループット）、その解決策に基づいて行動を起こし成果を生み出す（アウトプット）という、人が仕事を遂行し、成果を上げるための普遍的なステップに基づいて開発されている。この特性を踏まえると、必要な知識・経験が大きいほど、問題解決の難易度が大きいほど、そして行動や成果が組織の最終成果に与える影響が大きいほど、職務の重要度は大きくなるはずである。

　そこで同システムでは、インプット、スループット、アウトプットの大きさを測る指標として、ノウハウ（職務に就く社員の必須の知識・スキル）、問題解決（ノウハウを駆使して問題を解決する思考過程の困難度）、

図表1-3-9 ●ヘイ・システムの職務評価の概要

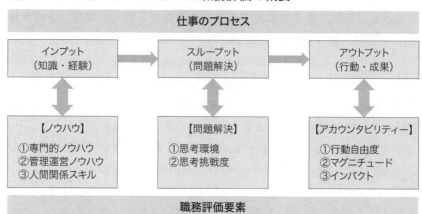

アカウンタビリティー（職責として期待されている成果の大きさ）の3
要素が設定され、具体的な職務評価は、要素別に作られた評価チャート
を用いて行われる。

　算出されたノウハウ評価点、問題解決評価点、アカウンタビリティー
評価点の合計点が職務の重要度（ジョブ・サイズと呼ばれている）を示
す指標になり、その点数をある範囲でくくって複数の段階（職務等級）
をつくれば職務分類制度ができ上がることになる。

4　資格制度の今日的課題

（1）職能資格制度の現状

　これまで社員区分制度と社員格付け制度の詳細について説明してきた
が、現実の人事管理の基盤システムは2つの制度の組み合わせで決定さ
れ、職能資格制度がわが国の標準形といえるだろう。図表1-3-10は、
職能資格制度を導入している多くの企業を対象にした調査から得られた
平均的な構造を示している。

　この例では、職能資格制度は11段階の職能資格から構成されている。

図表1-3-10 ●職能資格制度の平均像

職能資格の能力要件			職能資格等級	対応役職
専門スキル		社会的スキル		
担当業務	関連業務			
指導できる能力		課題設定能力 対人関係能力	11	部長
			10	
			9	課長
			8	
			7	係長 主任
			6	
一人前の能力			5	一般職
			4	
指導のもとでできる能力		意欲・態度	3（大卒初任格付け）	
			2（短卒初任格付け）	
			1（高卒初任格付け）	

出所：今野、大木、畑井『能力・仕事基準の人事・賃金改革—職能資格制度の現状
と未来』社会経済生産性本部生産性労働情報センター、2003年

役職位との対応は、最上位の11級と10級が部長レベル、続く9級と8級
が課長レベル、7級と6級が係長・主任レベルに対応している。また、
初任格付けは大卒が3級、短大卒が2級、高卒が1級に設定されている。
さらに、資格を定義する能力要件は担当業務にかかわる専門スキル
（テクニカル・スキル）と、ヒューマン・スキル（対人間関係能力）お
よびコンセプチュアル・スキル（課題設定能力）からなる社会的スキル
で構成され、社員は4つのグループに分かれる。第1は上司・先輩の指
導のもとで仕事ができる能力と意欲・態度が重視される人々であり、1
〜3等級に格付けされる「養成期」の社員群である。第2は、部下に指
導できる水準の専門能力と課題設定・対人関係能力の社会的スキルを持
つ、8等級以上に格付けされる「管理職相当」の社員群である。両者の
中間にある4等級から7等級までは「養成期」から「管理職相当」への
移行期に当たるが、これはさらに2つに分かれる。1つは、担当業務で

あれば「一人前の能力」を持つ4～5等級の社員群、もう1つは担当業務であれば「指導できる」、関連業務であれば「一人前にできる」水準の専門スキルを持つ、6～7等級の主任・係長相当の社員群である。さらに同図表にあるように、社会的スキルについては、4等級から7等級に上がるのに伴い、意欲・態度から課題設定・対人関係能力へと能力要件の重要性は段階的に変化していく。

　このような職能資格制度に組み込まれる社員区分制度は、「区分の程度」から見ると技能職と事務・技術職のように社員を2～3程度のグループに分けるものが一般的であり、「区分の基準」から見ると職種による違いに加えて、総合職と一般職といったキャリア見通しの違いを基準とすることが多い。

　つまり、わが国の標準形ともいえる職能資格制度は、キャリア見通しと職種をベースに社員を複数の職群に分ける社員区分と組み合わせて設計されており、そのため職群別職能資格制度と呼ばれることもある。

　国際的に見ると、こうしたわが国の基盤システムにはいくつかの特徴がある。社員区分は欧米諸国に比べて単一型に近い制度をとっており、たとえば、ホワイトカラー、ブルーカラーにかかわらず、同一の（あるいは類似した）基準による評価制度と、同一（類似）の賃金要素と支払い形態を持つ賃金制度が適用されている。それに対して欧米諸国の場合には、ホワイトカラーには人事評価があるがブルーカラーにはないことが多い。職務給のみのブルーカラーに対して職務給に成果給が加わるホワイトカラー、日給制あるいは時間給制のブルーカラーに対して月給制のホワイトカラーといった違いがある。また社員格付け制度については、これまで説明してきたように、潜在能力等の属人系を重視する日本型と仕事系を重視する欧米型という違いがある。

　こうした違いは、わが国企業の人事管理と組織運営に大きな影響を及ぼしてきた。単一化された社員区分制度と属人系重視の社員格付け制度をとったがゆえに、社員間の協調性を強化し、仕事の配分と人の配置の柔軟性を高め、高い労働意欲を持った人材を確保することができる体制

をつくり上げてきた。しかしその反面、単一化された社員区分制度であったがために、企業にとって重要な人材・部門・職種を他に比べて優遇することが難しい。あまりに属人系重視の社員格付け制度をとったために、昇進や賃金が仕事から離れた形で決定されてしまうなどの問題を引き起こしたのである。こうした問題は、1990年代以降の国際競争の激化、バブル経済の崩壊、高齢化・高学歴化といった環境条件の変化において深刻になり、それを補完する制度、あるいは、それに代替する制度として成果主義が台頭した。

（2）成果主義の登場と破綻

　1960年代から1990年ごろまでの好調な企業業績は、職能資格制度の課題を可視化させることはなかった。しかし、1990年代におけるバブル経済の崩壊により、企業は若手人口の減少に伴う労務構成の変化による総額人件費の肥大化に苦しみ、大規模なリストラと賃金抑制を余儀なくされた。そこに登場したのが、職務分類制度に基づく職務と業績を重視する成果主義であった。2000年代に成果主義は多くの企業から支持を受け、次々と職務評価、ジョブグレード、職務給（役割給）、年俸制、業績連動型賞与、目標管理制度、コンピテンシーなどの成果主義関連施策が導入されていった。

　成果主義に関しては、さまざまな定義が存在する。"主義"という名称が示すとおり、年功制や職能資格制度に比較すると、成果重視の賃金制度のみならず包括的な人事管理方針（ポリシー）を示すことが多い。一般的には、「賃金や賞与、昇格などについて、仕事の成果をもとに決定する考え方。人件費負担の増大を回避しながら、従業員のモチベーションを高めるために、企業業績への貢献度に応じて処遇を決定しようとするもの」と説明される。あるいは、①賃金決定要因として、成果を左右する諸変数（技能、知識、努力など）よりも、結果としての成果を重視すること、②長期的な成果よりも短期的な成果を重視すること、③実際の賃金により大きな格差をつけることとされる。

　このように1990年代から2000年代にかけて成果主義は日本社会を席巻した。戦後50年を経た人事管理の制度疲労を治癒し、さらにバブル経済が崩壊した後の失われた10年を取り戻すため、大企業を中心に未曾有の成果主義ブームが巻き起こった。大きな期待を担った成果主義であるが、導入から10年を待たずに批判が相次ぎ、今日においてもその評価は芳しくない。成果主義についてはさまざまな問題点が指摘されている。

　成果主義の本来の目的は、個人の意思では変えることができない、年齢・性別・学歴・国籍といった属人的な要素を払拭し、組織における個人の役割と仕事の成果を客観的に評価し、企業業績と対応した個別の処遇を行うことにあった。しかし、成果主義についての認識や運用を誤ることによって、本来の目的は歪曲されたものとなる。運用を誤る要因の１つに、成果主義における個人の評価が短期的な成果志向を重視したことが挙げられる。たとえば、全社業績や部署業績よりも個人の人事考課結果が賞与に反映される度合いが大きい場合には、営業部署における押し込み販売に代表されるような短期的かつ短絡的な志向を従業員は抱きかねない。懸念するとおり、成果主義は多くの企業においてリストラに利用され、業績に基づく総額人件費管理という機能は非正規労働者の雇用と調整によって代替された。

　もう１つの要因として、チームワークやチームプレーの要素を評価に組み込めなかったことが挙げられる。同僚よりも高い成績を収めることによって賞与が増え、昇進が早くなるといった個人主義的な志向が強まれば、周囲の人との協働や部下・後輩の指導に対する意欲が少なくなることは必然である。また、組織を継続させることを前提とすれば中長期的な視点は不可欠であり、組織内の役割分担、チームワーク、チームプレーといった要素を失うことによって、組織が破綻することは必然であった。こういった現場からの不満に対して、企業は成果主義の不備を修正すべく具体的な評価項目の見直し、定量目標から定性目標へのウエートシフト、職務グレードを大くくりにする役割等級制度への改定、継続的な考課者訓練の実施、などのさまざまな修正を継続しており、この動

きは今日に至っている。

（3）職務分類制度から役割等級制度へ

　職能資格制度は結果的に運用が年功的になり、仕事と資格（給与）の整合性が崩れている、能力が曖昧に定義されているために能力開発に活用できない等の問題を抱える中、上記の成果主義の失敗を踏まえながら、より仕事にリンクした方向で社員格付け制度を再編する動きが強まっている。それは、仕事と成果で評価し、報酬を決めることを指向する人事管理の1つの取り組みといえるだろう。

　ただ多くの企業は、その再編を進めるにあたって、以下のような理由から、前述したヘイ・システムに代表されるアメリカ型の職務分類制度の採用を見直している。

① 　職務評価が複雑でコストがかかる。仕事の変化に対応して行わなければならない職務評価のメンテナンスが煩雑なため、結局は使えない職務評価になってしまうおそれがある。

② 　職務を細分化して評価するため、変化する組織と仕事の構成に適応できない。それとともに、細分化された職務に対応して給与が決定されるので、配置の流動性が阻害される。

③ 　職能資格制度からの移行を考えると、地位と給与が大きく変動する社員が大量に発生する。

　そこで、広く導入されつつあるのが役割等級制度である。仕事をベースにして社員の格付けを行うという意味では職務分類制度の1つのタイプであるが、職務分類制度に対する上記の懸念を踏まえて、以下のような特徴を持つ制度として設計されている。第1には、職務を大くくりにとらえ、それを役割と呼称している。第2には、役割を評価する（一種の職務評価であるが）にあたって、簡略した方法がとられている。したがって、ランクの少ない社員格付け制度として設計され、たとえば、一般職については3ランクに設定している例が多い。また、役割評価にコストがかからずメンテナンスが容易であるなどの利点もある。

　いずれにしても、職能資格制度から仕事基準の社員格付け制度に移行するにあたって、役割等級制度がわが国の新しい有力なモデルになりつつあるといえよう。

（4）専門職制度による補完

　専門職制度（あるいは専門職・専任職制度）は職能資格制度を補完する制度として導入されてきた。その制度的特徴を整理すると次のようになる。

　第1に、一定のランク（通常は課長などの管理職相当ランク）以上の層を対象にした制度として設置されている。したがって、ホワイトカラー（特に総合職）は、そのランクまでは単一のキャリア・ルートを昇進し、それ以後は管理職と専門職の2つの社員群に区分され、昇進ルートは管理職ルートと専門職ルートに分かれる。したがって、それぞれの社員群には異なる基準（つまり、異なる評価制度）が適用され、管理職ルートの場合には職位が、専門職ルートは専門能力が格付けの基準になる。このように異なる2つのキャリア・ルートが平行して設定されるので、デュアル・ラダー方式（平行した2つの梯子があるという意味）と呼ぶこともある。

　第2に、こうして分化した2つのキャリア・ルートの対応関係については、課長と主任技術者、部長と主管技術者といったように、管理職と専門職のランクを1対1で対応させ、専門職としての昇進を保障している。最近では、高度専門職などの名称で制度改革が行われ、役員レベルまで専門職のキャリアが延びてきている。

　第3に、処遇の面では、職能資格制度のもとで管理職と専門職のバランスがとられている。つまり、同等の能力があると評価され、同一資格に格付けされれば、管理職であろうと専門職であろうと給与は同じになる。

　こうした専門職制度に企業は2つの意図を込めているが、それらは必ずしも整合的でなく、そこに専門職制度が抱える悩みがある。1つは「高度な専門能力を有する人材を適正に処遇し、育成する」という期待である。

しかし他方では、管理職としての昇進が望めない人のための代替的なキャリアを整備したいという配慮も強く働いている。このことが専門職制度の性格を曖昧にしている。専門職制度を活かすうえで企業が解決すべき課題は多い。

《職務分析・職務評価実施マニュアル》

　パートタイム労働者について、その働きと貢献に応じた公正な待遇を実現するため、パートタイム労働法が改正され、2008（平成20）年4月から施行されている。短時間労働者と通常の労働者との均等・均衡待遇の確保をさらに進めるため、職務分析の手法や比較を行うための指標（モノサシ）を提供することにより、その取り組みを支援するため、厚生労働省では、「職務分析・職務評価実施マニュアル」とツールを作成した。

　職務分析・職務評価を行うメリットとしては、①パートタイム労働者と正社員の職務が同じか、異なるかを明確にできる、②職務の内容に応じた待遇になっているか、パートタイム労働者と正社員で均衡（バランス）がとれているかを確かめることができる、③パートタイム労働者に、正社員との職務の異同をわかりやすく説明でき、パートタイム労働者の納得性を高めることができるとされている。

第 4 節 **人事評価のしくみ**

学習の**ポイント**

◆人事評価の役割は、社員のいまの能力や働きぶりを評価して、その結果を配置、処遇、人材開発などにつなげることにある。
◆それと同時に、会社の期待する人材像を伝え、社員の行動変容を促す役割もある。
◆人事評価制度は、公平性・客観性・透明性等の評価の基準・方法・活用に関する基本原則に基づいて設計される必要がある。
◆特に評価の基準については、基準の違いによって期待される効果が異なることを正しく理解しておく必要がある。

1 人事評価の意義

(1)「今」を知ることが評価の役割

　他人と比べられて優劣が決められるという思いがあるからか、評価されることには誰もが抵抗を感じる。しかし、評価を「今の自分」を知るための道具ととらえたらどうであろうか。いまよりよくなるには自分を知ることが不可欠であり、それは企業も同じことである。そうであれば個人については、「今の自分」を知るために評価されることに耐える必要があるし、企業については、組織と個人がよくなるには「評価はどうあるべきか」を真剣に考える必要がある。

　「これまでの年功的な人事管理は評価が曖昧で、処遇も一定の職位までは平等主義的に決められてきた。しかし、これからは成果主義化を進め、評価を厳密にし、よい評価の人と悪い評価の人の処遇格差を大きくする

必要がある」。よく聞く話であるが、こうしたとらえ方をするから、評価とは人に順番をつけたり、格差をつけたりするためのしくみと思われてしまうのだろう。

　しかし会社にとってみると、順番をつけたり、格差をつけたりするためだけの評価には何の意味もないはずである。それは、評価も経営成果を上げるための1つの道具にすぎないからである。企業業績の向上に有効であれば、評価によって大きな格差をつけることも、小さな格差をつけることも、あるいは格差をつけないこともありうるのである。評価の問題を考える際には、「何のための評価なのか」がいつも意識される必要がある。

（2）評価は期待の表明

　社員を評価する。どの会社でも当たり前のこととして行われている。だからといって、時代を超えて会社を超えて同じ評価が行われ、評価の高い人はいつの時代でも、どこの会社でも高い評価が得られるわけではない。つまり、どの会社にも通用する普遍的な人事評価はなく、時代や業種などによって多様性と柔軟性を持つと考えるべきである。

　なぜ、そうなるのか。それは評価する側の基準が変わるからである。評価には「このような成果を上げてほしい」「その能力については、この程度の水準を持っていてほしい」という判断の基準が必要であるが、その基準は評価者（経営者や管理者）の「従業員にこうなってほしい」という期待の表明である。しかも、その期待は「この会社をどのようにしていくのか」についての経営者の考え方に依存しているので、市場が変わり、技術が変わり、経営戦略が変われば、経営者や管理者の社員に対する期待の内容は変化するのである。

　もし、あなたが経営者から新しい人事評価制度の設計を指示されたら、まず「どのような戦略を実現するために、社員に何を求めるのか」について、経営者のビジョンを聞くことから始めるべきである。制度の具体的な設計はそれからである。評価の最も大切なことは、評価者が評価さ

れる人に「何を期待しているのか」、したがって「何のために、何を評価するのか」を明示し、正確に伝えることにある。

2 人事評価の理論

（1）人事評価の機能

　人事評価の詳細に入る前に、企業において評価が当たり前のことになっている現実から確認しておきたい。少し古いデータになるが、図表1-4-1を見ると、人事考課制度（ここでは人事評価制度のことと理解してもらいたい。詳細については後述する）の導入企業は全体では半分程度（51.0％）であるが、大手企業になるとほぼすべての企業が導入している。また、文書化された手続がないといった意味で評価制度を持たない中小企業でも昇進や賞与の査定など、何らかの方法で社員を評価している。評価を行っていない企業はないといえよう。それでは企業は何のために、どのような評価制度を導入すべきなのか。

　人事評価とは、「従業員の現在の状態（能力と働きぶり）を把握し、人事管理に反映させる管理活動」である。つまり適切な人事管理を行うには、1人ひとりの「今の状態」を知って理解し、それに基づいて政策を

図表1-4-1 ●人事考課制度の導入状況（2002年）

企業規模	人事考課制度 がある企業	導入企業比率（%）	
		目標管理制度	多面評価制度
規　模　計	[51.0]　100.0	50.0	26.0
5,000人以上	[98.3]　100.0	85.0	20.4
1,000〜4,999人	[96.5]　100.0	74.9	15.9
300〜999人	[89.1]　100.0	58.4	17.3
100〜299人	[73.7]　100.0	52.4	24.6
30〜99人	[39.4]　100.0	44.7	29.4

出所：厚生労働省「雇用管理調査」2002年

立て実施することが必要であり、この「知って理解する」が人事評価の第1の機能である。さらに現状を把握することによって、これまでの人事管理を次の人事管理につなげる役割、つまり、「より適正に配置、活用する」「能力をより適切に開発する」「より公正に処遇する」という人事管理上の目的を実現する機能が期待されている。具体的な制度を考えるにあたっては、どの目的を実現するための人事評価であるのかを明確に意識しておくことが大切である。

　人事評価には、「従業員の行動を変える」というもう1つの重要な機能がある。評価には必ず基準が必要になるが、その基準は評価者の「こうなってほしい」という従業員に対する期待からつくられるものであり、その背景には、会社の存在意義を表現した経営理念に基づく「期待する人材像」がある。いうまでもなく、個々の評価の場面では複数の基準が設定されるが、「期待する人材像」は評価基準を支える絶対的な価値としての役割を果たす。他方で、被評価者である従業員はよりよい評価を得るために努力することになるので、人事評価は会社、あるいは評価者が「こうなってほしい」という方向に個人の行動を変える機能を持っている。

（2）人事評価の種類

　人事評価には、目的や方法の違いによって多様なタイプがあるが、その中で中核をなすのが、「上司が日常の業務遂行を通して部下を評価する」人事考課と呼ばれる評価方法である。

　しかし人事考課には、上司は担当部署の成果責任を持っているので、部下をどのように育成していくかという長期的な視点から評価するよりも、短期的な成果を重視して評価しがちである。また、上司は心理学などの理論に精通した評価の専門家ではないという問題もある。それを補完する評価方法として、一定の訓練を受けた専門家による人材アセスメント（ヒューマン・アセスメント）という方法もある。この評価の結果は、能力開発やキャリア開発のための参考情報として使われることが多い。なお、評価とは人事考課のように事後に行うものとされ、アセスメ

ントは主に採用や昇進などの予測に用いられる事前評価の手法である。

　また、上司による評価だけでは正確な情報が得られない場合が考えられるため、上司とともに部下、同僚、顧客などの業務上関係のある複数の人から評価を受ける多面評価（あるいは、360度評価）と呼ばれる方法もある。この評価結果で賃金や昇進・昇格を決めることは少なく、主に被評価者の自己分析を助け、能力開発や自己啓発を促進するために使われることが一般的である（なお、多面評価の導入状況については前掲の図表1-4-1を参照してほしい）。

　このように人事評価には多様な方法があるが、以下では、人事考課を中心に説明していく。したがって断りのない限り、人事評価と人事考課を同じ意味で使用しているので注意してほしい。

（3）人事評価の基本原則

① 評価管理システムの設計

　それでは、人事評価の管理、つまり制度の設計と運用はどのように行われるべきであるのか。配置に活用されるにしても、能力開発に活用されるにしても、あるいは処遇の決定に活用されるにしても、人事評価は個人に大きな影響を及ぼすことになるので、彼ら（彼女ら）の納得性が得られる制度として設計される必要がある。いかに精緻な制度をつくっても、従業員にとって納得のできない制度であれば、彼ら（彼女ら）の労働意欲の低下を招くことになる。

　図表1-4-2は制度を設計する流れを整理したものであり、まず、制度設計の際に準拠しなければならない諸原則を正しく認識しておく必要がある。前述したように人事評価には、業務遂行の観察を通して「能力と働きぶりを評価する」機能と、その結果を「人事管理に反映する」機能の2つの機能があり、それぞれの原則を考えておく必要がある。特に前者については、「何を評価するのか」に関連した評価基準設定の原則と、「いかに評価するのか」に関連した評価方法の原則がある（同図表中の「能力・働きぶりの評価」欄を参照）。

図表1-4-2●人事評価制度を設計する流れ

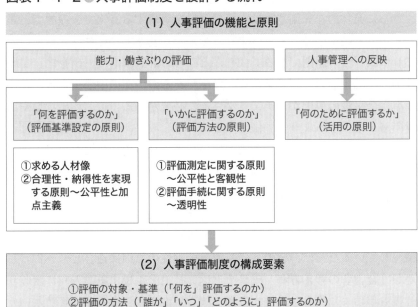

また「人事管理に反映する」にかかわる活用の原則については、能力開発のためなのか、配置のためなのか、処遇を決めるためなのか等についての基本的な考え方（原則）を決めておくことが必要である。以下では、「能力と働きぶりを評価する」機能にかかわる原則について詳しく説明したい。

② 評価基準の原則

評価基準の原則は、経営理念に基づいて会社が求める人材像（つまり、「どのような人材が欲しいのか」に関する基本方針）が出発点となる。それは、求める人材像に近い従業員を高く評価すべきであり、求める人材像が評価基準を決めるベースになるからである。もし、会社が「決められた仕事を正確にこなす人材」が欲しいのであれば、それに合う評価基準を、「新しい事業を開発する人材」が欲しいのであれば、それに合う評

価基準を設定する必要がある。

　さらに具体的な評価基準は、経営戦略を実現するうえで合理的で、誰から見ても納得のできる（つまり、公平な）基準でなければならない。これが公平性の原則である。会社がとりうる評価基準は、出身地、学歴、性別、年齢、能力、担当業務など多様であるが、その中から選択される基準は公平性の原則からチェックされる必要がある。もし、出身地や出身階層を重視するような評価基準を用いる企業があれば、利益を上げるという経営目的から見て合理的とはいえず、社員の納得性も得ることができないため、公平性の原則に反することになる。

　ただし、公平性の原則は経営者の考え方、社会（あるいは、従業員）の価値観によって変化する。たとえば、「組織に長く安定的に貢献してくれる社員」という人材像に基づいて年功重視の評価基準を設定し、社員も納得しているならば、その評価基準は公平性の原則に適合している。しかし、経営者の考え方が「成果を上げる社員を重視する」方向に変わり、社員も年功より成果を重視する価値観を持つようになると、年功という評価基準は公平性の原則に合わなくなり、それに代わる評価基準が求められることになる。いずれにしても、公平性の原則に沿ってどのような評価基準を選択するかは、人事評価制度を設計する際の最も重要な点である。

　さらに近年、評価基準の設定に関連して加点主義の考え方が強調されている。かつて企業は「仕事で失敗すること」を戒め、それによって昇進競争から外れる社員を決める減点主義だったといわれる。しかし、それでは社員の中に「失敗をせずに無難に働こう」という姿勢が生まれ、厳しい経営環境を勝ち抜くために挑戦的で革新的な組織をつくりたいという企業の意図に沿った人材を育てることができない。そこで、「失敗を恐れず、革新的なことに挑戦する社員」を積極的に評価することが必要であるという加点主義の考え方が強調されている。このことは、公平性の原則を減点主義から加点主義に変えることを意味している。

③　評価方法の原則

このようにして公平性の原則に沿って評価基準が設定されたとしても、それを適用する際に配慮しなければならない点がある。

第1に、設定された基準がいかに適切でも、それに基づいて従業員を公平に評価する必要があり、そのための原則が評価測定に関する公平性の原則である。たとえば、能力を評価基準にしているにもかかわらず、ある評価者が個人的な好みや人脈などに配慮して評価を行うことがあれば、全員が同じ評価基準のもとで公平に評価されたことにならない。したがって、評価基準とともに、その適用（つまり、評価方法）においても、公平性が確保できるような制度が工夫される必要がある。

次に、従業員の「今の状態」を評価基準に基づいて正確に把握し、客観的な評価に結びつけなければならない。年齢や勤続年数を基準にするのであればそうした問題は起こらないが、たとえば成果を基準とすると、評価者がいかに公平に部下を評価しようとしても、成果を正確に把握していないかもしれないし、評価者の主観が入り込むかもしれない。評価制度（つまり、評価方法）は、評価基準を明確にする等の方法によって、1人ひとりの行動や成果を客観的に評価できるように構築される必要がある。これが客観性の原則である。

さらに最近では、評価手続に関する透明性の原則が重視されている。人事評価の基準・手続・結果などを被評価者に公開することによって、評価に対する納得性を高めることが透明性のねらいである。成果と能力を厳密に評価し、その結果に基づいて処遇における個人間の格差を拡大し、キャリアの多様化を進める。人事管理はこの方向に向かって確実に変わりつつある。そうなると、評価に対する不満が高まるおそれがあり、企業は納得性を得るしくみを強化する必要に迫られているのである。

（4）評価基準の考え方
① 業務遂行プロセスと評価基準の構成
適切な人事評価制度をつくり上げるには、評価基準の構成と特質について十分理解しておく必要がある。人事評価によって従業員の何を評価

するのかについては、業務遂行プロセスを、経営戦略に直接あるいは間接に貢献する要因に分解することから始めるとわかりやすい。このことを整理した図表１-４-３を見てほしい。

知識やスキルなどの「能力」と「労働意欲」を持った個人が、それを発揮して「仕事」に取り組み「業績」を上げるというのが業務遂行プロセスであり、能力・労働意欲・仕事・業績が主要な評価要素になるが、人事考課においては次の点を念頭に置く必要がある。

第１に、業務遂行の中で発揮される能力は必ずしも、個人が保有する能力のすべてではなく、この２つの能力を明確に区別することが必要である。一般的に個人が保有する能力は潜在能力、発揮された能力は発揮能力（または、顕在能力）と呼ばれる。

第２に、たとえ高い潜在能力を持っていても、それを仕事の場で活用する意欲がない限り役に立つ能力（つまり、発揮能力）として顕在化しない。この活用する意欲がモチベーション（あるいは、労働意欲）であり、潜在能力と労働意欲を基盤にして発揮能力が形成されるという関係になる。

第３は発揮能力のとらえ方であり、それには２つの方法が考えられる。１つは、当該業務を遂行するにあたり直接必要とされる知識やスキルを明らかにし、その知識やスキルを保有しているか否かによって発揮能力をとらえようとする方法である。もう１つは、発揮能力は業務遂行の場で行動（以下、「職務行動」と呼ぶ）として現れることに注目する方法である。この場合には、高い成果を安定的に生み出す職務行動（コンピテンシーと呼ばれる）を事前に抽出し、その行動を実際にとっているか否かによって発揮能力をとらえることになる。なお、一般的には後者の方法がとられるので、図表１-４-３では発揮能力に代わって職務行動の用語が使われている。

このように評価基準は多様な要素から構成されているが、そこでは次のような関係が想定されている。企業の最終目標は業績を高めることにあるが、より高い潜在能力や労働意欲を持つ従業員であれば、業務遂行

図表1-4-3 ● 業務遂行プロセスに基づく評価要素と評価制度

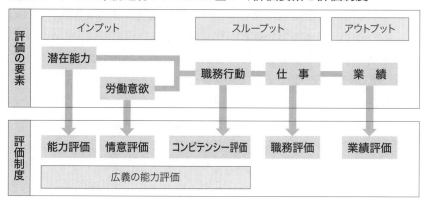

の中でより適切な職務行動をとるはずである、あるいは、より重要な仕事を担当する従業員であれば、より大きな業績を上げるはずである、という仮定である。

したがって、評価要素として潜在能力や労働意欲を重視する企業もあれば、仕事を重視する企業もあるし、業績を重視する企業もある。そうなると、どの評価要素を採用しても同じではないかということになるが、後述するように、各評価要素がそれぞれ固有の特性を持っているため、どの要素をどの程度重視するかが、評価制度を設計するうえで重要なポイントになる。

さらにいえば、基本的には、特定の要素のみからなる評価基準の体系をつくることはあり得ないだろう。たとえば、業績を上げることが最終目標であることから、評価要素として業績のみを採用しても業績の向上は期待できない。業績の評価だけでは、配置や能力開発の「今の状態」を正確に把握することができず、より適切な配置や能力開発を実現することができないからである。結局は、人事評価が配置、能力開発、処遇などの人事管理全体に「今の状態」を知らせる役割を持っている以上、評価基準は図表1-4-3で示した諸要素をすべて（あるいは、多くを）取り込む形で形成されねばならないのである。

② 評価要素の特性

　そうなると実務上問題になることは、特に処遇（昇進や賃金）を決めるにあたって、個々の要素をどの程度重視する評価制度にするかである。潜在能力、労働意欲は業務遂行に投入されるインプットにかかわる人的要素、職務行動と仕事は業務遂行プロセスそのものにかかわるスループットの要素、業績は仕事を通して現れる労働の結果（アウトプット）の要素である。したがって、もし仕事の結果を重視する人事管理にしたいのであればアウトプット関連要素を、能力やモチベーションを高めることを重視したいのであればインプット関連要素を、業務遂行プロセスを重視したいのであればスループット関連要素を重視する制度をつくることになる。

　以上が制度設計の基本であるが、それに加えて個々の評価要素の特性を体系的に理解し、それを踏まえて制度を設計する必要がある。→図表1-4-4

　第1に、評価要素によって「評価の安定性」が異なる点に注意してほしい。たとえば前掲の図表1-4-3の一番右側に位置する「業績」は最も不安定な要素である。それは、個人が同じ能力、労働意欲あるいは職務行動を持って同じ仕事に取り組んでも、自分でコントロールできない

図表1-4-4 ●評価要素の特性

業務プロセスと評価要素	インプット要素	スループット要素	アウトプット要素
	潜在能力／労働意欲 →	職務行動 → 仕事 →	業績

評価要素の特性	評価の安定性	大 ←————→ 小
	評価の時間軸	長い ←————→ 短い
	期待効果：能力向上意欲に対するインセンティブ	大 ←————→ 小
	期待効果：成果達成意欲に対するインセンティブ	小 ←————→ 大

社内事情や市場等の社外環境の変化で業績がいくらでも変動するからである。

また、自分では決められない配置も不安定要素の1つである。たまたま業績の上げにくい仕事に配置されたために、業績が上がらず低く評価されるという状態が起こる可能性があり、そのことが繰り返されれば、評価に対する納得性は確実に低下することになる。

それに対して、図表1-4-3の左側に位置する要素（つまり、インプットに近い要素）になるほど環境条件から受ける影響は小さくなり、安定性が高まる。その典型は潜在能力であり、これまでの仕事の経験や教育訓練等を通して蓄積された知識やスキル等から構成されているので、短期的に低下したり向上したりすることのない最も安定的な要因になる。

第2に、以上のことは、どの程度の時間軸で社員を評価するのか（図表1-4-4の「評価の時間軸」を参照）に対応し、評価要素がアウトプット（業績）に寄るほど短期的な視点から、インプットに寄るほど長期的な視点から評価することになる。従業員の価値測定という視点に立つと、インプット寄りの要素は会社にとっての個人の長期的な価値を表し、アウトプット寄りの要素は短期的な価値を表している。

ここで、社員格付け制度について思い出してほしい。同制度は、「長期的な視点から見て、会社にとってどの程度重要であるのか」、つまり会社にとっての長期的な価値に基づいて従業員の序列をつくる制度であった。そうなると長期的な価値をどのような基準で測るのかが問題になるが、その基準は人事評価における長期的な価値を表す基準と連動しているのである。

第3は、評価要素によって期待できる効果が異なるという点である。業績などのアウトプット寄りの評価要素を採用すれば、短期的な業績をできる限り高めるように働いてもらう効果、つまり「成果達成意欲を刺激する短期インセンティブ効果」を期待することができるだろう。

しかし、業績に過度に依存する制度には問題がある。市場・技術・経営戦略は常に変化するものである。そうした変化に適応できるよう

に、企業はすぐに必要でなくても、将来必要になるような能力と労働意欲を持った人材のプールを準備しておくことが必要である。そのためには、能力と労働意欲を高めようとする個人の意欲を刺激する長期インセンティブ効果を期待できるインプット寄りの評価要素（たとえば、潜在能力）を重視する制度が有効になろう。しかし、ここでも潜在能力などに過度に依存する評価制度にすれば、短期的なインセンティブ効果が働かないし、現在の業績に見合って適切に処遇することが難しくなるという問題が起こる。

このように見てくると、個々の評価要素が持つ特性を考慮したうえで、評価の目的に合わせて複数の要素の最適な組み合わせを考えることが現実的な対応になり、後述するように、現行の人事評価制度はそれに対する1つの解答を示している。

3 人事評価制度の実際

(1) 評価のしくみ

① 評価要素の組み合わせ

実際の人事評価制度は、これまで説明してきた評価の基本原則と評価要素の特性に配慮しつつ設計される必要があり、具体的には、①何を評価するのか（評価の対象と基準）、②誰が、いつ、どのように評価するのか（評価の方法）、③評価結果を何のために、どのように活用するのか（評価結果の活用）、のそれぞれについてしくみをつくり上げていく必要がある。→前掲の図表1-4-2の「(2)人事評価制度の構成要素」

まず「何を評価するのか」については、どの評価要素をどのように組み合わせるのかを決める必要がある。前掲の図表1-4-3の「評価制度」に示してあるように、人事考課は各評価要素に対応した広義の能力評価（潜在能力、労働意欲、職務行動に対応）、職務評価（仕事に対応）、業績評価（業績に対応）、の3つの領域から構成される。日本企業は一般的に、職務評価を行わず能力評価、情意評価、業績評価からなる人事評価制度

を採用している点に特徴がある。

この中でわかりにくいのは能力評価と情意評価の違いであり、能力評価は主に潜在的な職務遂行能力（潜在能力）を評価することをねらいとしている。それに対して、情意評価は仕事に対する取り組み姿勢・意欲・態度を対象にした評価であり、これまで説明してきた評価要素に対応させると、労働意欲と職務行動を包括的に評価している要素と位置づけられる。しかし、それでは顕在化した能力としての職務行動を正確かつ体系的に評価することができないという理由から、新しい評価制度を開発・導入する動きが出てきており、コンピテンシー評価はその代表例である。

このようにして評価分野が決まると、評価が客観的かつ公平に行われるように具体的に表現された基準の細目（評価項目）が設定される。図表1-4-5はその典型的な例を示している。これらの評価分野と評価項目に従って、上司は次のような手順で部下を評価する。まず評価項目ごとに評価し、それを分野ごとに合計する。

それによって能力評価点（同図表ではα点）、情意評価点（β点）、業績評価点（γ点）が決まると、それらにウエート（同図表のa％、b％、c％）を掛けて合計し（$\alpha \times a + \beta \times b + \gamma \times c$）、総合評価（T点）が決定される。

② 評価対象区分の設定

評価基準の設定にあたっては、もう1つの問題を解決する必要がある。それは働き方や会社の期待することが異なる従業員を、同一の基準で評価することが適切でないからである。そこで従業員を複数のグループに区分して、それぞれに対して異なる評価基準の体系を設定する、ということが行われる。こうした評価対象者の区分は「評価対象区分」と呼ばれ、会社が誰に何を期待するのかを表現しているという意味で、人事評価制度において大変重要な位置を占めている。

評価対象区分は社員区分に対応したキャリア段階ごとに設定されることが多く、能力を養成する若手の段階、より高度な能力を開発しつつ一人前としての役割が期待されている中堅の段階、能力を発揮し成果を上

図表1-4-5 ●評価基準の体系の例示

評価基準の体系						評価手順	
分野		評価項目（例）	評価対象区分（例）			評価点	ウエート
	名称		一般社員	係長主任	部長課長		
能力	能力評価	知識技能	○			α点	a％
		理解力	○				
		説明力	○				
		判断力		○	○		
		計画力		○	○		
		指導力		○	○		
		折衝力		○	○		
		革新性			○		
		部下育成			○		
取組姿勢	情意評価	規律性	○			β点	b％
		積極性	○	○			
		協調性	○	○			
		責任感	○	○			
業績	業績評価	（目標管理による業績評価）				γ点	c％
総合評価（α×a＋β×b＋γ×c）						T点	

注）最終評価はT点のランク分けで行う（例　5ランク制）。

げることが期待されている管理職レベルの段階とすることが一般的である。異なる評価対象区分の社員に対しては、2つの面から異なる評価基準が適用される。

　第1は評価項目の違いであり、図表1-4-5に示した例では、社員をキャリア段階別に一般社員、主任・係長クラス、部課長の管理職に分けて3つの評価項目の体系がつくられている。たとえば管理職になると、一般社員と異なり情意評価は行わず、能力評価の指導力、折衝力、部下育成などが評価項目になっている。

　第2には評価分野別のウエートのつけ方であり、業績を重視する会社

であれば業績評価のウエートを高く設定するといったように、ウエートは会社の基本的な考え方に基づいて決定される。一般的に、下位のキャリア段階から上位の段階になるほど、能力や取り組み姿勢のインプットの要素よりアウトプット（業績）の要素が重視される。たとえば、一般社員の能力評価ウエートは60％、管理職は30％などのように、社員区分によってウエートを変えることが有効になる。

（2）人事評価の進め方

①　評価の方法

　こうした評価基準の体系とともに、「誰が」「どのように」「いつ評価するのか」という評価の方法についてもしくみが必要である。第1の「誰が」については、評価の公平性と客観性を確保するために、評価者による評価の過誤と評価者間の評価の不均衡を回避するためのしくみをいかにつくるかが最も重要な課題になる。特に評価の過誤を生む、評価者がとりやすい行動として多くの点が指摘されており、図表1-4-6にその代表例を示してあるので参照してほしい。

　評価の過誤と不均衡を回避するための第1のしくみは、できる限り客観的に表現した基準に基づいて評価してもらうという「評価基準の客観化」の工夫である。前掲の図表1-4-5に示した細かい評価項目はその1つの例であるが、たとえば、「指導力」であれば、具体的にどのような内容であるかを記述し、評価者と被評価者で共有しなくてはならない。

　第2に、管理者を対象にした考課者訓練のしくみが整備される必要がある。どんなに客観的な評価基準を整備しても、評価者が十分な評価能力を持っていない限り、あるいは評価者間で判断の基準が統一されていないと絵に描いた餅になってしまう。

　さらに第3に、直属上司の評価のみで最終評価とはせず、何段階かにわたって複数人が評価を行うという評価者の多層化のしくみが必要である。一般的には2段階あるいは3段階で人事考課が行われる。2段階の場合を例に挙げると、まず直属上司（たとえば課長）が一次評価をし、

図表1-4-6 ● 人事考課の代表的なエラー

エラー	内 容
ハロー効果	特に優れた点、劣った点があると、それによってそれ以外の評価が影響されてしまうエラー
論理的誤差	密接な関係がありそうな考課要素や事柄が意識して関連づけられてしまうエラー
寛大化傾向	評価者の自信欠如から評価を甘くつけてしまうエラー
厳格化傾向	評価を辛くつけてしまうエラー
中心化傾向	厳しい優劣の判断を回避して評価が中央に集中してしまうエラー
逆算化傾向	先に評価結果を決めておいて、その結果になるように1つひとつの評価を割り付けていくエラー
対比誤差	自分の得意分野か不得意分野かによって評価が甘くなったり辛くなったりするエラー
遠近効果	最近時のことは大きく、何カ月も前のことは小さくなってしまうエラー

　その結果を受けて、評価の誤りや不均衡を是正するために、その上の上司（部長）が二次評価をして評価結果が最終的に決定される。それでも特定の部門が甘く、あるいは厳しく評価するという不均衡が起こる可能性があるので、部門間の均衡を図るために評価結果の「部門間調整」を行う企業も多い。

② 評価の時期と結果の反映方法

　評価の時期については、評価基準の特徴と評価結果の使い方が考慮される。短期に変動しやすい評価要素を扱う業績評価は半年に1回、変動の少ない能力評価（および情意評価）は1年に1回というのが一般的である。そうなると毎年、事業年度の前半期が終わると、その間の業績評価が行われ、後半期が終わると、その間の業績評価と1年間の能力評価が行われるというスケジュールになる。

　以上の評価の基準と手順に沿って行われた評価結果の使い方は、評価

図表1-4-7●評価結果の反映方法

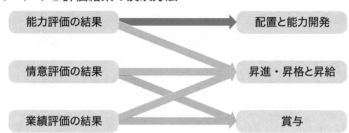

の目的によって異なる。→図表1-4-7

　配置と能力開発のためには、能力評価の結果が重要な情報源になる。さらに昇進・昇格と昇給、賞与の処遇を決定するためには、複数の方法が使われる。まず、半期ごとに実施される業績評価は賞与に反映する。賞与は、短期的な成果に対して支払う給与、したがって変動があってもいい給与という性格が強いからである。しかし、それ以外の昇進・昇格・昇給は従業員の長期的価値を表現し、したがって長期的な視野から決められるべきものであるので、短期の業績評価などとともに能力評価の結果が反映されることになる。

(3) 目標管理による評価
① 目標管理の考え方

　評価の方法については、「業績をどのように評価するか」の問題が残っている。そのための最も重要なしくみが「目標管理による評価」であり、前掲の図表1-4-1に示したように大手を中心に多くの企業で導入されている。目標管理の基本的な考え方は、「組織目標と個人目標を統合して目標を設定し、個人はそれに向かって自立的に仕事を進める」点にある。これにより、目標の連鎖によって組織の統合が図れるとともに、部下を管理統制するのではなく、部下の自主性を引き出すことによって効率的な組織が形成できると考える。この考え方を人事考課に取り入れたのが「目標管理による評価」である。

　「目標管理による評価」は図表1-4-8に示してあるように、①評価期間（一般的には会計年度）の初めに部下と上司の間で業務目標（業績および必要な能力）を設定する（目標設定の段階）、②期の途中で組織目標の変更等があれば、それに合わせて業務目標を調整する（目標改定の段階）、③評価期間の終わりの時点で業務目標に対する達成度によって業績を評価する（業績評価の段階）、という手順をとる。ここで注目してほしい点は、「上司と部下の面談」を通して目標の設定と業績の評価が行われることである。従業員の納得性が得られる透明性の高い評価にするた

図表1-4-8 ● 目標管理による評価の手順

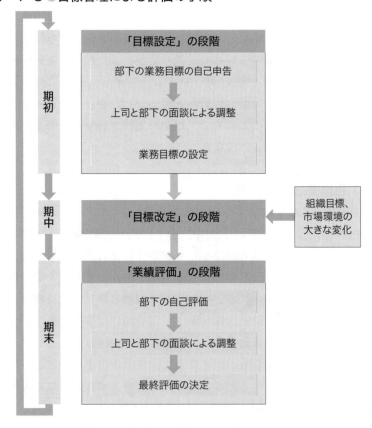

めに、目標管理では、この「上司と部下の面談」が重視されている。

② 業務目標の設定の手順

　各部門の管理者は、経営戦略や経営計画に基づいて部門の方針・計画・目標を設定する。こうした部門の方針・計画・目標を念頭に置いて、従業員が参画して個人の業務目標が設定される。さらに、目標には能力開発の目標も加える。目標設定にあたっては、①部門や部署の方針・計画・目標に結びついていること、②担当業務における重要な目標に絞ること、③目標はなるべく定量化すること、などが留意点になる。

　評価の段階で最も問題になる点は、「簡単な目標にすれば高い評価が得られるのではないか」ということであり、そのため目標の難易度を判定することが必要になる。それには多様な方法が考えられるが、職能資格制度をとる日本企業の場合には、社員の能力水準を表示している職能資格の定義に沿って、個々の社員にとっての目標の難易度を評価する方法がとられる。つまり、高い資格の社員は高い能力を持っているので、より難しい目標が設定されるべきであるというわけである。また、職務分類制度や役割等級制度の場合には、社員の担当する仕事（役割）の内容や成果責任が定義されているので、それに基づいて目標が設定されることになる。

　また、目標設定にあたり社員の参画が重視されるので、まず部下が業務目標、その難易度を自己申告する。それを受けて上司は部下と面接し、部下の納得のうえで、最終的に目標の内容と難易度、遂行するための方法やスケジュールが決められる。この目標によって業績評価の結果が左右されるので、評価の納得性を得るためには、面談による上司と部下の双方向の目標設定のしくみが大切である。

③ 業績評価の手順

　こうして目標設定が終わると、日常の進捗管理を経て評価の段階に入る。業績はまず、目標がどの程度達成されたかで評価される。ここでは目標達成度を、図表１-４-９で示すようにＳからＤの５段階で評価することにする。さらに、本人の能力（職能資格）から見て難しい目標を達

図表1－4－9 ● 業績評価表の例示

		目標の達成度				
		目標を大幅に上回ったS	目標を上回ったA	目標どおりB	目標を下回ったC	目標を大幅に下回ったD
目標の難易度	能力を大きく上回っている S	S		A		B
	上回っている A					
	能力どおり B	A		B		C
	下回っている C	B		C		D
	大きく下回っている D					

成した場合と、簡単な目標を達成した場合では業績の大きさが異なるので、難しい目標を達成したときには高く評価するしくみにしておく必要がある。そうすることによって、社員は難しい目標（「チャレンジ目標」と呼ばれる）に挑戦しようとするはずである。こうした評価のしくみが、前に説明した加点主義を重視した評価になるわけである。ここでは目標の難易度をSからDの5段階で評価することにする。

　業績は以上の目標の達成度と難易度の2つの要素を組み合わせて評価される。最終評価はS、A、B、C、Dの5段階からなり、「難しい目標」（SまたはA）を「目標以上に」（SまたはA）に達成した場合が一番高いSの評価になるように設定されている。目標設定のときと同じように、評価の段階でも上司は部下と面接し、評価の結果について話し合いをする。特に上司と部下の評価が異なっている場合には、その原因を話し合い、それに基づいて上司が最終的な評価を行うことが重要である。この評価結果が、前掲の図表1－4－5の「業績評価」の欄に記入されることになる。

《人材情報システム》

　「人材情報（管理）システム」を耳にする機会が増えている。以前から企業では、勤怠管理や給与計算を中心にパソコンを使った業務処理を行っていた。人材情報システムはこれをさらに進めて、「勤怠管理」「給与計算」「人材評価」「採用活動」「異動配置」といった情報を集約・管理するしくみである。このシステムを導入することで、社内リソースの把握と効果的な活用が可能になり、戦略的な人事管理が可能になる。同システムには、給与、採用、研修、評価、勤怠管理まで含めた、人事業務全体をカバーする総合パッケージがある。さらにERP（Enterprise Resources Planning＝統合業務システム）に含まれていることもあり、会計・生産・販売とともに人事モジュールを提供する商品もある。

　人材情報システムがあらためて注目されている背景としては、①マイナンバー制度が普及したことによる個人情報を一括管理する必然性、②大企業を中心としたグローバル人材の一元管理ニーズ、③AIやクラウド技術を利用することによる採用業務の合理化、などが挙げられる。

第1章 理解度チェック

次の設問に、〇×で解答しなさい（解答・解説は後段参照）。

---

1 人事管理とは企業経営における管理システムの一部（サブシステム）であり、「雇用管理」「就業条件管理」「報酬管理」および「人事評価」によって構成される。

2 人事管理の環境条件として特に重要なのは、経営戦略と労使関係である。経営戦略は製品・サービス市場に合わせて設計され、労使関係は労働組合との労働条件交渉によって形成される。

3 モチベーションとは「目的に向かって行動を立ち上げる力」のことであり、行動が立ち上がるには動因と誘因という2つの要素の組み合わせが必要である。

4 人事管理の基盤となるのは社員区分制度と社員格付け制度である。社員区分とは正社員と非正社員の区分のことであり、内部型人材である正社員の人事管理が特に重要である。

5 人事評価の主な役割は社員の働き振りである業績を評価し、その結果を配置や処遇につなげることである。時代や業種にかかわらず、普遍的な人事評価を設計することが可能である。

第1章　理解度チェック

1　○
管理システムは「インプット（資源）を受け入れ、アウトプット（製品・サービス）に変換して外部に提供する」という経営活動を効率的・効果的に管理する機能を持ち、人事管理もその一部分である。

2　×
経営戦略と労使関係のみならず、「従業員の働く意識」も重要である。個人が働くことに何を求めているか、どのような働き方をしたいと思っているのかについて常に配慮した人事管理が求められている。

3　○
動因は欲求や願望であり、誘因とは目標ともいえる。たとえば、「働きたいという気持ち」と「働くことで手に入る報酬」の両方が存在することによって、社員はモチベーションを持って働くのである。

4　×
社員区分には正社員と非正社員の区分以外にも、仕事内容（職種）による区分、総合職・一般職等の区分、キャリア段階による区分、働き方による区分なども存在し、どれも重要である。

5　×
人事評価の役割は業績評価による処遇決定に限定されない。潜在能力、労働意欲、職務行動といった能力評価による人材育成や行動変容も重要である。また、人事評価には多様性と柔軟性が求められる。

┃ 参考文献 ┃

今野浩一郎『正社員消滅時代の人事改革』日本経済新聞出版社、2012年

海老原嗣生・荻野進介『日本人はどのように仕事をしてきたか』中央公論新社、
　2011年

鍵山整充・太田滋（2004）『日本型人事管理学大全　二十一世紀の日本型人事
　管理の基本思想と具体的システム〔第2版〕』白桃書房、2004年

金井壽宏『リーダーシップ入門』日本経済新聞出版社、2005年

金津健治『人事考課の実際』日本経済新聞社、2005年

木谷宏（2016）『「人事管理論」再考　多様な人材が求める社会的報酬とは』生
　産性出版、2006年

楠田丘『人を活かす人材評価制度』経営書院、2006年

小池和男『仕事の経済学〔第3版〕』東洋経済新報社、2005年

笹島芳雄『アメリカの賃金・評価システム』日本経団連出版、2001年

城繁幸『内側から見た富士通「成果主義」の崩壊』光文社、2004年

須田敏子『戦略人事論』日本経済新聞出版社、2010年

高橋俊介『成果主義』東洋経済新報社、1999年

谷口真美『ダイバシティ・マネジメント−多様性をいかす組織』白桃書房、
　2005年

日本生産性本部編（2013）『社員の多様化をいかす人事管理の3つの戦略』日
　本生産性本部生産性労働情報センター、2013年

宮下清『組織内プロフェッショナル−新しい組織と人材のマネジメント』同友
　館、2001年

雇用管理の概要

この章のねらい

　第2章は雇用管理を対象にしており、労働契約・就業規則、採用、配置・異動、雇用調整と退職・解雇の4つの分野から構成されている。

　初めに労働契約について明らかにしたうえで、基本的な考え方や労働条件の決め方について解説する。次いで、就業規則の役割と、労働条件の変更について、とりわけ就業規則の不利益変更による労働条件の変更について説明する。

　採用管理は外部労働市場の影響を強く受ける人事管理分野であるので、外部労働市場の構造変化を知ったうえで、それが採用管理にどのように影響してきたかを理解してほしい。さらにここにきて、個人のニーズに配慮した新しい配置・異動政策（自己申告制度、社内公募制度など）が普及してきており、将来の基本制度になるであろう。

　最後のテーマは人材を外部に排出する人事管理分野である。わが国の企業は雇用調整、解雇について厳しい制約のもとに置かれており、そのもとで長年かけて形成されてきた日本的な雇用調整等の政策体系の特徴を理解してほしい。

第 1 節 労働契約・就業規則

学習のポイント

◆労働契約とは、労働者が使用者に使用されて労働し、使用者がこれに対して賃金を支払う契約であると定義づけられる。労働契約法は、労働契約の締結や変更、および履行等にあたっての基本理念を定めている。

◆労働条件の決定において就業規則は重要な役割を果たすため、就業規則については、労働基準法や労働契約法によっていくつかの規定が定められている。また、就業規則の不利益変更による労働条件の変更の適否は、その合理性の判断要素が総合的に考慮されて判断される。

1 労働契約の意義

　そもそも、「労働契約」とは何であろうか。この点に関して労働契約法は、「労働契約は、労働者が使用者に使用されて労働し、使用者がこれに対して賃金を支払うことについて、労働者及び使用者が合意することによって成立する」(第6条)と定めている。また、契約の当事者である労働者と使用者について、それぞれ「『労働者』とは、使用者に使用されて労働し、賃金を支払われる者をいう」(第2条第1項)、「『使用者』とは、その使用する労働者に対し賃金を支払う者をいう」(同条第2項)としている。

　これらの規定からすると、労働契約とは、労働者が使用者に使用されて労働し、使用者がこれに対して賃金を支払う契約であると定義づけら

れる。この定義は、民法第623条の雇用契約の定義（「当事者の一方が相手方に対して労働に従事することを約し、相手方がこれに対してその報酬を与えることを約する」契約）と同じといってよいと思われる。

2 労働契約の基本理念

　労働契約法は、労働契約の締結や変更、および履行等にあたっての基本理念をいくつか定めている（第3条）。すなわち、労働契約は、①対等の立場における合意に基づいて締結・変更すべきこと（同条第1項）、②就業の実態に応じて均衡を考慮しつつ締結・変更すべきこと（同条第2項）、③仕事と生活の調和にも配慮して締結し、または変更すべきこと（同条第3項）、④契約を遵守するとともに、信義に従い誠実に権利を行使し、および義務を履行すること（同条第4項）、⑤権利を濫用してはならないこと（同条第5項）、である。

　労働契約においては、労働者の基本的な義務は、「労働に従事する」義務、すなわち労働義務であり、他方、使用者の基本的義務は、「賃金を支払う」義務であるが、労働契約からは、以上の基本義務のほかに、労働者と使用者の双方に、さまざまな付随義務が発生することがある。

　まず労働者は、企業秩序を守る義務（企業秩序遵守義務）を負い、次に就労中に限らず、使用者の利益を不当に害することをしないとする誠実義務を負う。その1つが、使用者の企業秘密を守る義務である。労働者が退職した後についても企業秘密保持義務を負わせることが少なくないが、そのために特別の規則や合意（誓約書など）が必要か否かについては見解に争いがある。

　より問題が多いのが、いわゆる競業避止義務、すなわち退職した社員などが元の勤務先のライバル会社に就職したり、またはライバル会社を立ち上げたりしないようにする義務の問題である。この点については、企業秘密保持義務と同様、退職後の労働者を拘束する特別規則や合意が必要か否かが問題となるが、必要と考える立場が有力である。

　使用者も、労働者に対して、賃金支払い義務以外の付随義務を負っている。その内容もさまざまであるが、特に重要なものは安全配慮義務である。この義務は判例により認められてきたもので、使用者は、労働者を支配・管理下に置いて労働させるにあたり、その生命・身体・健康を配慮することが信義則上求められる。こうした観点から、労働契約法では、「使用者は労働契約に伴い、労働者への安全に配慮するものとする」（第5条）とし、安全配慮義務が明文で規定されている。

3 労働条件の決定

　賃金や労働時間などの労働条件は、労働契約の内容の中でも重要なものであるが、これらの労働条件は、何によってどのように決定されるのだろうか。

　まず、個々の労働者と使用者の個別同意、つまり労働契約そのものによって決まる労働条件がありうるのはもちろんのことである。労働条件が個別的な合意により決定される例は、雇用形態の多様化や個別化に伴い次第に増えてきている。典型的なものが、年俸制のもとで行われる個別交渉による年俸額の決定である。

　しかし、伝統的には、日本の企業では、就業規則などによる集団的・画一的な労働条件の決定が主要な役割を果たしてきた。現在でも就業規則の役割は重要であるし、個別的な人事管理が進んでいる中でも、たとえば、年俸制などの制度そのものは就業規則による例が多い。

　また、職場に労働組合があり、使用者との団体交渉で合意に達して労働協約を結んだ場合、労働組合が個別労働契約に優先して組合員の労働条件を設定することになる（労働組合法第16条）。

　さらに、最低賃金法のように、法令が直接労働条件を設定することもあり、その代表的なものが労働基準法である。同法の規定は労働者が働くうえでの最低限の基準を定めたものであり、この基準を理由として労働条件を最低限まで切り下げる口実にしたり、引き上げる努力を怠った

りしてはならないことを規定している（労働基準法第1条第2項）。また、労働基準法を下回る労働条件を定めた労働契約はその部分につき無効とし、無効となった部分は同法の定めるところによると定めている（同法第13条）。

4 就業規則の役割

先に見たように、職場における労働条件や服務規律の設定にあたり重要な役割を果たすのが就業規則である。企業においては、多くの労働者が組織の中で働いているため、労働条件を個々の労働者と使用者の間で決定するよりも、就業規則という形で、集団的かつ統一的に設定することが必要になるのである。

このような就業規則は、職場における法律のような役割を果たすため、労働基準法は、就業規則のそうした役割に照らして、使用者に対し、常時10人以上の労働者を使用する事業場において就業規則を作成すること、また、掲示や備え付けなどにより労働者に周知させることを義務づけている（第89条、第106条）。他方、就業規則の内容が労働者にとって不利益になるおそれがある点については、労働基準法は、就業規則の設定・変更にあたり、使用者は事業場の労働者の過半数を代表する労働組合から、もしそのような組合がなければ過半数の代表者から意見を聴取すること（第90条）とともに、就業規則を労働基準監督署長に届け出ることを義務づけている（第89条）。

また、労働契約法も、就業規則と労働契約の関係についての定めを設けており、「労働者及び使用者が労働契約を締結する場合において、使用者が合理的な労働条件が定められている就業規則を労働者に周知させていた場合には、労働契約の内容は、その就業規則で定める労働条件によるものとする」（第7条）としている。さらに、就業規則の定めた基準に達しない労働条件を定めた労働契約は、その部分については無効となり、無効となった部分は就業規則によることになるとしている（第12条）。

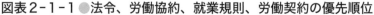

図表2-1-1 ●法令、労働協約、就業規則、労働契約の優先順位

つまり、就業規則は、個別の労働契約に対して最低基準として機能し、これを下回る合意は無効になるということである。

　以上をまとめると、労働基準法など法令と、労働協約、就業規則、労働契約の優先順位は、法令、労働協約、就業規則、労働契約の順位となる。→図表2-1-1

5 就業規則の不利益変更による労働条件の変更

　労働条件は、それを変更する場合、特に労働者に対して不利益に変更する場合に多くの問題が生じる。それでは、労働条件はどのようにして変更できるのであろうか。労働条件（労働契約）を変更する方法には、①就業規則の不利益変更、②労働協約の締結、③労働者の個別同意、の3つがある。

　このうち、就業規則の不利益変更とは、就業規則の労働契約への拘束力を利用して、就業規則を変更することで労働条件を不利益に変更する方法である。ただし、就業規則それ自体は、使用者が一方的に制定・変更できるものであるため、就業規則の不利益変更により労働条件が変更された場合、労働者はこれに従わなければならないのかが問題となる。

　この点について、最高裁の判例は、就業規則による労働条件の不利益

変更は原則として許されないが、変更に合理性が認められる場合には、反対の労働者も拘束されるという立場を明らかにしている（昭43.12.25最高裁判決　秋北バス事件）。

　さらに、2007（平成19）年成立の労働契約法では、従来の判例法理に沿って、就業規則変更の合理性の基準とその判断の枠組みが明文化された（第10条）。そこでは、合理性の判断要素として、①労働者の受ける不利益の程度、②労働条件の変更の必要性、③変更後の就業規則の内容の相当性、④労働組合等との交渉の状況、⑤その他の就業規則の変更に係る事情、が掲げられている。

　就業規則変更の合理性を判断するにあたっては、これら5つの要素が総合的に考慮されて判断されるため、個々のケースによって微妙な判断を迫られることになる。そのため、こうした判断枠組みは労使にとって予見可能性を欠き、裁判で争われた場合には判決が確定するまで結果が予測しにくいという課題を残している。

Column　コーヒーブレイク

《非正社員》

　非正社員（あるいは非正規社員、非正規労働者、非典型雇用労働者など）は正社員と対比されて普通に使われている用語であるが、正確に定義することはきわめて難しい。正社員は期限の定めのない雇用契約を結んでいる社員、非正社員は有期の雇用契約を結んでいる社員、というのが一般的な理解であるが、非正社員の中にも、期限の定めのない雇用契約で雇用されている人は少なくない。パートタイマー等との違いを強調して、正社員はフルタイマーであり、非正社員は短時間社員であると、労働時間で定義することも考えられるが、フルタイマーとして働いているパートタイマーも多くいるので、それも難しい。会社が正社員と呼称し、期限の定めのない雇用契約のもとフルタイマーで働いている社員が正社員である、という程度でしか定義できないのが現状である。

第 2 節 採用管理の基礎

学習のポイント

◆採用管理は、人員計画から始まり、採用計画の作成、募集計画の作成と実施、選考計画の作成と選考の実施を経て、雇用契約の締結で終わる一連の管理活動である。

◆わが国の企業における正社員を対象にする採用管理の基本的な考え方は、採用計画の面では、社内教育によって育成するうえでの基盤となる基礎的能力を持ち、長期勤続が期待でき、働く場所や仕事等の面で柔軟に働く人材を求めるという点にある。

◆募集と選考の面では、職業経験のない新規学卒の労働者を（新規学卒採用）、長期的な観点から（計画採用）、定期的に採用する（定期採用）ことを基本としている。

◆雇用契約の面では、一般的には、正社員の場合には期間の定めのない雇用契約を、非正社員の場合には有期の雇用契約を締結する。

1 採用の管理活動

（1）採用管理の機能と構成

　事業活動に必要な労働サービスを適切に提供することは、人事管理の主要な役割の1つである。必要な労働サービスは、第1章で説明したように業務の外部化の方法（「業務の内外区分」の決定）によって決まり、派遣労働者や請負労働者の外部労働者か、直接雇用する従業員によって

充足される。さらに後者については、配置転換や能力開発を通して、すでに雇用している社員によって充足する場合と、新たに人材を雇用する（つまり、採用する）ことによって充足する場合がある。

　つまり、採用管理とは「企業内で発生した労働需要を満たすために、企業外から人材を調達するための管理活動」ということになる。そのための管理活動は、図表２-２-１のような一連の手順から構成されている。

①　どのような人材がどの程度必要なのかを決定することに関する「要員数の決定」（あるいは、人員計画の作成）

②　どのような能力を持った人材（能力要件）を、何人採用するのか（採用人数）に関する「採用計画の作成」

③　それに基づいて、どのような人材を対象に（募集対象）、どのような方法で募集するのか（募集方法）に関する「募集の管理」（募集計

図表２-２-１ ●採用管理の手順

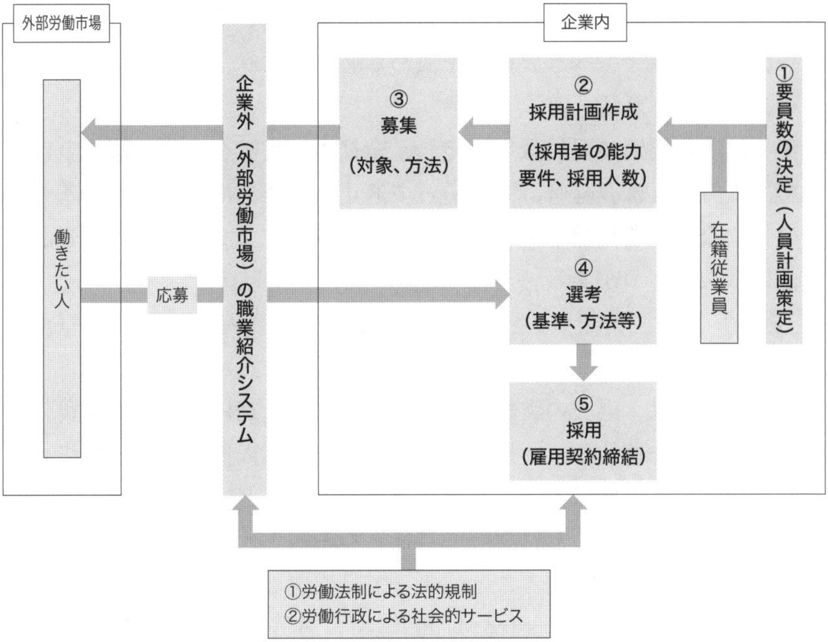

画の作成と募集活動の実施）

④　応募者の中から、採用者をどのような基準、方法で選抜し（選抜方法）、誰が採用の決定をするのか（採用権限）に関する「選考の管理」（選考計画の作成と選考活動の実施）

⑤　最後に採用が決定され、「雇用契約の締結」が行われる

　こうした手順を経て人材を採用することになるが、その間に企業は、募集、雇用契約の締結などのさまざまな面で法的な制約を受ける。また、募集の際には、社外の職業紹介機関を活用することになるが、そこでは民間の職業紹介機関等とともに、学校や公的な職業紹介機関（ハローワーク等）などの公的機関も重要な役割を果たす。

（２）採用計画の作成

　まず、「どのような能力を持った人を何人採用するのか」の採用計画を作成するには、現在の業務量に見合った適正な要員数、あるいは経営戦略に沿った目標とすべき要員数を決める必要があり、それには通常、２つの方法がとられる。

　第１は、部門別に要員数を測定し、全社の要員数を決める積み上げ方式である。第２は、経営計画に沿って適正人件費を決め、それに基づいて全社的な目標要員数を決める目標要員決定方式であり、その代表的な方法には次の２つがある。

〔方法Ⅰ〕目標要員数＝（目標売上高×適正売上高人件費比率）÷（１人当たり人件費）

　この方法では、過去の実績等に基づいて、売上高に占める人件費の割合（売上高人件費比率）の適正水準（適正売上高人件費比率）を決めておく。次に経営計画によって目標売上高が決まると、それに適正売上高人件費比率を掛けることによって目標となる適正人件費が決まり、それを１人当たり人件費で割ることによって目標要員数を算出する。

〔方法Ⅱ〕目標要員数＝（目標付加価値額×適正労働分配率）÷（１人当

たり人件費）

　この方法では付加価値が重視されている。企業は原材料等を外部から
購入し、製品やサービスを生産して販売するという経営活動を行うが、
製品やサービスの売上高から原材料費等の外部購入費を減じた部分が企
業の生み出した価値、すなわち付加価値になる。これが会社には利益な
どの形で、従業員には給与などの形で分配されるが、付加価値に占める
人件費総額の割合が労働分配率と呼ばれる。この方法では、経営計画に
基づき付加価値額の目標を定め、それに過去の実績等に基づき設定され
た適正な労働分配率を掛けることによって、目標となる適正人件費を決
める。それを１人当たり人件費で割れば、目標要員数が算定できる。

　現実には、積み上げ方式による下からの計画と、目標要員決定方式に
よる上からの計画を調整して要員数が決定される。こうして要員数が決
まれば、在籍する人員との差異を算定することにより、採用の人数と構
成が決まることになる。構成については、主に職種別構成とともに後述
する社員区分別構成が問題になる。

（3）募集と選考

　採用計画が決まると募集活動に移る。図表２-２-２に示してあるよう
に、募集の方法にはいくつものタイプがある。第１は、縁故募集、店頭
での求人掲示、あるいは自社のホームページに求人情報を掲載するなど、
企業が直接募集する直接募集の方法である。それ以外は外部機関を活用
する方法になるが、募集を外部機関に委託する委託募集の方法と、求人
と求職の申し込みを受け、求人者と求職者との間の雇用関係の成立を斡

図表２-２-２●募集方法の構成

直接募集	企業が直接募集する方法
委託募集	第三者機関に募集を委託する方法
職業紹介機関を介した募集	民間の職業紹介機関、公的な職業紹介機関の活用

旋する職業紹介機関を介して募集する方法がある。

　委託募集の場合には、新聞、求人専門紙（誌）、求人専門の折り込み、求人専門会社のホームページに求人情報（広告）を掲載することなどによって募集が行われる。職業紹介機関を介す場合には、公的な職業紹介機関（ハローワークと呼ばれている公共職業安定所、人材銀行など）や民間の職業紹介機関が活用される。

　どの募集方法が有効であるかは、どのような社員を採用するか（つまり、社員区分）によって異なる（→図表２-２-３）。たとえば、パートタイマー等は通勤圏が狭いので、採用する事業所の周辺地域を対象にする募集方法である折り込み広告が効果的である。それに対して、新規大卒者を採用する場合には、会社説明会、インターネット、学校を介した情報提供が有効であり、新規高卒者の場合には学校を介した情報提供が多くとられている。さらに高度な専門能力を持つ人材を即戦力として採用する場合には、求人専門サイトや新聞広告等とともにヘッドハンティング会社等の民間の職業紹介機関が活用される。

　求職者からの応募があると選考の手続に入るが、そこでは「選考の基準」と「選考の方法」の設定が必要である。「選考の基準」は、採用した

図表２-２-３●社員区分と募集方法の例示

	正社員の場合		非正社員の場合	
	新卒採用	経験者の中途採用	パートタイマー	契約社員（専門職）
公的な職業紹介機関		○	○	
民間の職業紹介機関		○		○
大学・高校など	○			
会社説明会	○			
新聞等の求人広告		○		○
求人専門紙・誌	○		○	○
折り込み広告			○	
インターネット	○	○		○

い人材の類型（社員区分）によって異なり、それぞれの類型に求められる能力に基づいて設定される必要がある。「選考の方法」は、応募者がそうした能力を備えているかを正確に判断するための方法であり、それにはエントリーシート、適性検査、筆記試験、面接等の多様な方法がある。

（4）新しい採用方法

① 紹介予定派遣

これまでの主要な採用方法は、面接や試験などの「仕事から離れた場」で選考することを前提にしてきたが、最近では、一定期間の働きを通して採用を決める（求職者からすると、就職先を決める）方法も広がってきている。

このことは、求人企業からすると、働きぶりを長期にわたって観察してから採用を決めることができ、就職希望者からすると、仕事の内容、職場の雰囲気、会社の経営方針や社風、社長の人柄等、実際に働いてみないとわからない情報を得てから就職を決めることができるという利点がある。代表的な方法には、インターンシップ、紹介予定派遣、トライアル雇用がある。インターンシップはよく知られているので、ここではそれ以外について説明する。

まず紹介予定派遣は職業紹介を前提とした派遣であり、経験者の採用にとどまらず新卒採用にも活用できるしくみである。具体的には、派遣スタッフとして一定期間働き、派遣期間終了時に派遣スタッフが就職を希望し、かつ派遣先企業が採用の意思を持つ場合に、派遣元（派遣会社）が求人・求職条件を確認して職業紹介を行う。また、派遣期間終了時に採用を希望しない場合には、派遣先企業は派遣元に対してその理由を通知しなければならない。以上の詳細な流れについては、図表２-２-４を参照してほしい。なお、紹介予定派遣による派遣期間の上限は６カ月と定められている。

② トライアル雇用

厚生労働省は失業対策の一環として、2003（平成15）年４月からトラ

図表２-２-４ ● 紹介予定派遣の流れ

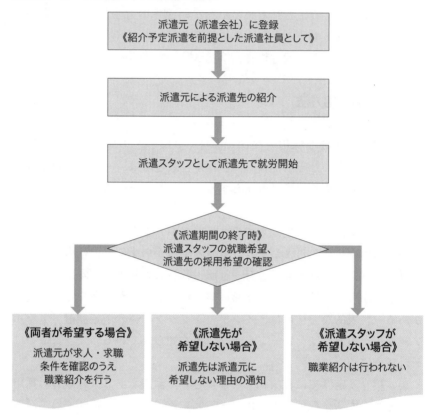

イアル雇用の政策を開始している。労働者を短期間（原則として３カ月）試行的に雇用し、その間に企業と労働者が相互に適性を判断し、両者が合意すれば本採用するという制度であり、対象となる労働者はハローワークが紹介する45歳未満の若年者（2012（平成24）年４月改正）、中高年労働者（45歳以上）、母子家庭の母等である。

　また、このように制度として明確に定義されているわけではないが、実質的なトライアル雇用も拡大しつつある。それは契約社員等の非正社員身分で雇用し、一定期間の働きぶりによって正社員として本採用する

という制度である。正社員の採用ルートと平行して設定するのが一般的であるが、トライアル雇用を唯一の正社員採用ルートとしている企業も現れてきている。

2 採用の基本方針

（1）社員区分と「採用計画」の方針

　企業は採用管理を行うにあたり、社員区分に対応して、前述の「採用計画の作成」から「雇用契約の締結」までの各分野に沿って、以下の点について採用管理の基本方針を策定しておく必要がある。

　1）「採用計画の作成」の方針

　どのような業務についてもらう人材、どのような能力を持つ人材、労働時間や就労場所等の面でどのような働き方をしてもらう人材を採用するのか。

　2）「募集と選考の管理」の方針

　上記の人材を採用するために誰を募集対象とし、どのような採用方法を行い、誰が採用の決定をするのか。

　3）「雇用契約の締結」の方針

　上記の人材に対応して、どのような雇用契約を締結するのか（上記の人材をどのような雇用形態で採用するのか）。

　こうした観点から、わが国企業の採用管理の現状を整理すると図表2－2－5になる。まず同図表では、従業員を正社員と非正社員、正社員を事務・技術系と技能系、事務・技術系を総合職と一般職に分けるという一般的な社員区分制度を想定している。社員区分制度は「採用計画の作成」にかかわる期待する担当業務、能力要件、働き方から見た採用ニーズの基本骨格を決める機能を果たしている。

　たとえば正社員については、①能力要件については、即戦力になる人材でなく、長期勤続が期待できる、特定の専門能力より社内教育を通して能力向上が期待でき、企業文化に適合できる基礎的能力を持つ人材で

図表２-２-５ ● 採用管理の基本方針

従業員のタイプ (社員区分)			採用管理					
			採用計画の作成		募集と選考の管理			採用の決定
			(1) 期待する 担当業務・ 能力要件 (何のために)	(2) 期待する 働き方 (労働時間、 働く場所等)	(3) 募集対象者 (誰を)	(4) 採用方法 (どのような 方法で)	(5) 採用権限 (誰が)	(6) 雇用契約の 締結 (どのような 雇用契約で)
正社員	事務・技術系	総合職	○基幹的 業務 ○長期雇用 前提の 基礎能力	非限定型 フルタイム型	○新規学卒 採用 ○学歴別 採用	定期採用 計画採用	採用、欠員補充型採用 (中途採用の場合) 不定期 本社決定型	期間の 定めのない 雇用契約
		一般職						
		技能系						
非正社員	契約社員 嘱託社員		○補助的 業務 ○短期雇用 の不熟練	限定型 フルタイム型 短時間型	学歴不問	不定期採用	事業所決定型	有期の 雇用契約
	パート タイマー等							

あること、②働き方については、フルタイムで働き、労働時間や働く場所について柔軟に対応できる人材（図表中では、「(2)期待する働き方」の欄に「非限定型」と示してある）であることを求めている。特にその傾向は、基幹的業務を担うことを期待されている総合職ほど顕著であり、勤務地限定社員であれば勤務地が限定され、一般職であれば期待される業務が定型的業務に限定されている。

それに対して非正社員の場合には、①長期雇用は想定されておらず、補助的業務を担う程度の能力を持つ人材であること、②働き方については、労働時間、働く場所について限定的である人材を求めている。しかし、こうした非正社員についても複数の社員区分があり、フルタイム勤務の契約社員や嘱託社員、短時間勤務のパートタイマーやアルバイトがその代表的な例である。

（２）「募集と選考」と「雇用契約の締結」の方針

　このような人材を採用するために企業が作成する「募集と選考の管理」にかかわる基本方針は、正社員の場合には、第１に、職業経験のない、したがって特定の専門能力を持たない新規学卒者を中心に（新規学卒採用）、定期的（毎年４月）に採用する（定期採用）という特徴がある。しかも、特定の業務を想定した即戦力を期待する採用でないため、採用は長期的な観点から行われる計画採用の性格を強く持つ。そのため経済、法律等の大学での専門にかかわらず、文科系の学生を事務系一本で採用するという、国際的に見て特異な方針がとられている。こうした方針は社員区分によって適用の程度が異なり、総合職に最も典型的に適用されている。

　しかし、総合職でも経験者を中途採用することは珍しいことではない。この場合には、特定の職務の欠員を埋めるために（欠員補充型採用）、即戦力として活用できる人材を必要に応じて随時採用すること（不定期採用）になる。

　さらに募集対象者については、学歴別採用管理の方針がとられており、おおむね大卒の総合職、大卒・短大卒・高卒の一般職、高卒の生産労働者等の対応関係が形成されている。ただし後述するように、労働市場の構造変化の中で、学歴別採用管理の内実は大きく変化してきている。

　それに対して、パートタイマーなどの非正社員の場合には、募集対象者については学歴を問わず、採用方法については、必要なときにそのつどで採用する不定期採用の方針がとられている。

　さらに、誰が採用を決定するのかにかかわる「採用権限」については、事業所間移動が想定されている総合職の場合には本社採用（「本社決定型」）、事業所内でキャリアが形成される一般職や技能職の正社員と非正社員は事業所採用（「事業所決定型」）であることが多い。

　最後の「雇用契約の締結」については、一般的には、長期雇用を前提にして採用する正社員の場合には、「期間の定めのない雇用契約」が締結されるのに対して、長期雇用を想定していない非正社員の場合には、期

間の定めのある有期雇用契約になっている。この点は法律と深く関係している重要な点なので、本節4で説明することにする。

3 採用と労働市場

（1）人手不足経済下での採用管理

　採用管理は社外から人材を調達する管理活動であるので、外部労働市場の構造変化の影響を直接受けることになる。したがって、採用管理のあり方を考えるうえで、労働市場の特質を頭に入れておくことが大切である。

　戦後から21世紀までの長い期間を視野に入れると、労働市場の構造変化は、第1章で説明したように、労働力供給の減少、労働力の高学歴化と高齢化、女性労働者の増加・非正社員の拡大というキーワードで表現することができる。特に新規学卒採用を基本方針としている企業では、若年労働者の供給減と高学歴化が問題になる。

　その長期の構造変化をまとめたのが図表２-２-６である。まず上段の「①人口と新規学卒者の推移」を見ると、団塊の世代が高校を卒業した1960年代半ばには、18歳人口が250万人にも達していたが、その後急速に減少し、2000（平成12）年以降には150万人を下回る水準に低下している。団塊の世代の子どもたち（第２団塊の世代）の影響で1990（平成2）年に200万人の水準まで一時的にもち直しているが、その後は再び急速な減少が始まり、2011（平成23）年には約120万人となった。当然のことであるが、新規学卒就職者数もこうした人口構成の変化に対応して推移している。

　それにもかかわらず1960年代以降、日本経済は高度成長を謳歌してきたので、企業は当然のことながら深刻な人手不足を経験することになった。その結果、60年代を境にして日本経済は「労働力の供給不足時代」に入ったといわれている。企業が新規学卒採用の方針をとっているため、特に若年層の人手不足が深刻になった。これが、労働市場の長期的な構

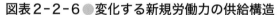

図表2-2-6●変化する新規労働力の供給構造

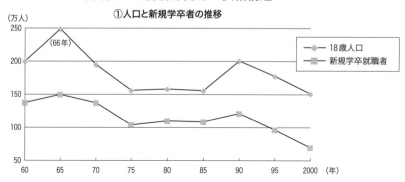

①人口と新規学卒者の推移

（万人）

凡例：
- 18歳人口
- 新規学卒就職者

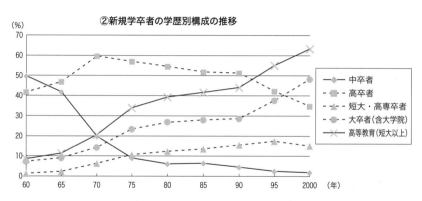

②新規学卒者の学歴別構成の推移

（％）

凡例：
- 中卒者
- 高卒者
- 短大・高専卒者
- 大卒者（含大学院）
- 高等教育（短大以上）

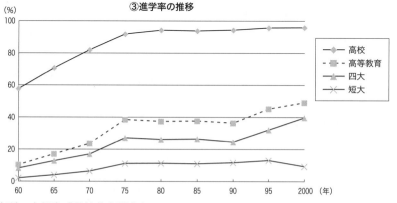

③進学率の推移

（％）

凡例：
- 高校
- 高等教育
- 四大
- 短大

出所：文部省「学校基本調査」

造変化の第1の特徴である。

　そうした環境変化を受けて、企業は機械化・自動化を進めることにより労働生産性の向上を図ってきたが、採用の面では、新たな採用源を探すためにさまざまな対策を打ってきた。基幹的な社員層については、中途採用を拡大してきたが、それ以外については、パートタイマー、アルバイト、派遣労働者などの正社員以外の人材を拡大することによって対応してきた。特に、女性労働者の増加が労働供給の増加に大きく寄与し、その過程でパートタイマーとして中高年女性の活用が拡大したことが重要である。こうした採用の悩みは今後も続くと予想され、企業は、女性以外の新たな供給源を開発することを迫られ、急増する高齢者と外国人労働者がその有力な候補になると考えられる。

（2）高学歴化と学歴別採用管理

　次に図表2-2-6の下段の2つの図を見てほしい。新規学卒者が減る中で、進学率の向上を受けて（同図表の「③進学率の推移」を参照）、彼ら（彼女ら）の構成が急速に高学歴化している（「②新規学卒者の学歴別構成の推移」を参照）。1960（昭和35）年に中卒5、高卒4、大卒等（短大以上の高等教育卒業者）1であった新規学卒就職者の構成が、特に60年代から70年代前半期にかけて急速に変化し、1990（平成2）年前後には、中卒がほとんどゼロになり、ほぼ高卒5、大卒等5の割合になった。こうした高学歴化の動きは90年代以降も進み、21世紀に入ると大卒等が高卒を大幅に上回るまでになっている。

　そうなると、採用管理の基本方針の1つである学歴別採用管理の内実も変化せざるを得なくなる。中卒が主要な供給源であった時代の大手メーカーを見ると、生産労働者は中卒、事務・技術系のホワイトカラーは高卒と大卒という学歴別採用管理がとられていたが、中卒が急減した結果、生産労働者は高卒、ホワイトカラー（一般職）は高卒・短大（女性）、ホワイトカラー（総合職）は大卒（男性）という対応が採用管理の標準形になってきた。この過程で、高卒（特に男性）が生産労働者とホワイ

トカラーの両方に採用される時代があった。同じ高卒でありながら人事管理上異なる扱いを受けるのはおかしいということから、ブルーカラーとホワイトカラーの人事管理の平等化が促進された。

　ここで注意してほしいもう１つの点は、ホワイトカラーの一般職は高卒・短大女性、総合職は大卒男性といったように、学歴別採用管理には、性別採用管理が実質的に組み込まれていたことである。これに対する社会的な批判が強まり、1985（昭和60）年の男女雇用機会均等法の制定を直接の契機として、大卒女性の総合職が増加し、その傾向は今後さらに強まると予想される。学歴別採用管理は再び構造変化の時代を迎えているといえるだろう。

4　採用と労働法

（１）採用対象者にかかわる法的規制

　採用にかかわる労働法制には、大きく①採用対象者、②雇用契約、③募集・職業紹介、にかかわる３つの分野がある。まず採用対象者については、企業に採用の自由が広く与えられているが、いくつかの点から法的に規制が加えられている。

　その第１は女性にかかわる規制であり、企業は男女雇用機会均等法により、募集・採用について女性に対して男性と均等の機会を与えなければならず、女性であることを理由に募集・採用の対象から女性を除外することが禁じられている。具体的には、募集に際して女性または男性の募集人数を設定すること、求人や採用にかかわる情報の提供（たとえば、会社案内の送付）に際して女性と男性で異なる扱いをすること、採用試験などについて女性に対して男性と異なる扱いをすること（たとえば、女性のみに試験を課すことなど）が禁じられている。さらに女性のみを採用することも、女性の職域を限定するとの理由から禁止されている。

　第２は障害者雇用促進法により、企業に、社員の一定比率（「雇用率」と呼ばれている）以上の障害者を雇用する義務が課せられている。これ

に違反すると、企業は罰則として一定額の納付金を徴収される。また、違反の程度がひどいと行政機関（ハローワーク）から指導を受け、それでも改善されない場合には会社名が公表されることになる。

第3は外国人労働者に関する法定規制であり、企業は、自由に外国人を雇用することはできない。政府は、専門的・技術的分野の外国人労働者は受け入れるが、単純労働に従事する外国人労働者の受け入れは認めない、という基本方針を長年とってきた。しかし、外国人労働者の入国・在留資格の条件を定めた法律である出入国管理及び難民認定法が改正され、2019（令和元）年度から在留資格「特定技能1号・2号」が新設されたことにより、これまでの政府の方針は一部転換されたことになる。ただし、同法で認めた資格を持たずに、単純労働に従事している外国人（不法労働者など）がすでに数多くいることも周知の事実である。このような難しい問題はあるが、外国人労働者は確実に増えていくと思われる。

（2）雇用契約にかかわる法的規制

① 労働条件の明示

雇用契約を結ぶ際に、企業は次の点について文書で明示する必要がある。①雇用契約の期間、②就業場所と従事する業務、③始業・終業時刻、所定外労働（残業）の有無、休憩時間、年次有給休暇などの休暇、交替勤務に関すること、④賃金の決定方法、計算・支払い方法、昇給に関すること、⑤退職に関すること、である。なお、上記の③（所定外労働（残業）の有無を除く）および④以下の事項については、就業規則に記すべき事項であるので、就業規則を提示することで代替できる。

② 雇用契約の特徴

すでに説明したように、「労働者は労働サービスを会社に提供し、その対価として賃金の支払いを受ける」という契約が雇用契約であるが、それには日本的な特徴がいくつかある。

第1は、正社員との雇用契約では従事する仕事や勤務する場所が緩やかに決められ、その範囲内で「何の仕事に就くのか」「どこで勤務するの

か」の決定について会社に広い裁量が認められ、社員は「会社の命ずる仕事・場所で労働すること」に「包括的に合意」しているとみなされている。そのため、権利の濫用にならない限り、会社が仕事あるいは勤務地が変わる配置転換を社員に命じても違法にならない。曖昧な職務概念とそれをベースにした柔軟な人員配置という、日本の人事管理の特質に整合的な雇用契約になっているわけである。以上の点は総合職に典型的に当てはまることであり、勤務地限定社員等や非正社員の場合には、仕事の範囲あるいは転勤地の範囲などを限定する雇用契約になっている。

　第2は契約期間についてである。法律（労働基準法）では、有期契約の場合には、契約期間は3年を超えてはならないと規定されている（なお、高度な専門的知識を持つ労働者や60歳以上の労働者の場合には5年に延長されている）。前掲の図表2-2-5の「採用の決定」の欄を見ると、こうした法的規制があるので、正社員については「期限の定めのない雇用契約」、非正社員については「有期の雇用契約」と書かれている。ただし、ここで注意してほしい点は、正社員の雇用契約に「定年まで雇用を保障します」とは書かれていないことである。つまり、正社員に適用されている終身雇用制は雇用契約上の約束でなく、会社と社員の間の暗黙のルールなのである。

（3）募集・職業紹介にかかわる法的規制

　さらに募集・職業紹介についても、求職者を保護するために、職業安定法によってさまざまな法的規制が定められている。募集については、直接募集は原則として自由に行うことができるが、委託募集の場合は、厚生労働大臣の許可（求人者が報酬を得る場合）または届出（無報酬の場合）が必要である。中間搾取を防止するために、募集に関与する者は労働者から報酬を受けてはならないことなどが定められている。

　次に、職業紹介は国の独占事業として位置づけられてきたが、1999（平成11）年の職業安定法の改正により、一部の職業を除き有料職業紹介事業が原則として自由化された。ただし、労働者の利益を保護するために、

事業を行うには厚生労働大臣の許可を得る必要がある。また、無料職業
紹介事業も許可が必要であるが、学校、地方公共団体等が一定要件のも
とで職業紹介を行う場合は届出で足りるとされている。

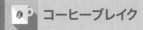

Column コーヒーブレイク

《試用期間の法律知識》

　正社員の場合には、採用後に本採用までの一定期間（通常は3カ月から6カ
月）を試用期間とする例が多いのだが、会社は試用期間後に自由に本採用を拒否
できるのであろうか。

　一般的には試用期間中の労働契約は、正社員として不適格であると判定した場
合には解約できるという解約権留保付きの労働契約とみなされている。したがっ
て、試用期間後の本採用拒否は、解約権の行使が適法であるかが問われる。通常
の解雇よりは広い範囲で認められるものの、この解約権の行使は、解約権留保の
趣旨に照らして客観的で合理的な理由があり、社会通念上相当であることが必要
になる。

　具体的には、就労させて初めてわかった勤務態度の悪さなど、採用決定までに
知ることができないような事情がある場合に限って解約ができるとされている。

第 3 節 配置・異動管理の基礎

学習のポイント

◆配置・異動には初任配置とその他の異動形態があり、後者は働く場所と担当する仕事の両面からとらえることができる。

◆配置・異動には、人材調達と能力開発の2つの目的があり、配置の決定（誰が、どのように決定するのか）と運用（誰を、どこに、どのように異動させるのか）にかかわる制度から構成されている。

◆その後の異動に関する配置の決定については会社主導型をとる点に特徴があり、配置の運用に関しては、社員区分に対応して「誰を、どこに、どのように異動させるのか」の基本構造が決定されている。

◆既存の配置・異動政策を補完するために自己申告制度や社内公募制度などの個人ニーズ重視型の政策が広まりつつあり、それらは配置・異動を擬似労働市場化するための政策でもある。

1 配置・異動の管理のしくみ

（1）配置・異動の形態

「仕事に社員を配分すること」を配置、「社員が他の仕事に移動すること」を異動または配置転換と呼び、それらにかかわる管理活動が配置・異動の管理である。したがって、異動の管理は配置の管理の一部であるが、外部から採用されていったん職務に配置されると、社員は異動を介して次の職務に配置されるので、配置と異動は一体となって運営される。

そのため、配置と異動を区別せずに、異動・配置と呼ばれることが多い。

　ここで問題になることは、仕事に配分する、他の仕事に移動するといいながら、わが国の場合には仕事の概念が曖昧であることである。そのため、新規学卒の新入社員は「どのような仕事に就くのか」（これは初任配置と呼ばれる）が決められないままに採用される。彼ら（彼女ら）にとって「何の仕事に就くのか」より「どの会社に入るのか」が重要なので、初任配置が将来のキャリアに大きな影響を与えるにもかかわらず、彼ら（彼女ら）はそれをあまり気にしていない。

　管理者が職場で日常的に行う配置は、欧米流の「仕事に適性と能力のある社員を配分する」という人材配分より、「社員の適性・能力に合わせて仕事を配分する」という仕事配分の面が強い。また異動についても、他の仕事への移動というよりも他の職場への移動という性格が強い。たとえば、ある社員が人事部門に異動されるときには、給与計算といった特定の仕事ではなく人事部門に異動され、人事部門に行ってみたら給与計算の仕事が割り振られる、というのが現実である。つまり日本の場合には、異動には異なる仕事間の移動というより、異なる部門や職場の間の移動という意味合いが強く見られるわけである。

　このように考えると、仕事への配置・異動なのか職場への配置・異動なのか、同じ職場での配置・異動なのか他の職場への配置・異動なのかで多様な形態が考えられる。そこで詳細に入る前に、配置・異動の形態とその呼称について整理しておきたい。

　ここで図表2-3-1を見てほしい。社員は採用されると、まず、ある職場のある仕事に配置される。この配置は、配置先を職場単位で見る場合には初任配属と呼ばれ、仕事単位で見る場合には初任配置と呼ばれる。あるいは初任配属と初任配置を区別せずに初任配置と呼ぶこともあり、本節では、その用語の使い方を踏襲することにする。

　社員が退職まで初任配置と同じ職場で同じ仕事に従事し続けることはまれであり、何回かは他の職場に異動するだろう。異動には、働く場所から見た異動と、働く仕事から見た異動の2つのタイプがある。後者に

図表２-３-１ ●配置・異動の諸形態

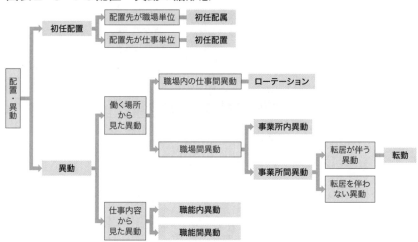

ついては、同図表では仕事の範囲を職能分野でとらえている。人事労務、財務経理、営業販売などの同一職能分野内での異動を職能内異動、人事労務から営業販売への異動のように職能分野を超えた異動を職能間異動としている。

　次に働く場所から見た異動には、まず職場間異動があり、それには同一事業所内の異動である事業所内異動、他事業所への異動である事業所間異動があり、さらに後者の異動が転居を伴うと転勤になる。また、同じ職場の中で他の仕事に異動する場合も、働く場所が変わらないという意味で働く場所から見た異動の一形態としており、一般的にはローテーションと呼ばれる。

（２）配置・異動のしくみと目的
① 管理のしくみ
　図表２-３-２は配置・異動のしくみを整理したものである。しくみの設計は、「なぜ社員を異動させるのか」という目的を明確にすることから始まる。それを受けて配置・異動の基本方針が立てられる。これは、

図表２-３-２ ● 配置・異動管理のしくみ

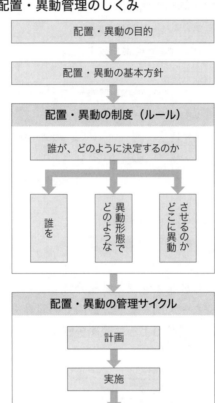

目的を実現するために、配置・異動の進め方についての基本的な考え方を示したものである。「入社から管理職に昇進するまでに３回の異動を行うこと」「管理職に昇進するには出向経験があること」といったポリシーを定めている企業があるが、基本方針の１つの例である。

こうした目的と基本方針を踏まえて制度が設計される。具体的には「誰を」「どのような異動形態で」「どこに異動させるのか」にかかわるルールと、「誰が、どのように決定するのか」（配置・異動の決定方法）にか

かわるルールを制度化する。さらに、人事部門あるいは管理者は、この
ルールのもとで配置・異動の計画を作成し、実施し、結果を評価すると
いう管理活動を展開することになる。

② 配置・異動の目的

　以上のしくみを踏まえて、配置・異動の管理について説明していきた
い。まず配置・異動の目的から見ると、第1は、「人材ニーズと人員配置
の不整合」を調整するという業務上の必要性への対応である。この「人
材ニーズと人員配置の不整合」に対しては、必要な人材を社外から調達
する方法と社内から調達する方法があり、前者が採用管理の、後者が配
置・異動管理の役割である。

　第2の目的は、社員の能力開発である。人材を育成するには、知識や
技能を訓練する教育訓練の方法と、多様な仕事を経験させながら育成す
るキャリア開発の方法があり、配置・異動はまさにキャリア開発の機能
を担っている。異動を能力開発に結びつけるには、より高度な仕事に段
階的にステップアップさせることが基本であり、あまりにかけ離れた仕
事への異動は望ましくない。そのため、社員は1つの職能分野を中心に
異動を繰り返し、キャリアを形成することが多いのである。

　現実には、この2つの機能を明確に分離することは難しく、両者を考
慮して異動を決めることが望ましいといえるだろう。特に現場の管理者
は、目前にある業務をこなし、高い業績を上げることに目が向き、すぐ
には結果の出ない能力開発を軽視しがちである。優秀な部下になるほど、
異動させたがらない上司は多く、特定部門に塩漬けになったがために、
能力を伸ばす機会を失った優秀な人材の例は少なくない。

　こうした問題を避けるためには、能力開発を考えた長期的な異動モデ
ルを作成し、それを参考にしながら配置・異動の管理を進めることが必
要である。また、人事部門が基本方針を作成し、それに従って個々の部
門が配置・異動計画を作るしくみも有効であり、前述した「入社から管
理職に昇進するまでに3回の異動を行うこと」「管理職に昇進するには、
それまでに出向経験を持っていること」といった方針はそのためのもの

である。

2 配置・異動の管理システム

(1) 初任配置の管理システム

　それでは、次に配置・異動の制度（ルール）はどのように設計されるのか。それは前述したように、「誰を」「どのような異動形態で」「どこに異動させるのか」（これらを総称して「配置・異動の運用」と呼ぶ）にかかわる制度と、それらを「誰が、どのように決定するのか」（配置・異動の決定方法）の制度から構成されている。そのしくみは初任配置とその後の異動では異なるので、まず初任配置から見てみたい。

　企業が外部労働市場から採用した社員を最初に職場や仕事に配置することが初任配置である。経験者の中途採用の場合には、特定の職場・仕事に配置されることを前提に採用されるので、人事管理上問題になるのは新規学卒者の採用の場合である。

　まず「配置・異動の運用」については、特定の配属先を決めて採用することは少なく、配属先を生産部門、技術部門、事務・管理・営業部門といった大くくりの職能分野で決めて採用するのが一般的であり、具体的な配属先は、次の「配置・異動の決定方法」を通して採用後に決められる。

　「配置・異動の決定方法」については、採用面接や新入社員研修等で得られた情報、本人の希望などに基づいて人事部門が決めるのが一般的である。さらに、初任配置をしてから一定期間を本配属前の仮配属期間とし、適性等を観察し、必要な場合には配属先を変更する機会とする企業も多い。

　多くの部門を経験しながらキャリアを積んでいくことに、日本の特徴があるといわれている。しかし、大企業になるほど専門化が進み、いわれるほどには異なる部門への異動は少ないので、将来のキャリアを決めるうえでも初任配置は重要な役割を果たしている。それにもかかわらず、就職しようとする学生にとって大切なことは、どの仕事に就くかではな

く、どの会社に入るかである。これも、わが国企業が仕事の曖昧性を前提に配置・異動の管理を展開している結果といえるだろう。

（2）配置・異動の決定方法

① 決定方法の特徴

　次に初任配置後の配置・異動について見ると、わが国の「配置・異動の決定方法」は、欧米諸国と異なり会社主導型である点に最大の特徴がある。雇用契約に関連して説明したように、欧米諸国の場合には、職務と勤務地を含む雇用契約が結ばれるため、異動は雇用契約の変更となり、本人の同意が必要になる。それに対して、日本の雇用契約は、総合職を中心にして職務と勤務地を問わない包括的契約の傾向が強いため、異動は会社主導型になり、社員は原則として会社の異動命令に従う必要がある。

　それでは、誰が異動を決めるのか。新入社員の初任配置の場合には人事部門が大きな権限を持つが、いったん特定部門に本配属されると、当該部門が権限を持つ。しかし、社員が上級の管理職層に昇進するほどに、彼ら（彼女ら）を全社的な観点から配属する必要が出てくるため、経営層の権限が大きくなり、人事部門が支援する形が一般的な形態である。

② 異動命令権の法的考え方

　このような配置・異動の決定方法は、法的にどのような根拠を持っているのか。わが国の雇用契約は総合職を中心にして、「従事する仕事と場所」を限定せずに、その決定と変更を会社に委任する包括的な雇用契約が締結されている。したがって、一般的には、異動の決定は会社の人事権の範囲内であり、その決定にあたり本人の同意は必要としない。

　しかし、人事権の濫用は禁止されており、労働者が通常甘受できる程度を超える不利益を被る場合には、会社の権限は制限される。以下がその不利益の例示である。

　　① 病人の家族の看護が避けられないなどの事情があって、私生活のうえで著しい不利益を被る異動である。

　　② 労働条件の面で不利益が著しい異動である。

③　思想・信条を理由とする異動、あるいは不当労働行為にあたる異動である。

（3）配置・異動の運用

① 配置・異動の形態

「誰を」「どのような異動形態で」「どこに異動させるのか」にかかわる配置・異動の運用は社員区分と密接に関連しており、図表2-3-3にその一般形を示してある。

図表2-3-3●配置・異動の形態

			異動の範囲				
			内部労働市場				準内部労働市場 （関連会社）
			職場内	事業所内	事業所間		
					特定地域 （転居なしの場合）	全国・世界 （転居ありの場合）	
異動の形態			ローテーション	事業所内異動	事業所間異動 （転居なし）	転勤	出向・転籍
社員区分	正社員	総合職	○	○	○	○	○
		勤務地限定社員（新総合職）	○	○	○		
		一般職	○	○			
	非正社員		○	（○）			

注）○印は、各社員区分に対応する配置・異動の範囲・形態を示している。

会社によってさまざまであるが、同図表では、パートタイマー等の非正社員、一般職、勤務地限定社員（新総合職）、総合職という社員区分を想定しており、これが配置・異動の「誰を」に対応する。

次の「どこに異動させるのか」については、異動範囲から見ることができる。それを理解するために、まず労働市場の類型化をしておきたい。労働者は賃金などの労働条件を考慮しながら、ある会社に就職したり、会社間を移動したりする。こうして労働者を企業に配分していく社会的なしくみを、企業の外で機能しているしくみであるという意味で外部労働市場と呼んでいる。また企業内部では、社員はあるルールのもとで異動し、仕事に配分されている。このことは企業の中に人材配分機能のあ

ることを示しており、それを内部労働市場と呼んでいる。さらに最近で
は、関連会社への出向等が増えていることを受けて、外部労働市場と内
部労働市場の中間形という意味で、企業グループ内を準内部労働市場と
呼ぶようになってきている。

　労働市場をこのようにとらえると、図表2-3-3に示したように、配
置・異動の範囲は、内部労働市場内では、職場から同一事業所、さらに
近隣の他事業所を経て転勤を必要とするような遠隔地の他事業所へと拡
大していく。さらに、準内部労働市場内での異動（つまり、関連会社へ
の異動）も存在する。

　最後の異動の形態（つまり、「どのような異動形態で」）は、以上の「誰
を」と「どこに異動させるのか」に対応している。すなわち同図表の「異
動の形態」の欄に示してあるように、異動範囲によってローテーション、
事業所内異動、事業所間異動（転居なし）、転勤、出向・転籍の形態がと
られる。ここで特に問題になるのは、他社への異動である出向・転籍で
あり、この点については③で詳しく説明したい。

② 日本における配置・異動の特徴

　それでは、わが国の企業は配置・異動のしくみをどのように設計して
いるのか。その骨格は、前掲の図表2-3-3からわかるように社員区分
制度と対応していることである。

　すなわち、異動が職場内に限られているパートタイマー等の非正社員
から始まり、異動範囲が事業所内の一般職、特定エリア内の勤務地限定
社員を経て勤務地を限定しない総合職まで一連の対応関係がつくられて
おり、特に総合職については関連会社まで異動の範囲が拡大している。
このように見てくると、異動の範囲が内部労働市場から準内部労働市場
へと拡大し、それが総合職に典型的に現れている。

　こうした現象は、日本の人事管理の基本的なしくみと密接に関連して
いる。日本企業は雇用保障の見返りとして配置と異動の柔軟性を求める
という政策をとってきたため、長期雇用が期待されている総合職になる
ほど異動の範囲が広くならざるを得ない。しかも以前であれば、そこで

117

　想定されている異動範囲は企業内であったが、高学歴化・高齢化・ホワイトカラー化が進展する中で、会社と社員の間の「異動範囲は企業内」という暗黙の契約を再編する必要が出てきた。それが出向という異動形態の一般化と、異動範囲の準内部労働市場への拡大なのである。

　わが国の配置・異動のもう１つの骨格は、職能間異動にかかわる点である。職能間異動は主に総合職を対象にした施策であり、その構造は「配置・異動の決定方法」と密接に関連している。すなわち、一般職の場合には、配属部門が権限を持っているので、異動の範囲は配属分野内が基本になる。それに比べて上級の管理者になるほど、全社的な観点から決められるので異動の範囲は広くなる。

　このような点を踏まえると、日本企業は幅の広いキャリアを持つゼネラリスト型社員が多いといわれてきたが、現実はそれほどでもないということになる。この点については、国際比較を踏まえて本節4で説明したい。

③　出向と転籍

　出向とは、どのような異動形態であるのか。「社員の身分を維持したまで、他社の指揮命令のもとで業務に従事する異動」が出向であり、それには、出向元に戻ることを予定している一時出向と、一定期間の出向の後に転籍する出向の２つのタイプがある。なお、転籍（いわゆる、「転籍出向」）とは、元の会社との雇用関係を終了させ、転籍先（多くの場合には関係会社）と新たに雇用関係を結ぶ異動である（→図表２-３-４）。

図表２-３-４ ● 出向と転籍

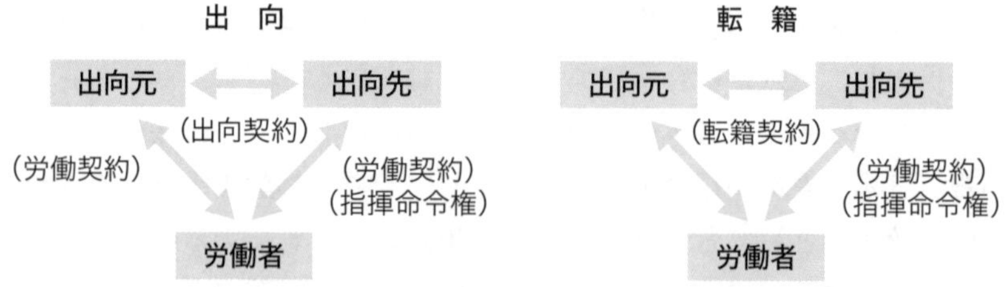

さらに、転籍は転職元企業と転職先企業が関与して企業間異動を決める点に特徴があり、社員が自主的に決める一般の転職とは異なるものである。

出向には重要なポイントが2つある。第1は、「社員の身分は元の企業にある」ということである。そのため多くの場合、給与等の雇用関係の基本的事項は元の企業の制度が適用される。第2は、「他社」の範囲であり、関連会社というのが一般的であり、まったく関連のない会社に出向する例は少ない。

こうした出向には、3つのタイプがある。第1は、関連会社に対して技術や経営を指導するために出向する関連会社支援型である。第2は、社員の能力開発を目的に出向させる能力開発型である。大企業は業務が専門化しているので、関連会社に出向して広い範囲の業務を経験することは、能力開発の大変よい機会である。これら2つのタイプは、比較的若い層が対象になる。

最後のタイプは、ポスト不足や人事の停滞を避けたいという配慮が強く働いて、主に中高年ホワイトカラーを出向させる排出型出向である。年功的な慣行が根強く残っている大企業のホワイトカラーの場合には、出向政策が、雇用を守りながら後進に道を譲り、これまで蓄積した経験と能力を活かすための重要な異動政策になっている。

3　個人ニーズ重視型の配置・異動政策

（1）日本型の配置・異動政策の功罪

これまで説明した日本型の配置・異動の管理には大きく2つの利点がある。第1に、仕事の概念が曖昧であることを前提とした会社主導型の異動であることから、市場や技術の変化に対応した柔軟かつ機動的な人材配分の調整が可能である。第2には、能力開発を目的として多様な職務を経験させる異動政策がとられるので、多能な人材を育成できる。このような人材配分の柔軟性と社員の多能化は、環境変化に対して適応力のある組織をつくり上げることにつながり、わが国企業の成長に大きく

貢献してきたといえよう。

　しかし、問題がないわけではない。それは異動が会社主導で決められ、しかも異動の範囲が広いことから起こる。その第1は、社員の能力や希望に合った異動が行われないおそれのあること、第2は、社員に生活上の負担をかけることであり、企業はこれらの課題に対応するために新たな制度を導入している。以下では新しい異動政策として、自己申告制度、社内公募制度、勤務地限定社員制度を取り上げる。

（2）人事異動の擬似労働市場化政策

① 自己申告制度

　第1の「能力と希望に合った異動」に対応するために、自己申告制度と社内公募制度が広く導入されている。まず自己申告制度は昭和30年代に導入が始まったが、図表2-3-5が示しているように、導入企業比率は2割弱にとどまる。しかし大手企業の場合には、6割から8割の企業が導入しており、自己申告制度は一般的な制度として普及している。

図表2-3-5 ● 自己申告制度の導入状況（実施企業比率、2002年）

(%)

規模計	5,000人以上	1,000～4,999人	300～999人	100～299人	30～99人
16.2	79.7	61.2	40.6	23.4	10.2

出所：厚生労働省「雇用管理調査」

　自己申告制度の主なねらいは、個人的な事情や希望を社員本人に自己申告してもらい、それを考慮して適正な配置とキャリア開発を行うことにより、社員個人の事情・希望と会社の人事政策との調和を図る点にある。したがって、申告された内容は配置・異動とともに、進路選択や能力開発などの人事管理の資料としても活用される。さらに2つの副次的な効果も期待できる。第1には、社員にとって、自己申告することが自分の適性・能力・キャリアを考える機会となり、将来の能力開発とキャ

リアの目標を自覚する契機になる。第2には、自己申告に基づいて面談が行われる場合には、上司と部下のコミュニケーションが円滑になり、上司が仕事やキャリアに関する部下のニーズを理解するよい機会になる。

　この制度において、社員は定期的に（一般的には年1回）、①現在の配置状況（現在の職務が能力・適性・希望に沿っているのか）、②希望する勤務地、③将来のキャリア（希望する職務や部門は何か、希望する進路は管理職か専門職かなど）、④家庭や健康に関する個人的事情、を一定の様式に記入するが、その際に1つ課題がある。それは、評価の権限を持つ上司が自己申告の内容を閲覧するため、社員が希望や意見を本音で申告しにくいことである。また、希望や意見を申告した場合でも、上司にしても人事部門にしても、経営上の事情から対応できない場合もある。こうしたことが続けば、社員は自己申告に不信感を持ち、制度が形骸化することになりかねない。

② 社内公募制度

1）制度の機能

　社内公募制度は個人の希望を考慮したもう1つの異動政策であるが、企業は同制度に以下の機能を期待している。第1は、既存の人事情報では適材を探すことに限界があるので、社内公募制度によって適材を調達するという人材調達機能であり、特に、新規事業のための人材を発掘する場合などに有効である。

　第2は、社員に仕事選択の機会を与えることによって、労働意欲の向上を図るという人材活性化機能である。みずから手を挙げて仕事に就く社員は、労働意欲とチャレンジ精神が強く、積極的に働く可能性が高いと考えられているからである。

　第3は、組織活性化機能である。現場の管理者は一般的に、有能な部下を自分の下に確保しておきたいと考え、適材適所や異動による人材育成を妨げるおそれがある。こうした弊害を取り除き、人材の流動化と組織の活性化を図るために社内公募制を活用しようというわけである。

　このような機能を期待されている社内公募制度は、自己申告制度ほど

図表2-3-6 ● 社内公募制度の導入状況（実施企業比率、2002年）

(%)

規模計	5,000人以上	1,000〜4,999人	300〜999人	100〜299人	30〜99人
3.4	57.7	29.5	10.6	3.6	1.7

出所：厚生労働省「雇用管理調査」

ではないが確実に普及してきている。図表2-3-6を見ると、全体では導入企業はわずかであるが、5,000人以上の大手企業では約6割の企業がすでに導入し、さらに導入企業は確実に増えている。

2）制度のしくみ

同制度は一般的には、以下の手順から構成されている。

① 人材を求めている部門（受け入れ部門）は「○○の仕事に従事する、○○の能力を持った人材を求める」という一種の求人広告を社内に公示する。

② 要件を満たしている社員個人がそれに自由に応募する。

③ 受け入れ部門と人事部門が書類審査、面談等によって応募者を審査する。

④ 選考に通ると新しい職場に異動する。

ここで注意してほしいことは人事部門の役割である。人事部門は制度の設計と運用の基本方針を決めるだけでなく、求人情報の受け付けと公示、応募の受け付け、応募者の選考、異動の決定と通知等の一連の手続を担当し、社内人材の需給調整機能を担うハローワーク的な役割を果たしている。

しかし第1に、優秀な人材であるほど上司は異動に反対する、第2に、多用すると全社的な異動政策が混乱する、という点が問題になる。前者については、同制度に対する管理者の理解を促進するとともに、本人が直接人事部門に応募書類を提出し、秘密のうちに選考・決定を行い、上司は決定に関与できないしくみが一般的である。後者の問題については、対象業務を新規プロジェクトに限定するなどして、通常の異動政策を補

完する制度とする企業が多い。

　以上の社内公募制度に類似した制度として、社内ベンチャー制度と社内FA制度がある。社内ベンチャー制度は、新しい事業計画を社員から募集し、採用された場合には、提案者が異動の対象になり、事業の実施に当たる。社内FA制度は、「同一部署における勤務が5年以上」といった一定の要件を満たした社員が異動希望を公示し、人材を求めている部門がそれを探索し、両者のニーズが合致すると異動するというしくみである。

3）配置・異動の擬似労働市場化政策

　ここまで説明してきた自己申告制度と社内公募制度、つまり個人ニーズ配慮型の異動政策は、運用するうえでの問題もあるものの、日本型の人事管理を補完するしくみとして、必要性がますます大きくなりそうである。画一的な年功制が崩れて人事制度の複線化が進み、社員が多様な選択肢の中から自分に合った働き方と進路を選択することを求められるようになり、個人の意思と企業の意思を調和させるための制度を強化する必要が出てくるからである。

　さらに、これらの制度（特に社内公募制度）には社内を労働市場化するという積極的な意味合いがある。社内公募制度は、会社が主導的に決定する配置・異動政策と異なり、社員のニーズと部門のニーズを社内の需給調整機構を通してマッチングさせ、それを通して異動を決める制度である。ハローワーク等の職業紹介機関を介して職を求める労働者と労働者を求める企業のニーズをマッチングさせる労働市場に類似したしくみと機能を持っていることから、企業内における擬似労働市場化政策と呼ぶことができる。

　さらにこの政策は、人事管理が成果に基づくしくみへと再編されることに伴い、ますます重視されることになる。社員がどのような成果を上げられるかは、どのような仕事に配置されるかに大きく依存する。そうなると、社員にとって、どの仕事に就くかが重要になるため、社員の仕事に対する選択権を拡大する必要が生じる。配置・異動を会社主導型に

したままで人事管理の成果主義化を進めることは、望ましい政策とはいえない。

これまで幾度も強調してきたように、従来の配置・異動政策は会社主導型であった。そのもとでも、配置の面で運のよい社員もいるし、運の悪い社員もいる。しかし、その選択を行ったのは社員ではなく会社であるので、それを補うために、処遇を成果よりも年功で決めてきたのである。つまり、配置・異動政策は人事管理の基本方針と深い関係にあり、基本方針と整合的に設計されねばならない。

（3）勤務地限定社員制度

異動と生活の間で起きている摩擦の典型は、住居の変更を伴う異動（転勤）によって起こる家族への負担および単身赴任の問題である。特に中高年のホワイトカラーの間では、単身赴任が普通のことになってきているが、それには2つの理由がある。

第1に、この年齢層になると管理職が増え、異動の範囲が広がる。第2に、子どもの教育、持ち家の管理などの生活上の課題が大きくなる年代なので、家族を帯同して異動することが難しくなる。こうした仕事と生活・家族の間に挟まれ、多くの中高年ホワイトカラーは単身赴任を余儀なくされているわけである。

仕事と生活の調和に配慮した配置・異動政策の重要さは、家事や育児との両立に悩みながら働き続けようとする女性社員、親の介護に苦労する中高年社員の存在を思い起こすと理解しやすい。異動に伴う個人のリ

図表2-3-7 ● 勤務地限定社員制度の導入状況（実施企業比率、2002年）

(%)

規模計	5,000人以上	1,000〜4,999人	300〜999人	100〜299人	30〜99人
11.6	35.7	28.9	16.8	13.7	9.8

出所：厚生労働省「雇用管理調査」

スクを回避する制度の1つが勤務地限定社員制度である。

　これは1970年代後半からスーパーマーケット等の小売業を中心に導入が始まった制度であり、図表2-3-7によると、約1割強の企業が同制度を導入している。特に大手企業では4割弱が導入しており、ますます普通の制度として定着していくことが予想される。

　ここでは具体的な例として、ある大手小売企業の勤務地限定社員制度

図表2-3-8●大手企業の勤務地限定社員制度

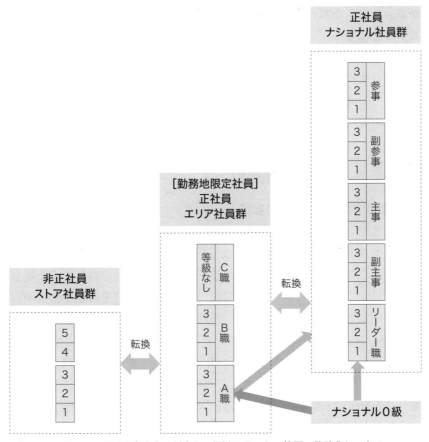

注）この図表はある大手小売企業の制度を、趣旨に反しない範囲で簡略化してある。

125

を紹介する（→図表2-3-8）。同社はこの制度によって、①全国転勤が可能な「ナショナル社員」、②一定地域内で転勤が可能な「エリア社員」、③転勤のないパートタイマーの「ストア社員」に分ける社員区分制度を採用している。

　また、社員区分ごとに異なる社員格付け制度が適用されている。社員は入社時に社員区分を選択し、そのもとでキャリアを伸ばしていくことが基本になる。たとえば、同じ大卒の新入社員でも、地元に残りたいと思う人はエリア社員として入社し、A職3級に格付けされ、全国転勤もかまわない人ならナショナル社員を選択し、ナショナル社員0級から始めることになる。

　こうした社員のニーズに即した制度の悩みは、あまりにエリア社員が増えてしまうと配置政策の柔軟性が失われてしまうことにあるが、これによって優秀な人材を確保できるのであれば、企業にとってメリットの大きい制度といえるだろう。

4 配置・異動の国際比較

（1）わが国のキャリアの実態

　これまでも触れたように、わが国企業では、広いキャリアを持つゼネラリストが多いと指摘されてきたが、実態を見ると社員のキャリアは人事・労務、経理・財務、営業・販売などの特定の職能分野に収まる場合が多い。つまり社内でのキャリアは、多様な職能分野を経験させながら形成されるというよりも特定の職能分野内で形成されており、ゼネラリスト型よりもスペシャリスト型のキャリア形成といえるかもしれない。

　しかも重要なことは、社員が長い期間をかけてキャリアを積む職能分野は、初任配置された分野であることが多いことである。ここで図表2-3-9を見てほしい。社員が最も長く経験してきた職能分野を決めた要因を見ると、社員本人の意向が反映されることは少なく、「初任配置されたセクション」が「会社や人事の意向」とともに最も重要な要因になっ

図表2-3-9 ● 最長経験職能分野を決めた要因（男性の場合）

	影響度指数
初任配属のセクション	109.8
会社や人事の意向	106.9
自分の希望	62.8
上司の意向	61.1
入社後3～5年の間に経験した仕事の分野	41.6

注）影響度指数＝最も影響度が大きい項目の比率×2＋次に影響度が大きい項目の比率

出所：佐藤博樹「新しい働き方と人事管理」、連合総合生活開発研究所編『新しい働き方の創造をめざして』同研究所、1995年

ている。

　それでは、日本におけるこうしたスペシャリスト型のキャリア形成とその背景にある配置・異動政策は、他国と比べてどのような特徴があるのだろうか。

（2）配置・異動の国際比較

　まず、配置・異動政策のわが国と欧米先進国との違いを簡潔に整理すると図表2-3-10になる。配置・異動政策のベースにある職務概念が異なり、職務概念が希薄な日本と、明確な欧米との違いがある。そのため配置の基本的思想が異なり、日本は社員の適性・能力に合わせて仕事を

図表2-3-10 ● 配置・異動政策の国際比較

			日本	欧米諸国
配置政策	配置の基本的思想		①職務概念が希薄 ②人の適性・能力に合わせた仕事の配分	①職務概念が明確 ②適性・能力のある人を仕事に配置
	初任配置のタイプ （配置する仕事）		就社型 （曖昧）	就職型 （明確）
	異動	異動の決定方法	会社主導型	本人主導型
		異動の範囲	広く、柔軟な配置	狭く、特定の仕事密着型の配置

配分する傾向が、欧米は明確に定義された仕事に適性と能力のある人材を配置する傾向が強い。

こうした違いが配置・異動政策に影響を及ぼしており、初任配置では、「何の仕事に就くのか」を明確にして入社する就職型の欧米に対して、わが国は、「何の仕事に就くのか」を曖昧にしたままで「どの会社に入るか」という就社型の傾向が強い。

その後については、「会社に入る」という雇用契約を前提にした日本の場合には、会社主導型の異動決定が行われ、異動の範囲は広域的になる。それに対して欧米では、仕事と勤務場所を明確にした雇用契約を前提にするので、個人主導型の異動決定になるし、異動の範囲も狭くなる。

以上の配置・異動政策の違いを背景にして、わが国労働者のキャリア形成にはどのような特徴があるのか。ここで取り上げるのは、日本、アメリカ、ドイツの3カ国の大企業で働くホワイトカラーである。図表2-3-11は、現在の会社における最長経験職能分野の経験年数が、勤続年数に占める比率を示している。同比率が大きいということは、現在の会社で特定の職能分野に特化するキャリアを形成していることを示している。同図表では、便宜的に同比率が76％以上を単一職能型（特定職能分野の経験が長いタイプ）、51～75％を準単一職能型（他の分野の経験もあるが、特定分野の経験が比較的長いタイプ）、50％以下を複数職能型（複数分野を経験し、経験の長い特定分野がないタイプ）と呼んでいる。

これを見ると、日本は単一職能型、準単一職能型、複数職能型がほぼ

図表2-3-11 ● 大企業ホワイトカラーのキャリア類型

	複数職能型 50％以下	準単一職能型 51％〜75％	単一職能型 76％以上	計
日本	30.4	30.4	39.2	100.0
アメリカ	15.7	18.7	65.6	100.0
ドイツ	16.6	25.4	57.9	100.0

出所：佐藤博樹「キャリア形成と能力開発の日独米の比較」、小池和男・猪木武徳編著『ホワイトカラーの人材形成』東洋経済新報社、2002年

等しい分布であるが、アメリカとドイツは単一職能型が圧倒的に多い。このように見てくると、いずれの国も複数職能型のようなゼネラリストは少ないが、その中にあって、わが国は広いキャリアを持つゼネラリスト型の社員が、アメリカとドイツは狭いキャリアのスペシャリスト型の社員が多いといえるだろう。

 Column コーヒーブレイク

《欧米企業の人事異動》

　日本では補完的な政策として導入されている社内公募制度だが、欧米の企業では配置・異動の中心的な政策となっている。ある仕事に空席が生じると、その求人情報が社内に告知される。廊下や食堂の壁に求人票を張り出すといった方法やイントラネットが活用されることも多い。その仕事に社員が異動すると、その社員が就いていた仕事が空き、それが再び社内公募の対象になる。こうしたことを1年中繰り返しながら、社員の配置・異動が決められているわけである。

　ここで注目すべき点は、社内公募において人事部門が配置・異動の決定に関与する余地がほとんどないという事実である。求人を出した部門と応募した社員が直接交渉を行って、異動を決める。わが国とはかなり事情が異なるが、もし日本もそうなれば、会社の雰囲気も一変するのではないだろうか。少なくとも、社員は自分の職場は自分で決め、そのための自己啓発を行い、社内公募に挑戦する姿勢が求められるようになるだろう。

第 4 節 | # 雇用調整と
退職・解雇の基礎

学習のポイント

◆業務ニーズに合わせて既存の要員を調整するうえで、退職と雇用調整は重要な役割を果たしている。将来が不透明で、競争リスクが大きい市場に直面するほど、企業は雇用調整と退職・解雇に関する機能の強化が必要になる。

◆業務ニーズに合わせて雇用量を調整する方法には、業務量調整か雇用量調整か、雇用量調整は労働投入量調整か賃金調整か、労働投入量調整は労働時間調整か人数調整かといった多様な方法から構成されており、雇用調整とは一般的に労働投入量調整を示している。

◆整理解雇については、法的に解雇権の濫用が厳しく規制されており、①経済的必要性の存在、②解雇回避義務、③客観的・合理的な選定基準、④説明・協議の必要性、が正当な整理解雇を構成する４要素である。

1 雇用調整と退職・解雇の役割

（1）もう１つの人材確保策

　経営活動に必要な人材を確保する。人事管理の基本的機能の１つであるが、それには２つの面がある。１つは、現在あるいは将来必要になる人材を新たに調達することであり、社外から調達すれば採用、社内からであれば配置・異動ということになる。しかし、これだけでは企業は必

要な人材を確保することはできない。活力ある組織を維持するには人材の新陳代謝が必要であり、そのためには従業員が適度に退職することが必要である。さらに、会社全体あるいは特定の部門の事業が縮小すれば、それに合わせて現有の人材を調整する必要が生じる。企業にとっては、こうした退職と人材の調整（雇用調整と呼ばれる）も人材確保のための重要な施策であり、その中で最も厳しい方法が解雇になる。

さらに、個々の企業がどのような退職と雇用調整の方法をとるかは、労働市場全体の構造を規定する。もし企業が解雇を多用すれば、景気の悪化によってすぐに失業率が上がる労働市場となり、もし解雇を避けて社内のやり繰りで乗り切ろうとすれば、不景気になってもすぐには失業率が上がらない労働市場が形成されることになる。「終身雇用制は日本の人事管理の基本である」ということは、わが国が後者の選択をしてきた事実を意味している。また、終身雇用を緩和する方向で人事政策が変化しつつあることが問題となっているが、もし日本企業が本気になってその方向に進むとすれば、労働市場の構造を大きく変えることになるだろう。

（2）変化する雇用調整管理

雇用調整の管理に関しては、もう１つの点が問題になっている。経営活動の変動（特に縮小する場合）に合わせて人材を調整することが雇用調整であるため、人材需要の変動（落ち込み）が大きいと予想されるほど、その役割は重要になると同時に強力なしくみが必要になる。それは、雇用調整には手間、費用、時間といった大きなコストがかかるからである。社員をむやみに解雇すれば、労働組合が反対して労使間の緊張は高まるだろう。個々の社員も、会社の将来ややり方に不満を感じて労働意欲を低下させるかもしれない。事業活動が縮小したからといって、雇用を安上がりに調整する方法は存在しない。

そうなると日本企業にとって、雇用調整がこれまで以上に重要な管理分野になることは間違いない。一般論としては、経営業績が悪化すれば

雇用の調整は不可避ということになるが、しばらく待てば業績の回復が見込める時代であれば、企業も厳しい雇用調整策をとらずに我慢するし、それを前提に雇用調整のしくみを準備しておくだろう。高度成長期は、まさにそうした時代であった。

しかし「いつまで待っても、以前のような成長は望めない」、あるいは「いつまで待っても、既存事業が以前の状態に回復することはない」という見通ししか持てない時代になると、企業は雇用調整を早期かつ強硬に行わざるを得ず、それに合ったしくみをつくることが必要となる。

市場は不透明さを増しており、競争に敗れるリスクは確実に大きくなっている。経営環境の変化をこのようにとらえると、日本企業は間違いなく、雇用調整管理の再編成を迫られている。

2 雇用調整の管理

（1）雇用調整の政策

① 業務調整と雇用量調整、労働投入量調整と賃金調整

まず、雇用調整について説明しておきたい。理論的に考えると、雇用調整とは、事業活動に要する適正な雇用量を確保するために既存の雇用量を調整することであり、雇用量を増やす方向で調整することも減らす方向で調整することもある。しかし現実には、適正な雇用量の縮小に合わせて既存の雇用量を調整することを雇用調整と呼んでおり、図表2-4-1はその政策体系を整理したものである。

人材需要が縮小して余剰人員が発生したとき、企業は短期的に外注に出していた仕事を内部に取り込むこと（「内製化率調整策」）によって、社内の仕事量を増やして余剰人員を吸収する業務量調整の政策か、雇用量を減少させる雇用量調整の政策をとる。後者の雇用量調整策がここでの目的なので詳細な説明は避けるが、大手企業を中心にして、業務量調整策は短期の余剰人員対策として重視されている。

雇用量調整策には２つの方法がある。企業にとって余剰人員の問題は、

図表2-4-1●雇用調整策の体系

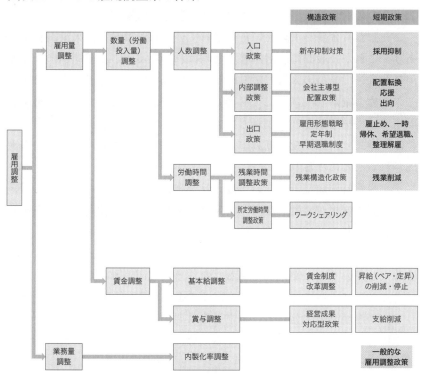

業務量に比べて人件費が肥大化しているという面と、雇用量が多すぎるという面の2つがある。前者に対応するには、業務量の減少に合わせて人件費を削減する政策（同図表の賃金調整策）が、後者に対しては、余剰化している雇用量を直接削減する政策（労働投入量調整策）が必要になる。

　賃金調整策には、基本給で調整する政策（基本給調整策）と一時金で調整する政策（賞与調整策）の2つがあるが、基本給調整策の機能は限られる。基本給が安定的な給与部分であるために絶対額を引き下げることは困難であり、調整する方法も昇給（ベアあるいは定期昇給）の削減あるいは停止に限られるからである。そのため一般的には支給額を企業

業績に連動して柔軟に決める賞与調整策がとられる。

② 2つの労働投入量調整─労働時間調整と人数調整

　こうした賃金調整策以上に重視されている政策は労働投入量調整策であり、これが一般的に雇用調整策と呼ばれている。ここで問題になる雇用量とは、従業員の人数と労働時間の掛け算で決まる労働投入量である。そのため事業が10％減少して必要な雇用量が10％低下したとき、適正な雇用量は従業員数を10％削減しても、労働時間を10％削減しても実現できる。つまり、労働投入量調整策は人数調整策と労働時間調整策から構成されることになる。

　まず労働時間調整策については、就業規則などで決められている所定労働時間の変更が困難なため、所定外労働時間（残業時間）で調整する方法がとられる。この政策をいつでも使える状態にしておくには、人員を少なめに配置して残業を常態化しておく長期政策（残業構造化政策）を導入しておくことが必要である。なお事例は限られるが、仕事を分かち合うことによって雇用の維持を図ることをねらいとしたワークシェアリングの1つの方法として、所定労働時間による調整を行うことがある。この場合には、余剰人員を吸収するために、時限的に所定労働時間を削減する方法がとられる。

　次の人数調整策には、採用抑制によって流入してくる人数を抑制する（入口政策）か、定年・希望退職・解雇等の方法で流出する（退職する）人数を増やす（出口政策）か、配置転換・出向・転籍によって、社内あるいは企業グループ内の余剰部門から不足部門に人員を異動させる（内部調整政策）かの3つの方法がある。さらに、これらの短期政策が効果的に機能するには、基盤となる構造政策を打っておく必要がある。

　内部調整政策については、わが国では会社の人事権を広く認める体制が整備されており、仕事の内容や勤務場所を特定しない包括的な雇用契約の締結がその基盤にある。出口政策については、定年制度、早期退職優遇制度、希望退職制度を整備しておくことが必要になるが、図表2－4－1では、それらに加えて雇用形態戦略を挙げている点に注意しても

らいたい。雇用形態戦略とは正社員、パートタイマー等の非正社員、派遣社員などの異なる雇用形態の労働者をどのように組み合わせるかにかかわる戦略である。非正社員を多く雇用するほうが人員調整が容易になるなど、雇用形態戦略のあり方によって出口政策の強度が左右される。

（2）雇用調整の実際
① 雇用調整に対する労使の基本方針

　これまで雇用調整策の体系について説明してきたが、日本企業は現実に、どのような雇用調整の方針と政策をとっているのか。1950年代、60年代に大量解雇をめぐり激しく対立し、深刻な混乱を経験してきた日本労使は、その後は雇用調整を円滑に実施するためのルールづくりに努力し、次のような方針を形成してきた。

　まず、経営者側は基幹的労働者の確保、労使関係の安定、労働意欲の維持・向上を通して生産性の向上を図るために、解雇はできる限り回避する。その代わり、解雇以外の雇用調整策、特に内部調整政策を積極的に活用するという方針を立てた。その結果、企業による労働力の柔軟な配置を可能にする人事管理政策が形成された。それに対して労働組合は、「仕事保障」より「雇用保障」を重視する方針をとり、解雇を回避するのであれば配置転換等の雇用調整には協力する方針をとった。

② 雇用調整の手順

　このような労使の方針に従って、雇用調整策は一般的に温和な方法から厳しい方法に向かって、次のような手順を踏んで段階的に進められる。第1段階では、残業時間削減（労働時間調整）の方法がとられる。日本の企業は、社員に及ぼす影響が小さいこととともに、解雇（人数調整）の回避を基本とする雇用調整を標榜してきたため、労働時間調整策を重視してきた。そのため前述した残業時間構造化政策がとられ、残業が常態化する状況がつくり出されてきた。

　しかし、残業時間削減の方法は2つの面で効果に限界がある。第1は、調整できる時間数が限られる点である。図表2-4-2の労働時間の構成

図表２-４-２●月間労働時間の構成（2012年）（事業所規模５人以上）

	総実労働時間	所定内労働時間	所定外労働時間
実数（時間）	147.1	136.7	10.4
構成（％）	100.0	92.9	7.1

出所：厚生労働省「毎月勤労統計」

を見ると、残業時間は総労働時間の約７％であり、残業時間をゼロにしたとしても調整できる労働投入量は１割弱にとどまる。しかも、現実には残業時間をゼロにすることは困難なため、その調整効果はさらに限られたものになる。第２に、この方法によって労働投入量が調整できたとしても、労務費には福利厚生費等の固定費部分があるため時間当たりの労働コストは増加せざるを得ない。

　第２段階では、採用を抑制しつつ、定年退職、自己都合退職等による欠員を補充しないことにより人員の段階的な減少を図る自然減と呼ばれる方法と、配置転換・応援・出向による内部調整の方法がとられる。多くの場合は、この段階までの雇用調整策で終わるが、それでも調整が済まない深刻な状況になると、本格的な人数調整の段階に進むことになる。

　その第一歩が、有期契約社員（つまり、非正社員）の契約更新を停止する雇止めと雇用関係を継続したままで就業を一時停止する一時帰休である。一時帰休は休業として扱われるので、企業は労働基準法に従って平均賃金の60％以上の休業手当を保障しなければならない。政府は解雇の圧力を緩和し、企業から失業者をできる限り出さない方針から、企業に対して休業手当の一定割合を援助する雇用調整給付金制度を導入している。

　こうした対応の後の最後の雇用調整策として、企業は社員を削減する本格的な人数調整策に踏み出す。これには、退職金の割り増しなどの優遇策によって自発的な退職者を募集する希望退職募集と、社員を指名して解雇する整理解雇の２つがある。一般的には、整理解雇に一気に進むことはなく、希望退職募集が先行して行われる。

③　雇用調整と希望退職の実際

　それでは日本の企業は、どの雇用調整策を、どの程度の頻度で実施しているのか。その状況を示したのが図表2-4-3である。景気の状況によって雇用調整を実施する企業は変化するが、不況期には約半数もの事業所が何らかの雇用調整を行っている（同図表の「雇用調整実施企業割合」を参照）。

図表2-4-3 ●不況期における雇用調整策の実施状況（製造業）

（実施事業所割合：％）

	雇用調整実施企業割合	残業規制	休日・休暇の振り替え	臨時・パート等の再契約停止・解雇	中途採用の削減・停止	配置転換	出向	一時帰休	希望退職者の募集・解雇	特別な措置はとらない
円高不況（1986年Ⅳ期）	40	26	4	6	12	11	9	3	3	60
バブル崩壊後（1993年Ⅳ期）	50	38	9	10	24	17	12	7	2	50
1998年Ⅳ期	46	31	7	8	14	12	7	4		54
2012年Ⅳ期	42	23	8	4	7	14	8	7	2	58

出所：厚生労働省「労働経済動向調査」（各年版）

　雇用調整策の内容はおおむね前述した段階に沿った構成である。最も多く利用されている政策は、第1段階の残業規制（バブル崩壊後の不況期［1993年Ⅳ期］の場合で38％）であり、それに次ぐのが第2段階の中途採用の削減・停止（同24％）、配置転換（17％）、出向（12％）である。このようにして日本企業は、解雇等の厳しい人数調整策をできる限り回避するために、労働時間調整、自然減、内部調整等の多様な方法からなる政策をとり、特に配置転換あるいは出向などの企業内、企業グループ内での労働力の再配置を強力に進めてきたことが大きな特徴である。

　こうした雇用調整のしくみが終身雇用制を支える重要な役割を果たしており、最後の出口政策をとる事業所はわずかである。その場合でも、まずは雇止め（同図表中の「臨時・パートタイマー等の再契約停止・解

雇」（10％）と一時帰休（７％）、さらには希望退職募集（２％）が主要
な役割を果たしている。

　希望退職募集制度は後述する早期退職優遇制度と似た制度である。雇
用調整の必要から時限的に自発的退職者を募集する制度が希望退職募集
制度であるのに対して、恒常的に自発的退職者を募集する制度が早期退
職優遇制度である。希望退職募集制度の骨格は「誰を募集の対象にする
のか（退職対象者）」と「どのような条件で退職を促すのか（退職優遇条
件）」の観点から設計されている。退職対象者については図表２-４-４か
らわかるように、主に「年齢」を応募基準にして「45歳以上」の社員を
対象にしている。

図表２-４-４ ● 希望退職募集制度の骨格

	応募条件［複数回答］(%)
年齢	77.6
勤続	42.9
役職・資格	4.1
その他	10.2
とくに条件なし	18.4

	適用開始年齢 (%)
40歳未満	8.8
40歳	11.8
41〜44歳	2.9
45歳	47.1
46〜49歳	5.9
50歳	17.6
51〜54歳	5.9
55歳以上	0.0

出所：「早期退職制度と希望退職制度」『労政時報』第3484号（2001年３月23日号）

　他方の退職優遇条件は、「有利な退職一時金」+「特別加算金」の算式で退職金を割り増しする方法が一般的である。退職一時金は勤続年数と退職事由で決まる支給率に基づいて決定される。「有利な退職一時金」の算定にあたっては、勤続年数については退職時の勤続年数が使われるが、退職事由別の係数については、希望退職が自己都合退職の一形態であるにもかかわらず、会社都合退職の有利な支給率が適用される。特別加算金はケースによってさまざまであるが、一般的には若い年齢で退職するほど高額になるように設定されている。

3　整理解雇

（１）整理解雇の日本的特質

　最後の雇用調整策ともいえる整理解雇を「経営状況がどの程度深刻な場合に解雇に踏み切るのか」「何人解雇するのか」「誰を解雇するのか」の決め方から見ると、いくつかの日本的な特徴が見えてくる。

　まず、「経営状況がどの程度深刻な場合に解雇に踏み切るのか」と「何人解雇するのか」の決定については、企業は労使関係と人事政策への配慮からきわめて慎重であり、実質的に厳しい制約を受けている。後述する法的な規制は、さらにこの点を強化する役割を果たしている。

　しかし、最後の「誰を解雇するのか」については、勤続年数の逆順で解雇するという米国の先任権ルール等に比べると、わが国では経営の決定を制約する明確なルールや慣行が弱い。そのため、企業は経営上のメリットの大きい（賃金の高い）高齢者を中心に解雇する傾向を強めることになる。若い労働者に比べて高齢者の再就職は難しいという現実を踏まえると、いったん解雇されると失業は深刻化するという点に日本の特徴があるといえる。

（２）整理解雇の法的規制

　企業内の慣行としての終身雇用制とともに、法的規制が企業の解雇行

動を厳しく規制しており、それが終身雇用制を支える法的基盤にもなっている。ただし、その規制は後述するドイツ等の欧州諸国と異なり、制定法によらず裁判所が形成した判例によってきた。

　つまり、民法や労働基準法は「企業の解雇自由の原則」を建前として解雇に正当な理由は必要とせず、一定の解雇予告期間をおくか、解雇予告手当を支払えば自由に解雇できるという企業の解雇権を認めている。しかし現実には、判例によって「正当な理由のない解雇」は企業の解雇権の濫用に当たり認められないという解雇権濫用の法理が確立され、企業による整理解雇は法的に厳しく規制されてきた。さらに、労働基準法の2003（平成15）年改正で「解雇は、客観的に合理的な理由を欠き、社会通念上相当であると認められない場合その権利を濫用したものとして、無効とする」が追加され、解雇権濫用の法理は法制化された（その後、2007（平成19）年制定の労働契約法に同条文を移行）。

　それでは、「正当な整理解雇」を構成する要素とは何なのか。以下の４つの条件を満たして初めて「正当な整理解雇」として認められる。第１は、倒産のおそれがあるなどの経済的な必要性があること（経済的必要性の存在）。第２は、解雇を回避するために残業規制、配置転換、希望退職募集などの努力を尽くすこと（解雇回避義務）。第３は、客観的・合理的な基準に基づいて被解雇者を選定すること（客観的・合理的な選定基準）。第４は、解雇の必要性、実施方法などについて労働組合、社員に対して説明・協議すること（説明・協議の必要性）である。

　このように法的規制が厳しいからといっても、企業にとって不利なことばかりではなく、雇用の安定を通して労使関係の安定や労働意欲の高い労働者を獲得できるという大きなメリットを得ている。しかし、規制があまりに厳しいと、企業は特定部門の業績悪化による余剰人員問題が深刻化しても、会社全体の経営状態が悪化しない限り解雇はできないことになり、ある部門を縮小して他の部門を拡大するという事業分野の再構築が阻害されるおそれがある。それは往々にして、縮小部門が必要とする人材と拡大部門が必要とする人材が異なり、縮小部門から拡大部門に

社員を異動させれば余剰人員問題が解決することにならないからである。

（3）整理解雇の国際比較

① アメリカの特徴

　これまで日本の整理解雇について説明してきたが、欧米諸国とは異なる点が多くあるので、アメリカとドイツにおける整理解雇に対する社会的規制の特徴について紹介しておきたい。

　アメリカは欧米諸国の中で、会社が工場閉鎖や部門縮小等の経済的な理由による解雇を、労働組合と協議・交渉することなく自由に決定できる最も典型的な国である。ただし、労働組合がある会社では、誰を解雇するのか（解雇の順位）については、使用者の恣意的な決定がなされないように以下の先任権ルールが確立されている。

　まず解雇は、景気が回復する等して会社が新たに社員を採用する場合には、解雇した労働者を優先的に再雇用する特約が付いた「再雇用契約付きの解雇」（レイオフと呼ばれている）として行われる。縮小あるいは閉鎖される工場や部門での勤続年数の短い労働者から解雇され、逆に勤続年数の長い労働者から再雇用される。この勤続年数の長い（先任権のある）労働者が有利に扱われるルールが先任権ルールと呼ばれている。

　このように見てくると、アメリカは日本に比べると、「経営状況がどの程度深刻な場合に解雇に踏み切るのか」と「何人解雇するのか」については会社の自由度が大きく、「誰を解雇するのか」については小さいという特徴がある。しかし、労働組合の組織率は年々低下して2割を下回る状況にあることなどを考慮すると、アメリカの経営者は先任権ルールに従うとはいえ、経済的理由による解雇を簡易、迅速に行うことができるといえる。

② ドイツの特徴

　ドイツの解雇規制はアメリカに比べて厳格であり、その規制は3つの面から構成されている。第1は、民法典による解雇告知期間の規制である。その期間は相当長く、しかも勤続年数の長い労働者ほど長く設定さ

れているので、長期勤続者ほど迅速な解雇が難しいしくみになっている。第2に、「解雇は最後の手段であるべきである」「被解雇者の選定にあたって社会的弱者を保護すべきである」との考え方から、解雇制限法により解雇事由に関する規制が定められている。つまり、解雇の経済的な必要性があったとしても、会社はその立証責任を負うとともに、被解雇者の選択指針、雇用継続の可能性、被解雇者の選択に対する社会的考慮について不当なことがないことが求められる。

最後に、手続規制が詳細に定められている。特に、事業所委員会との手続に関する規制が重要であり、会社には解雇通知に先立って同委員会の意見を聴取しなければならない等の手続が求められている。なお同委員会は、当該事業所の労働者によって選出された従業員代表からなる、事業所組織法に基づく組織であり、社会的事項（労働時間の配分、賃金支払い等の事項）、職場・作業関連事項（工場の施設・設備についての事項）、人事事項（人員計画、採用・配置・解雇の基準等の事項）などについて広く会社と協議する権利を持っている。

4 退職とセカンドキャリアの管理

（1）退職の多様なタイプと高齢者のセカンドキャリア

① 退職と解雇

退職とは雇用契約の終了を指すが、終了の理由の違いによって多様なタイプがある。図表2-4-5に示してあるように、年齢を理由にして一律に社員を退職させる定年制度に基づく定年退職、社員が自発的に退職する自己都合退職、会社が退職を求める解雇が主要なタイプである。よりよい条件を求めて転職する、家庭の都合で退職するなどは自己都合退職の典型（同図表では「一般退職」としてある）であるが、前述した希望退職募集に応じて退職（希望退職）する場合、あるいは後述する早期退職優遇制度に沿って自発的に退職（早期退職）する場合も名目上は自己都合退職になる。

図表2-4-5●退職のタイプ

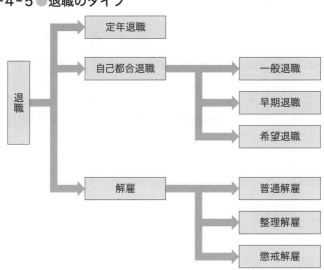

　また解雇には、これまで説明してきた雇用調整策としての整理解雇に加えて、勤務成績が著しく悪い、健康上の理由で長期にわたり職場復帰が見込めない等の理由で就業の継続が困難な場合に行われる普通解雇と、きわめて悪質な規律違反を行った等の理由で懲戒処分として行う懲戒解雇がある。なお解雇を行う際には、当該従業員に対して30日前までに解雇予告を行う必要があり、予告を行わずに解雇する場合には、最低30日分の平均賃金を解雇予告手当として支払う必要がある。

② 　退職とセカンドキャリア

　退職と関連した諸制度として、年齢等で一律に役職者を解職する役職定年制、転職独立を支援する制度、定年後の再就職を支援する制度等がある。これらを組み合わせて、社員の高齢期のキャリア（一般的にセカンドキャリアと呼ばれている）の開発を支援する企業が増えている。整理解雇や希望退職などの緊急避難的な退職を除くと、退職の管理は高齢者のためのセカンドキャリアの体系の中でとらえることが必要である。そうした諸制度の体系を整理すると図表2-4-6のようになる。

図表2-4-6 ●高齢期のキャリアと多様な退職ルート

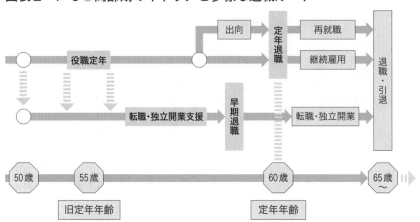

以下では定年退職に加えて、企業で広く活用されている主要な制度である役職定年制度、雇用継続制度、早期退職優遇制度、転職・独立開業支援制度を説明する。

（2）定年退職と役職定年

現在の定年制度は一般的に、定年年齢を60歳にする制度として設計されている。図表2-4-7からわかるように、1970年代までは55歳定年が主流であったが、80年代に入り60歳定年制が急増し、いまではほぼすべての企業に普及している。なお現在は、高年齢者雇用安定法によって、定年制を設ける場合には、原則として60歳以上であることが義務づけられている。

このように定年年齢が55歳から60歳に延長されることに伴い、年齢等を理由にして役職者を一律に解任する役職定年制度を導入する企業も増えた。そうでないと、役職者の在任期間が定年延長とともに延び、若手の昇進が遅れ、人事の停滞を招くと考えられるからである。図表2-4-8に示すように、役職定年制度を導入している企業は1割強にとどまるが、大手企業（従業員規模5,000人以上）では、ほぼ半数が導入している。

図表２－４－７ ● 大企業の定年年齢（男性）

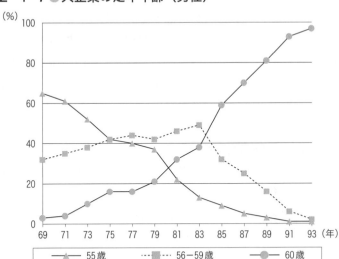

出所：中央労働委員会「退職金、年金および定年制事情調査」

図表２－４－８ ● 退職関連制度の概況（2003年）

（導入企業比率　％）

	企業規模計	従業員規模				
		5,000人以上	1,000～4,999人	300～999人	100～299人	30～99人
役職定年制度	11.8	43.1	36.6	18.5	12.0	10.3
早期退職優遇制度	6.7	57.3	41.1	23.0	11.8	2.4
転職援助あっせん制度	1.2	26.3	13.4	3.2	1.9	0.4
独立開業支援制度	1.0	18.0	9.6	3.1	0.5	0.6

注）役職定年制度は1990年。

出所：労働省「雇用管理調査」

　課長以上の職位を対象にして55歳を解任年齢とし、解任後の賃金は低下するというのが一般的である。

　この制度の難しい点は、解任後に「どの部門に配置して、何の仕事をしてもらうか」という問題である。多くの場合には、これまでの知識・

経験や人脈・人間関係を活かすために、役職をしていた元の職場に配属される。しかしながら、元は自分の部下であった社員が今度は上司や同僚となるため、「本人のモチベーションが低下する」「以前の上司なので指示命令がしにくい」ことが問題になり、それを理由に他の職場に配置する企業もある。いずれにしても、役職定年制度は高齢者のキャリアのあり方に大きな影響を及ぼす制度である。

（3）定年退職後の継続雇用制度

　定年退職は必ずしも仕事からの引退を意味するわけではなく、定年後も働き続ける人、あるいは働き続ける意思を持つ人は多い。ここで、高齢者（男性）の労働力率（働いている人と働きたいが仕事がなく失業している人の合計の当該年齢層の人口に占める比率）を示している図表2 -4-9を見てほしい。

　わが国の60歳以上の労働力率は国際的に見て高い水準にあり、それに比べると欧州（ドイツ、フランス）は低く、アメリカは中間の位置にある。特にわが国の場合には、60〜64歳（男性）の労働力率が71.2％に達しており、定年退職直後の60歳代前半層（男性）では7割以上の人が働く意思を持っていることになる。なおデータは省略するが、女性の場合でも同年齢層の労働力率は6割程度に達している。

　こうした定年退職者の継続就労希望に対して、企業は主に2つの支援策をとっている。第1は、定年後も同じ企業（あるいは、同じグループの企業）で継続的に働くことを可能にする政策、第2は、再就職の斡旋・相談を行う政策である。特に前者の継続雇用支援政策が重要であり、それを具体化した制度が「定年年齢に達した社員を退職させることなく引き続き雇用する制度」である勤務延長制度と、「定年年齢に到達した社員をいったん退職させた後に改めて雇用する制度」の再雇用制度である。図表2-4-10を見ると、9割以上の企業が勤務延長制度か再雇用制度を導入しており、定年退職者のための継続雇用支援政策は一般化した人事政策になっている。さらに再雇用制度を導入している企業が80.7％（「再

図表2-4-9 ● 高齢者（男）の労働力率の国際比較

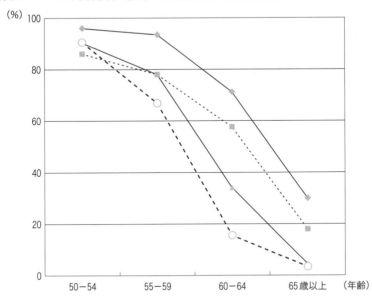

── ◆ ── 日本（2003年）　--■-- アメリカ（2002年）　── ▲ ── ドイツ（2002年）　- ○ - フランス（2001年）

注）元データは以下からである。日本：総務省「労働力調査」。アメリカ：労働省「Employment and Earnings」。ドイツ：ILO「Yearbook of Labour Statistics」。フランス：INSEE「Annuaire Statistique de la France」

出所：日本生産性本部『活用労働統計（2005年版）』

図表2-4-10 ● 雇用延長制度の導入状況（2011年）

［定年制有り企業＝100］（導入企業比率　%）

	制度あり	勤務延長制度のみ	再雇用制度のみ	両制度併用	制度なし
規模計	92.1	11.4	71.6	9.1	7.9
1,000人以上	97.7	4.3	87.6	5.9	2.3

出所：厚生労働省「就労条件総合調査」

雇用制度のみ」＋「両制度併用」）、勤務延長制度が20.5％（「勤務延長制度のみ」＋「両制度併用」）であることからわかるように、定年退職者の継続雇用を支える主要なしくみは再雇用制度である。

　ここで注意すべき点は、このように継続雇用制度が整備されているからといって、定年退職者が必ずしも同じ企業で働き続けることができるわけではなかった事実である。それは希望者全員が再雇用される、あるいは勤務延長できる制度になっていないからであり、企業にとってあくまでも選択的な政策であった。しかし、そうした状況は大きく変わりつつある。2001（平成13）年より公的年金の支給開始年齢が65歳に段階的に移行することが決定され、定年退職した高齢者は年金支給開始年齢までの間も働かざるを得ない状況に置かれたからである。

　しかも、これを受けて2004（平成16）年に改正高年齢者雇用安定法が成立し、事業主は、定年の引き上げ、継続雇用制度（勤務延長制度と再雇用制度）の導入または定年制度の廃止により65歳までの安定した雇用を確保することが義務づけられた。また継続雇用制度については、原則として希望者全員を対象とする制度とすることとされた。改正法成立時点では、制度移行時の企業負担を考慮して、当面は「労使協定により対象となる高年齢者に係る基準を定め、当該基準に基づく制度を導入したときは、継続雇用制度導入の措置を講じたものとみなす」とされていたが、2013（平成25）年度施行の法改正において、こうした継続雇用の対象者を労使協定で限定できるしくみは廃止されている。60歳代前半層の社員をいかに活用して処遇するかは、これからの人事管理にとって大きな課題である。

（4）早期退職優遇制度と転職・独立開業支援制度

　もう1つの退職は早期退職優遇制度による定年年齢前の早期退職であり、同制度に転職・独立開業支援制度を組み合わせて、高齢者のセカンドキャリアを支援する企業は多い。前掲の図表2-4-8を見ると、早期退職優遇制度を導入している企業は7％にとどまり、ましてや転職援助あ

っせん制度、独立開業支援制度になると1〜2％である。しかし、5,000
人以上の大企業を見ると、導入企業は早期退職優遇制度で半数を超え、
転職援助あっせん制度、独立開業支援制度でも4分の1から5分の1の
企業が導入している。高齢者の処遇問題に悩む大企業型の制度であるこ
とがわかる。

　早期退職優遇制度の特徴を理解するには、「誰を対象にする制度なの
か」「どのような優遇条件とするのか」を知る必要がある。まず「誰を対
象にする制度なのか」については、中高年者を主要な対象層とする制度
であり、図表2-4-11はその実態を示している。適用開始年齢を見ると、
「年齢条件なし」は例外的であり、40歳代後半以降の中高齢層が主な対象
層になっている。また大手企業ほど対象者の若年化が確実に進んでおり、
5,000人以上の企業では、40歳代の社員を適用開始年齢にする企業が半数
以上に達している。最後の「どのような優遇条件とするのか」について
は、退職金を優遇する方法がとられる。具体的には希望退職募集制度と
同様に、会社都合扱いの退職金を適用し、それに加えて退職金に特別割
増金を加算するという方法がとられている。

　なお、転職援助あっせん制度、独立開業支援制度では、情報提供、転
職先（あるいは、取引先）の紹介、資金的な援助、準備のための特別休
暇の付与などの方法がとられる。

図表2-4-11 ● 早期退職優遇制度の適用開始年齢（2003年）

（企業比率　％）

	制度あり の企業	40歳 未満	40〜 44歳	45〜 49歳	50〜 54歳	55歳 以上	年齢条件 なし
規模計	100.0	3.5	6.9	21.6	34.6	24.2	6.7
5,000人以上	100.0	7.6	21.6	36.2	30.3	3.8	0.5

出所：労働省「雇用管理調査」

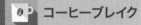

Column コーヒーブレイク

《レイオフと一時帰休の違い》

　レイオフが「一時帰休」と誤って訳されることがある。レイオフとは、業績が回復して新たに社員を雇用する際優先的に再雇用するという「再雇用契約付き解雇」である。一時的に休業した後に職場に復帰するという意味で一時帰休と似ているようだが、実はまったく違うものである。

　一時帰休が雇用契約が継続している休業であるのに対して、レイオフは「再雇用契約付きとはいえ解雇である。したがって、一時帰休の対象者は依然として元の会社の社員であるが、レイオフされた労働者は失業者になる。もう 1 つの違いは、「再雇用契約付き」であるので元の職場に戻ることが当然のように聞こえるが、再雇用される労働者はそれほど多くはないのが実情である。必ず会社に戻れる一時帰休とは、この点でも大きく異なっている。

第2章　理解度チェック

次の設問に、〇×で解答しなさい（解答・解説は後段参照）。

1 個々の労働者と締結する労働契約は、正社員と非正社員の社員区分を重視し、労働条件を決定することが重要である。

2 紹介予定派遣では、会社が派遣期間終了後に労働者を採用しない場合には、その理由を派遣元に通知する必要がある。

3 内定を通知していたとしても、まだ雇用契約を締結していないのであるから、企業は自由に内定を取り消すことができる。

4 日本型配置異動制度は、仕事に適正と能力のある社員を配置する傾向が強く、社員の適性・能力に合わせて仕事を付与する考えが弱い。

5 早期退職優遇制度とは、定年前の退職に対して退職金の上積み等の優遇条件を付け、早期退職を促す制度である。同制度に転職・独立開業支援制度を組み合わせ、中高年齢者のセカンドキャリアを支援する企業も増えている。

第2章　理解度チェック

解答・解説

1 ×
労働契約法第3条第2項で、労働契約は労働者および使用者が就業の実態に応じて、均衡を考慮し締結すべきとしている。正社員か非正社員かの区分でなく就業実態を踏まえ、決定すべきである。

2 ○
紹介予定派遣とは、労働者が派遣先企業で派遣社員として一定期間働き、派遣期間終了後に派遣社員と派遣先企業の意思に基づき、派遣元（派遣会社）が職業紹介を行う制度である。派遣先企業が採用を希望しない場合には、派遣元企業にその理由を通知することになっている。

3 ×
内定とは、解約権を留保した労働契約を締結すること、内定の取り消しとは解約権を行使することを意味するが、解約権の行使は「解約権の留保の趣旨に照らして、客観的に合理的と認められ、社会通念上相当である」と認められた場合に限られる。したがって、企業が自由に内定を取り消せるわけではない。

4 ×
日本型配置異動制度の利点として、第1に、柔軟かつ機動的な人材配分の調整が可能なこと、第2に、能力開発を目的として多様な職務を経験させる異動政策がとられるので、多様な人材を育成できる、ということがある。

5 ○
高齢者の処遇問題に悩む大企業型の制度であり、40歳代後半以降の中高年齢層が主な対象層となっている。また、大企業ほど若年化が進んでいる。

参考文献

今野浩一郎『正社員消滅時代の人事改革』日本経済新聞出版社、2012年

金井壽宏『リーダーシップ入門』日本経済新聞社、2005年

木谷宏『「人事管理論」再考－多様な人材が求める社会的報酬とは』生産性出版、2016年

小池和男『仕事の経済学〔第3版〕』東洋経済新報社、2005年

須田敏子『戦略人事論』日本経済新聞出版社、2010年

田尾雅夫『組織の心理学〔新版〕』有斐閣、1991年

高橋俊介『成果主義－どうすればそれが経営改革につながるのか』東洋経済新報社、1999年

「人事の日本型スタンダードを創る会」編『企業の実務家が考えた「新・日本型人事制度」のつくり方』経営書院、2003年

都留康・阿部正浩・久保克行『日本企業の人事改革－人事データによる成果主義の検証』東洋経済新報社、2005年

日本経団連出版『人事・労務用語辞典〔第7版〕』日本経団連出版、2011年

日本生産性本部ワークライフ部『社員の多様化をいかす人事管理の3つの戦略』日本生産性本部生産性労働情報センター、2013年

宮下清『組織内プロフェッショナル－新しい組織と人材のマネジメント』同友館、2001年

賃金・社会保険の概要

この章のねらい

　第3章では、賃金の原資を決める総額賃金管理（総額人件費管理）と、それを個人に配分するための賃金制度の管理を説明したうえで、賃金体系作成にあたっては賃金要素の組み合わせとなる長期給と短期給の視点、内部公平性と外部競争性の視点という2つの原則の重要性について説明する。

　そして、給与、賞与、退職金といった各賃金の機能や目的、そして具体的な取り扱いなど、賃金の基礎全般について概説する。

　また、退職給付制度については、退職一時金制度と確定給付企業年金、確定拠出年金等の各種企業年金の詳細に加え、退職給付制度と表裏一体となる退職給付会計の基礎について説明する。

　そして最後に、社会労働保険各法のポイントについて説明するが、これについては最新の法律を常に検証することが重要となる。

第 1 節 **賃金の基礎**

学習の**ポイント**

◆賃金管理を行ううえでは、現金給与以外の労働費用まで含めた総額人件費管理の視点を持つことが重要である。
◆賃金体系の作成にあたっては、長期給と短期給の合目的な設定、内部公平性と外部競争性という2つの原則に即した設定が求められる。
◆給与、賞与、退職金・年金の基本的事項の理解と、賃金計算事務を法令・社内規定に則って正確に行うことが重要である。

1 賃金の種類・内容

（1）総額人件費管理の必要性

　社員は労働の対価として、賃金にとどまらず賞与、退職金などの多様な形で経済的報酬を得る。それらは、社員から見ると生活を支える所得の源泉であり、企業から見ると、経営活動を支える労働費用というコストである。賃金というと現金給与に目が向きがちになるが、給与はその中の一部であり、企業にとってみると、競争力を高めるために賃金（つまり、労働費用）全体をどのように管理するかが問題なのであり、その管理が総額人件費管理である。

　賃金は後述するように多様な要素から構成されているが、個々の要素ごとに最適な管理を行っても賃金全体が最適になるとは限らない。これまでは、給与は春闘の賃上げ相場に合わせる、賞与はそのときの経営業績に合わせて決める、福利厚生は若年者の採用戦略等を考えて決めるな

ど、「労働費用の個々の要素を個々の事情に合わせて決める」という個別的な管理方式をとる企業が多かった。このような管理方式も、高度成長期のように順調に企業が成長し、支払い能力が拡大する時代であれば許されただろう。それは個々の要素について、個々の事情を考慮して費用（一般的には費用の増分）を決めても、それを十分に吸収できる企業の成長と支払い能力の拡大を実現できたからである。

　しかし、厳しい国際競争にさらされ、労働コストが厳しく問われる時代になると、「経営戦略に沿って労働費用を全体として管理する」という新たな方式が求められてくる。なぜならば、「労働費用がこの程度であるから、価格をこの程度にする」ということは許されず、「競争に勝つためには価格をこの程度に設定する。そのためには労働費用をこの程度にする」といった経営戦略に直結するアプローチが必要になるからである。このような管理方式が総額人件費管理と呼ばれ、個々の要素に対応する賃金管理や退職金管理などとは区別して用いられるようになってきている。

（2）労働費用の管理

① 労働費用の構成と決定のプロセス

　労働費用は現金で支払われる現金給与と現金給与以外の労働費用（付加給付とも呼ばれる）に分かれ、現金給与は労働費用の8割強を、現金給与以外は2割弱を占める。→図表3-1-1

　また現金給与は、毎月決まって支給される給与と賞与・期末手当に、さらに毎月の給与は、会社が決めた通常の勤務時間（所定労働時間と呼ばれる）に対応して支払われる所定内給与と、所定労働時間を超えた労働時間（いわゆる、残業時間）に対して支払われる所定外給与（時間外労働手当等）に分かれる。所定内給与は基本給と諸手当から構成され、その比率は基本給87％、諸手当が13％となる（厚生労働省「2018年就労条件総合調査」）。

　一方、現金給与以外の労働費用は、退職金、法定福利費、法定外福利費、その他費用（募集費・教育訓練費など）から構成されている。退職

図表３-１-１ ●労働費用の構成─規模30人以上（2016年）

年	労働費用	現金給与	現金給与以外の労働費用	退職給付等の費用	法定福利費	法定外福利費	その他
1985	361,901 100.0	306,080 84.6	55,820 15.4	14,119 3.9	27,740 7.7	10,022 2.8	3,939 1.1
1995	483,009 100.0	400,649 82.9	82,360 17.1	20,565 4.3	42,860 8.9	13,682 2.8	5,253 1.1
2005	462,329 100.0	374,591 81.0	87,738 19.0	27,517 6.0	46,456 10.0	9,555 2.1	4,210 0.9
2011	414,428 100.0	337,849 81.5	76,579 18.5	20,813 5.0	44,770 10.8	8,316 2.0	2,680 0.6
2016	415,165 100.0	334,319 80.5	80,846 19.5	18,331 4.4	48,507 11.7	7,438 1.8	6,569 1.6

注）図表中の上段は金額（単位：円）、下段は構成比率（単位：％）を示している。

出所：労働省「賃金労働時間制度等総合調査」（1995年度以前）、厚生労働省「就労条件総合調査」（2005年度以降）

金は退職一時金・企業年金の支払いと積み立てのための費用、法定福利費は法律で定められた社会保険（厚生年金保険、健康保険、雇用保険、労災保険等）の企業負担分の費用、法定外福利費は社宅などの企業独自の福利厚生のために負担している費用である。これらの中では特に退職金と法定福利費の費用が大きく、両者を合わせると労働費用の16％、現金給与以外の労働費用の８割強を占めている。

図表３-１-２にあるように、まず長期・短期の経営計画等に基づいて労働費用全体が決められ、それが現金給与のための原資と付加給付のための原資に配分される。

次にそれらの原資は、それぞれに対応して設定される報酬制度を介して個々の従業員に配分される。たとえば、現金給与のための原資は賃金制度を介して配分され、個人の賃金（個別賃金）が決定される。また、付加給付の原資の一部は退職金制度を介して配分され、個人の退職金が決定される。

図表3−1−2 ● 労働費用管理の全体像

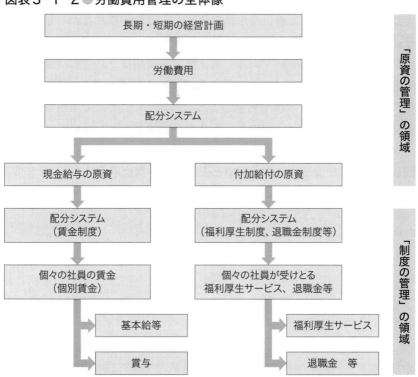

このように労働費用管理、さらには労働費用を構成する賃金などの各
要素の管理は、それに配分される原資をどのように決めるのかにかかわ
る「原資の管理」と、原資を個人に配分する報酬制度をいかに設計して
運用するのかにかかわる「制度の管理」の2つの分野から構成される。
労働費用管理を考えるには、この「原資の管理」と「制度の管理」を明
確に分けてとらえるという視点が重要である。

以下では、図表3−1−2に示した報酬決定のプロセスに沿って説明す
ることにするが、本項では主に報酬全体にかかわる点を扱い、賃金等の
報酬の個別要素については次項以降で扱う。

② 労働費用の決め方

　企業はまず、賃金や退職金などの個々の要素の前に、労働費用全体を支払い能力に見合った適正な水準に決定し、管理することから始める。そのための代表的な管理指標が労働分配率と売上高人件費比率（売上高に対する人件費の比率）である。適正な労働費用はそれぞれ〔付加価値×適正な労働分配率〕〔売上高×適正な売上高人件費比率〕によって決定されるが、「適正な」水準を見極めることは難しい。そこで市場の状況を参考にすることになり、図表３-１-３がその現状を示している。

図表３-１-３ ● 産業別労働分配率と売上高人件費比率の分布（2017年度）

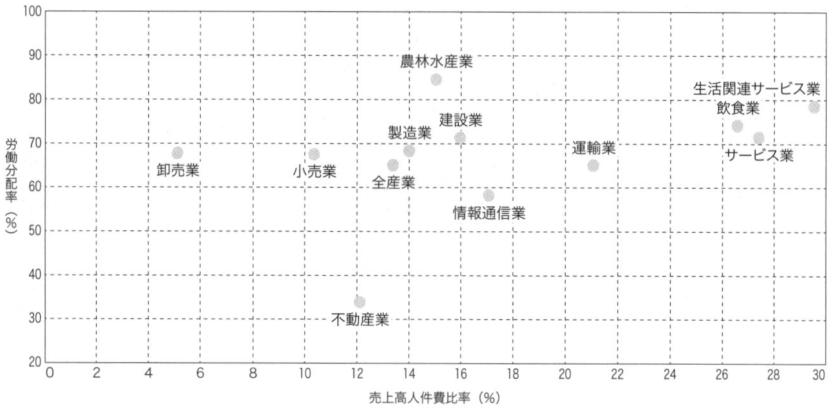

注）付加価値：財務省・加算方式で算出
　　労働分配率（％）：（人件費（役員報酬・賞与を除く）÷付加価値）×100で算出
出所：財務省『法人企業統計年報』　全産業：金融業・保険業を除く

　たとえば、2017（平成29）年度の実績で見ると、労働分配率66％、売上高人件費比率13％が日本企業全体の平均である。ただ、その水準は業種などによって多様である。全般的には売上高人件費比率と労働分配率は比例する関係にあるが、労働分配率が突出して高い産業は農林水産業、売上高人件費比率の高い産業は生活関連サービス業、サービス業、飲食業となっており、いずれも典型的な労働集約型の産業である。そうした中で卸売業が特異な位置にあり、売上高人件費比率が５％と著しく

低い水準であるにもかかわらず、労働分配率が68％と平均に近い水準にある。

　この２つの指標の中で、特に労働分配率の考え方が重要である。付加価値は経営活動が生み出した価値である。その中のある部分は賃金等の報酬の形で従業員に配分され、残る部分は株主に配分されるか、将来の投資のために企業内に留保される。また、社会貢献活動などによって社会へ還元される場合もある。この労働者に配分される部分が労働費用であり、付加価値に対する労働費用の割合が労働分配率になる。もし付加価値のすべてを労働費用に配分したとすると、企業は株主に対して配当ができないし、投資を行う資金を確保することもできなくなる。したがって、企業は長期の成長性と健全性を考えて、労働分配率を適正な水準に維持するように労働費用を決める必要があり、それが労働費用の「原資の管理」の役割である。

　しかし、こうした企業側の論理だけでは労働費用は決まらない。それは、優秀な従業員を確保して、労働意欲を維持するためには賃金等の市場相場を考慮せざるを得ないからであり、さらには政府によって決められる社会保険料等の社会的要因についても配慮しなければならないからである。賃金や退職金といった個々の報酬要素については市場相場をある程度把握できるが、社宅などの法定外福利厚生の水準は企業間の比較が難しいうえに、すべての要素を合わせた報酬全体を知ることのできる統計は十分に整備されていない。

　報酬の市場相場を把握するうえでは、こうした問題点があるものの、労働費用は企業性を中心にしながら社会性の要素を加味して総合的に決められる。そのため労働費用は、企業業績に合わせて短期に変動させることが難しく、どうしても固定費的な性格を持つことになるのである。

③　労働費用の自動拡大メカニズム

　企業は労働費用を適正水準に管理するために、賃上げ率を厳しくコントロールしてきた。しかし、賃上げ率が抑制できても、福利厚生費等のその他の労働費用が拡大したのでは意味がない。

　これまでの労働費用の内部構成の変化を見ると（→図表３-１-１）、第１に、「現金給与以外の労働費用」が1985（昭和60）年の15.4％から2016（平成28）年の19.5％へと確実に増加し、第２に、その増加が法定福利費の伸びによることがわかる。退職給付等の費用は、2005（平成17）年までは高い伸び率で推移したが、一転して2011（平成23）年、2016（平成28）年では大きく下落している。これは、2012（平成24）年の適格退職年金の廃止に備え同制度を廃止した企業や、確定拠出年金制度の導入など制度改定により費用の削減効果が生じたものと推定される。また、企業が現実に問題にする点は毎年の増加額であるが、労働費用は逆に1995（平成７）年から2011（平成23）年にかけて漸減しており、2016（平成28）年では若干の増加に転じたものの、その伸び率は鈍い状況にある。このことは、企業が総労働費用を抑制するため、積極的に非正社員の登用を進めてきたことが裏づけられる。

　しかし、現金給与総額の下落率に対して、現金給与以外の労働費用では、逆に法定福利費は確実に上昇している。ここで法定福利費は企業独自の判断では動かすことのできない、法令に規定された費用部分であることに注意してほしい。労働費用の拡大が難しい時代になると、企業にとって、「現金給与以外の労働費用」、特に法定福利費の負担増が深刻な問題になり、長期的な視点に立って解決する必要性が高まることになる。

（3）賃金管理の原則

① 賃金制度を設計する２つの段階

　賃金制度とは賃金原資を個人に配分するしくみのことであり、その制度の設計と実施が賃金制度の管理になる。賃金制度を設計するには２つのステップを踏む必要がある。

　第１は、賃金をどのような賃金要素の組み合わせにするのか、各賃金要素の重要度をどの程度に設定するのかについての「賃金の構成」を決める段階である。日本の賃金が基本給、手当、賞与・一時金等から、さらに基本給がいくつかの賃金要素から構成されていることからわかるよ

うに、一般的に賃金は複数の賃金要素から構成されている。賃金には多様な効果が期待されているが、１つの賃金要素でそのすべてに応えることは難しい。そのため賃金は、複数の賃金要素の集合体として設計される必要がある。

　第２は、このように決定された賃金要素ごとに決定基準（つまり、個人への配分ルール）を決める段階である。賃金を構成する賃金要素は、それぞれ異なる効果を期待して設計されているために固有の特性を持っている。したがって、特性の違いを考慮して、それぞれの賃金要素に合った決定基準を設定する必要がある。以下では、２つのステップについて詳細に説明する。

② 「賃金の構成」の決め方

　まず、「賃金の構成」の決め方について考えてみたい。賃金は企業が社員につけた一種の価格であるが、価格を決めるためは２つの基準が必要である。人事評価は社員の価格を決めるための評価のしくみであり、長期的な評価と短期的な評価の組み合わせが重要となる。それに対応して賃金にも、長期の価格としての安定的な賃金と短期の価格としての変動的な賃金の２つがあり、前者を「長期給」（一般的には基本給と呼ばれている）、後者を「短期給」（同じく業績給あるいはインセンティブ給）と呼ぶことにする。したがって、賃金の基本構成は以下のようになる。

賃金＝長期給＋短期給＝基本給＋業績給（インセンティブ給）

　賃金の構成を設計する際の重要な点は、この長期の賃金と短期の賃金をどのように組み合わせるかという点である。このことは、国や企業を超えて共通する制度設計上の考慮点である。長期給と短期給の具体的な決め方とそれに対応する賃金要素、さらに長期給と短期給の構成比率は企業や国によって大きく異なり、その決定は企業の人事戦略の反映でもある。なお、日本の一般的な賃金制度では、基本給と手当が代表的な長期給であり、企業や個人の成果によって変動する賞与・一時金が代表的な短期給に当たる。

③ 個別賃金を決める2つの原則

1）第1の原則—「内部公平性の原則」

　賃金制度を設計する際に問題になるもう1つの点は、賃金要素ごとの決定基準（配分ルール）である。短期給は一般的に成果に連動して決まるので、問題は長期給としての基本給であり、その決定基準には「内部公平性」と「外部競争性」の2つの原則がある。

　内部公平性の原則とは、企業にとって価値ある働きをしているかどうかによって従業員を序列化し、高く位置づけられた人には高い給与を払うという、社内における公平性を確保するための原則である。ここで重要な点は、内部公平性の基準が社員格付け基準に対応して決められること、したがって社員格付け基準と同様に、その基準には多様な選択肢がありうるということである。基準として「仕事の重要度」が採用されれば、より難しい仕事についている社員の賃金が高くなるし、職務遂行能力を基準にとれば、より高い能力を持つ社員により多くの賃金が払われることになる。

　このような観点から現実に採用されている長期給（基本給）について見ると、決め方には大きく3つのタイプがあり、それらは以下のような内部公平性の基準に対応している。なお日本では、仕事、能力、属人要素を総合的に勘案して決めている給与を総合決定給と称している。

　　職務給：職務の重要度・困難度・責任度などによって決まる「職務の価値」

　　職能給：職務遂行能力によって決まる「能力の価値」

　　属人給：年齢・学歴・勤続年数等の属人的要素で決まる「人材の価値」

　こうした基本給のタイプはそれぞれ利点と欠点を持っており、それを整理すると図表3-1-4になる。職務給と職能給を例にとると、前者は仕事に賃金がリンクしているので、組織が決まると個別賃金も賃金総額も決まるという意味で賃金管理が容易であるという利点がある。しかし、仕事が変わると個人の賃金が変わるために、環境変化に対する人員配置や組織編成の適応力が阻害される。また、同じ仕事であれば能力にかか

図表3-1-4 ●基本給タイプの特質

	仕事給		属人給
	職務給	職能給	
決め方	仕事関連要素に対応して決める方法		年齢・学歴・勤続年数等の属人的要素によって決める
	職務の重要度・困難度・責任度などによって決まる職務の価値に基づいて決める	職務遂行能力に基づいて決める	
職務との関係から見た特徴	同じ職務なら誰が行っても同じ賃金（同一職務・同一賃金）⇒上級職務に昇進しない限り昇給なし	職務内容にある程度対応、しかし職務に厳密に制約されない（能力から見た属人給）	賃金が労働の対価という性格が薄い
賃金管理面から見た利点	賃金管理が容易	(a) 職務内容が曖昧、配置が機動的・流動的であるという日本的管理方法に適合的 (b) 能力向上努力に応えるインセンティブ効果が大きい	職務内容が曖昧、配置が機動的・流動的であるという日本的管理方法に適合的
同欠点	(a) 仕事と配置の変化への適応力が小さい (b) 能力向上努力、労働意欲高揚へのインセンティブ効果が小さい	賃金管理が難しい	賃金管理が難しい

わらず同一賃金であるため、能力向上のインセンティブが小さいという欠点がある。それに対して職能給には、能力から見た社員の構成が変化すると賃金が変わるために賃金管理が難しいという欠点がある。一方で、賃金と仕事が厳密にはリンクしていないため、人員配置の柔軟性を実現しやすく、社員の能力向上意欲を高めるインセンティブ効果が大きいという利点を持っている。

2）第2の原則—「外部競争性の原則」

　こうした内部公平性の原則によって社員の賃金序列を決めても、その序列にいくらの金額を対応させるかは決まらない。この点を、職能給をベースにした基本給を例にして考えてみたい。まず、職務遂行能力によって3人の社員（A、B、C）の賃金序列を、A、B、Cの順で決めた

とする。次に、その序列に従って賃金額を決めなければならないが、その金額の決め方は、Aが3万円、Bが4万円、Cが5万円でもいいし、6万円、7万円、8万円でもいいというように無限に存在する。その中からある金額の組み合わせを選択することになるが、そのためには、何らかの基準が必要になる。

そこで必要になるのが、「給与は外部の市場の中で競争力を持った水準（言い換えれば、市場相場に対応できる水準）に設定される必要がある」という外部競争性の原則であり、この原則に基づいて実際の金額を決めることになる。そうなると、どのように市場相場が形成され、企業はそれをどのように確認するのか、ということが問題になる。

さらに、外部競争性を確保するための基準は、内部公平性の基準として何を選択するかに規定される。たとえば、仕事の重要度を長期給の内部公平性基準とすれば、仕事の重要度別に見た賃金の市場相場が外部競争性基準の指標になる。事実、職務給を採用してきたアメリカ企業は、賃金を決める際に他社の賃金水準を仕事別に調査している。また、内部公平性基準として年功をとれば、年齢あるいは勤続年数別の市場相場が外部競争性基準の指標になる。

（4）賃金体系作成にあたっての留意点

使用者が支払うべき賃金の体系等については法的規制が緩やかなため、その体系自体は原則として自由に定めることができる。しかし、賃金体系の作成にあたっては、法で定められた賃金に関する規定を遵守することが必要となる。ここでは、とりわけ重要となる法規制を例示するが、関係法令の動向には常に注意を払う必要がある。

① 労働基準法

1）均等待遇（第3条）

「使用者は、労働者の国籍、信条又は社会的身分を理由として、賃金、労働時間その他の労働条件について、差別的取扱いをしてはならない」。この規定は、賃金額の決定について平等の取り扱いを行うという相対的

な基準を示したものである。

２）男女同一賃金（第４条）

「使用者は、労働者が女子であることを理由として、賃金について、男子と差別的取扱いをしてはならない」。この規定は、均等待遇と同様に相対的な基準となる。また、この規定は憲法第14条のいわゆる法の下の平等の理念を労働法の分野において具体化したものであり、男女同一賃金の原則を定めたものである。

３）賃金支払いの５原則（第24条）

労働者に支払われるべき定期賃金について、使用者に通貨払い、直接払い、全額払い、毎月払い、一定期日払いの５原則を義務づけたものである。

ア　通貨払いの原則

賃金は通貨で支払うことを原則としているが、個別の労働者の同意を得た場合に、労使協定の締結、賃金支払計算書の交付等を条件として、銀行口座や証券総合口座への振り込みによる支払いを認めている。

この規程の趣旨は、物品で支払ういわゆる現物給与等を禁止することにある。

イ　直接払いの原則

賃金は、労働を提供したその労働者本人に対して直接支払わなければならない。労働者の親権者その他の法定代理人、労働者の委任を受けた任意代理人、賃金債権の譲受人等に支払うことは違法である。ただし、労働者の「使者」に支払うことは認められている。使者とは、たとえば労働者の妻子のように、社会通念上労働者本人に支払うのと同一の効果を生じるような者をいう。

ウ　全額払いの原則

使用者は労働者に対して、賃金はその全額を支払わなければならず、一部を控除して残額のみを支払うことは違法となる。ただし、欠勤や遅刻、早退等により労働の提供がなく賃金債権が発生しない場合、その分を減額することは全額払い違反とはならない。また、全額払いの

例外として次の2つの控除が挙げられる。

　i　法令による場合

　一部控除を認める法令としては、所得税法、地方税法、健康保険法、介護保険法、厚生年金保険法、労働保険の保険料の徴収等に関する法律等があるほか、労働基準法第91条の減給の制裁も、その範囲内であれば許容されると解される。

　ii　労使協定による場合

　賃金の一部控除に関し、過半数労働組合または労働者の過半数を代表する者との書面協定による場合は、労働組合費、社宅・寮の使用料、財形貯蓄の積立金等、事理明白なものについて協定で定められたところに従い、賃金の一部について控除が認められる。

エ　毎月払いの原則

　臨時に支払われる賃金、賞与・一時金、労働基準法施行規則で定める精勤手当等の賃金などの例外を除き、使用者は、毎月1日から月末までの間に少なくとも1回、賃金を支払わなければならない。この規定は、毎暦月ごとに1回以上の賃金の支払いを義務づけているもので、たとえば年俸制であっても、それを労使間の合意や就業規則によって定めた方法で各月に分割して支払わなければならない。また、賃金の締切日や計算期間、支払日に関する法規制はないため、たとえばある月の労働分を翌月に支払うことは認められるが、賃金締切日と支払日との間が著しく長い期間となることは、労働者の生活を不当に害することになるため認められないと解される。

オ　一定期日払いの原則

　使用者は、周期的に到来する特定の期日に賃金を支払わなければならない。この一定期日をいつにするかは法的規制がないため、労使間において自由に定めることができる。たとえば月給制であれば25日や末日と定めることはできるが、毎月第3金曜日といった決め方は一定期日とは認められない。なお、毎月払いの原則で例外となる賃金は、一定期日払いにおいても例外として取り扱われる。

② 最低賃金法

使用者は、使用するすべての労働者に対して、その最低賃金額以上の賃金を支払わなければならない。この場合、最低賃金法第7条に定める精神・身体に障害のある者、試用期間中の者、認定職業訓練を受ける者、軽易な業務に従事する者で、いずれも都道府県労働局長の許可を受けた者については、最低賃金額を一定の割合で減額できる。

最低賃金は時間によって定められ、労働者が地域別最低賃金、特定（産業別）最低賃金など2つ以上の最低賃金の対象となる場合は、いずれか高いほうの最低賃金が適用される。

③ 同一労働同一賃金

同一企業内において、正規雇用労働者と非正規雇用労働者との間で、基本給や賞与などの個々の待遇ごとに、不合理な待遇差を設けることを禁止する目的で、これまでのパートタイム労働法の対象者に有期雇用労働者を加えた「短時間労働者及び有期雇用労働者の雇用管理の改善等に関する法律」（いわゆる「パートタイム・有期雇用労働法」）が施行されることとなり、大企業には2020（令和2）年4月1日、中小企業には2021（令和3）年4月1日よりそれぞれ適用される。

使用者には、均衡待遇や均等待遇に関する規定の整備のほか、労働者に対する待遇に関する説明義務の強化など新たな対応を行うことが求められるほか、同一労働同一賃金の対象には派遣労働者も含まれることとなるため、派遣元事業主に対しても、派遣先の通常の労働者との均等・均衡待遇の確保の観点から、派遣労働者の待遇確保のための対策措置が義務づけられる。

具体的には、改正されたパートタイム・有期雇用労働法に、「事業主は、通常の労働者との均衡を考慮しつつ、その雇用する短時間・有期雇用労働者の職務の内容、職務の成果、意欲、能力又は経験その他の就業の実態に関する事項を勘案し、その賃金を決定するように努めるものとする」（第10条）との規定が新設された。また、改正された労働者派遣法にも、「派遣元事業主は、派遣先の雇用される通常の労働者との均衡を考慮しつ

つ、その雇用する派遣労働者の職務の成果、意欲、能力又は経験その他の就業の実態に関する事項を勘案し、その賃金を決定するように努めなければならない」（第30条の５）との同様の規定が新設された。

2 給与の基礎

（1）賃金の構成

賃金の構成については、所定内給与、所定外給与、賞与・一時金の要素から、また所定内給与は基本給と手当から構成されおり、所定内給与（基本給と手当）が長期給、賞与・一時金が短期給に対応する。

これらの賃金要素の中で賃金制度を設計するうえで問題になるのは、法律によって算定基準が規定されている所定外給与を除く諸要素である。なかでも基本給は、①賃金の中で最も大きな比率を占める要素であること、②社員の生活の基礎になる最も安定的な賃金部分であること、③社員に対する企業の評価・格付け（つまり、社内的な序列）の金銭的指標であること、④賞与、退職金、手当等の算定基礎になっていること、といった理由から見て最も重要な賃金要素である。

（2）月例賃金制度の運用

① 所定内給与の決め方

１）職能基準の基本給

ア 基本給の構成と決め方

まず長期給の中心をなす基本給の決め方について見てみたい。わが国の基本給は管理職層では職務給・役割給を導入する企業が増加してきたものの、一般職層では職能資格制度をベースに〔基本給＝生活給（年齢給、勤続給と呼ばれることもある）＋職能給〕の２階建ての構成としている企業が多い。属人給の一形態である生活給は文字どおり生計費を重視した給与であり、社員のライフステージを表現する年齢（あるいは、勤続年数）に対応して決められる。その上に積み上げられる

図表3-1-5 ● 基本給と昇給の構造

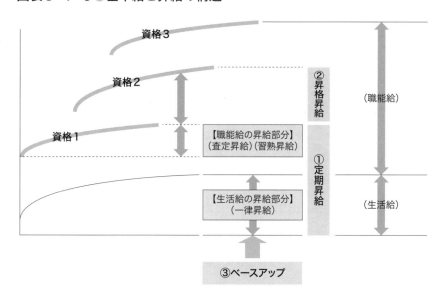

　職能給は職能資格制度に対応する給与で、一般的には、同一資格に対応する賃金に幅をもたせるレンジ・レート型（範囲給とも呼ばれる）の形態をとる。それをモデル的に図示すると図表3-1-5になる。

　そうなると日本の基本給は、能力と生計費（あるいは、年齢・勤続）という2つの内部公平性基準よって決定されることになるが、社員序列に基づく職能給が基本給の最も重要な要素であることを踏まえると、能力を内部公平性基準の基本に置いているといえるだろう。

イ　昇給のしくみ─定期昇給とベースアップ

　以上の賃金制度のもとで、個人の基本給は次のように決まる。まず、入社すると初任給が決まる。2年目に入ると昇給するが、この昇給額には定期昇給（定昇）分とベースアップ（ベア）分の2つが含まれる。この2つを区別していない会社も多いが、定昇は賃金制度に基づき制度的に保障されている昇給を、ベアは賃金制度における賃金表の改定に基づく昇給を指す。

図表3-1-6 ● 定期昇給とベースアップ

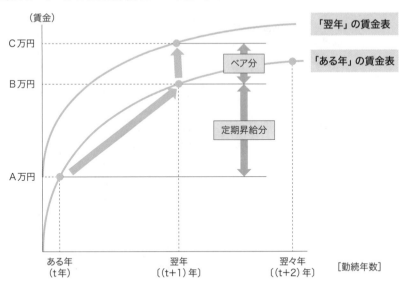

ここで図表3-1-6を見てほしい。ある社員の「ある年」（勤続 t 年）の賃金はＡ万円で、「翌年」以降の賃金は「ある年」の賃金表に沿って増えていくとする。そうすると、この賃金表に基づき「翌年」（勤続 t ＋ 1 年）にはＢ万円になり、Ａ万円からＢ万円への昇給が賃金制度に基づく定期昇給ということになる。さらに、「翌年」には賃金表の改定があり、同一条件（つまり、勤続 t ＋ 1 年の社員）の賃金が「ある年」ではＢ万円であったが、「翌年」にはＣ万円に増えたとする。このＢ万円からＣ万円への増加分がベースアップ分に当たる。以上の定期昇給とベースアップの2つの増加によって、社員の賃金は「その年」のＡ万円から「翌年」のＣ万円へと昇給している。

この点を現実の賃金制度に沿って説明すると次のようになる。前述したように基本給は職能給と生活給から構成され、それを示した前掲の図表3-1-5をもう一度見てほしい。それによると、毎年定期的に昇給する定昇は2つの部分から構成されている。第1は、年齢ととも

に自動的かつ一律に上がる生活給の昇給部分（同図表中の「生活給の昇給部分」に当たる）であり、第2は、同一資格内での職能給の昇給部分（同じく「職能給の昇給部分」）である。後者の職能給の昇給は、同じ資格内での習熟による能力向上に対応する習熟昇給と呼ばれる昇給であり、人事評価によって格差が設けられている。したがって、定昇は生活給の一律部分と職能給の査定部分から構成されることになる。さらに、職能給は同一資格にとどまる限り昇給に上限があるように設計されているので、社員が連続的に昇給を続けていくためには、上位の資格に昇格して昇給すること（昇格昇給と呼ばれている）が不可欠になる。

このようにして昇給しても、もしも物価が上がると賃金の実質額が目減りするので、会社は実質額を保障するために賃金水準を全体的に引き上げるかもしれない。また、優秀な人材を確保したい、社員の生活を改善したい等々の理由から、社員全体の賃金水準を引き上げるかもしれない。これが、年齢給あるいは職能給の水準を全体として底上げすることによって起こる昇給、つまり賃金表を変えることによって起こる昇給（ベア）である。

このようにして初任給に毎年の〔定昇＋ベア〕を積み上げ、それに昇格時の昇格昇給を加えることによって、個人の長期間の給与が決まることになる。これが個別賃金を決める基本的なしくみである。

ウ　昇給と賃金原資の関係

それでは、以上の昇給と賃金原資との間にはどのような関係があるのか。春闘の賃上げ率は平均賃金の伸び率を示しているので、労務構成（従業員の年齢や人数など）に変化がなければ定昇は原資に影響を与えず、ベアのみが原資の増加分を決める。しかし現実には、高齢化・高学歴化が進む中で「労務構成に変化がなければ」という条件を想定することは難しく、一般的には原資の増加部分は、定昇による増加部分とベアによる増加部分から構成されることになる。

この点は、図表3-1-7に示してある簡単な計算例を見るとわかり

図表3-1-7 ●定期昇給と賃金原資

(例1) 定期昇給が賃金総額増にならない事例
[会社A～社員6人、定昇1万円、4年目＝定年]

		勤続1年目	勤続2年目	勤続3年目	賃金総額
		賃金1万円	2万円	3万円	
今年	社員	A1、A2	A3、A4	翌年退職者 A5、A6	12万円
	人件費	2万円	4万円	6万円	
翌年	社員	新規採用者 B1、B2	A1、A2	A3、A4	12万円
	人件費	2万円	4万円	6万円	

(例2) 定期昇給が賃金総額増につながる事例
[会社A～社員6人、定昇1万円、4年目＝定年]（高齢化が進む企業の事例）

		勤続1年目	勤続2年目	勤続3年目	賃金総額
		賃金1万円	2万円	3万円	
今年	社員	A1	A2、A3 A4、A5	A6	12万円
	人件費	1万円	8万円	3万円	
翌年	社員	B1	A1	A2、A3 A4、A5	15万円
	人件費	1万円	2万円	12万円	

やすい。ここでは、賃金が勤続年数によって決まる賃金制度が採用されていること、勤続3年が終わると定年退職すること、定年退職者が出たら同数が新たに採用されることが仮定されている。

　各勤続年数に対応する社員数が同数である例1について見ると、「今年」の賃金総額は12万円である。「翌年」になると、2人（A5とA6）が退職し、それに代わって2人（B1とB2）が新たに採用される。しかし、勤続年数から見た労務構成に変化がないので、「今年」の在職者（A1、A2、A3、A4）全員が定期昇給しているにもかかわらず、「翌年」の賃金総額は「今年」と同額の12万円になる。この退職する2人（A5とA6）と採用した2人（B1とB2）の賃金の差額を内転

原資（または、循環財源）という。そして、この内転原資の範囲内で「今年」の在職者（A1、A2、A3、A4）の昇給原資が賄われる形となる。つまりこの計算例は、労務構成に変化がなければ、定期昇給による賃金原資に変化はなく、その増加はもっぱらベアに依存することを示している。

しかし、例2では状況が異なる。「今年」の賃金総額は12万円である。「翌年」になると、A6が定年退職してB1が新たに採用されるので社員数に変化はないが、労務構成は長期勤続者が増加する方向で変化している。そのため、賃金総額は「今年」の12万円から15万円に増加する。したがって例2の場合には、定期昇給とベアの両者の影響を受けて賃金原資が増加することになり、高齢化・高学歴化が進む中では、例2のような現象が広く起きているのである。

2）職務・役割基準の基本給

ア 基本給の構成と決め方

基本給を職務・役割基準によって決定する企業が増加している。特に管理職層においては、大企業を中心に導入率は高く、一部には一般社員層にも適用するケースが見られる。職務・役割基準の基本賃金は職務給や役割給と呼ばれ、職能給と同様に同一資格に対応する賃金に幅をもたせるレンジ・レート型の形態をとるのが一般的である。職務・役割基準で基本給を決定する場合は、社内における職務価値や役割の大きさによって格付けがなされることから、職責を内部公平性基準の基本に置いているといえるだろう。

イ 昇降給のしくみ

職能資格制度では、能力の劣化を認定するのが困難なため、職能給に降給メカニズムを組み込む例は稀有であるが、職務・役割を基軸とした格付け制度においては、職務価値や役割の縮小に伴うディモーション（降格・降級）がそのまま給与ダウンにつながる。また、同一等級であっても、行動評価や業績評価といった人事評価の結果に応じて降給させるしくみを組み込んでいる例も見られる。図表3-1-8は、

図表3-1-8●レンジ・レート型賃金の昇降給の例

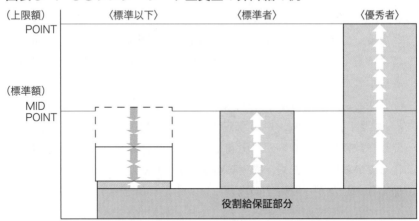

同一等級内で人事評価が標準または標準以下の場合は、役割給はミッドポイントと呼ばれる標準給与を超えて昇給できず、標準以下の場合は降給もありうることを示している。

ミッドポイントを超え、範囲給の上限まで昇給を続けるためには、人事評価で標準を超える優秀な成績を上げ続けなければならない。まさに成果主義賃金の一例であるが、人事評価の結果が企業業績と正比例の関係にあれば、賃金原資の増加分を企業の成長に伴う支払い能力の拡大で賄うことができる。

一方、等級のディモーション（降格）は賃金のダウンに直結するため、等級間の賃金レンジを重複型にし降給幅を抑えたり、等級数の削減と等級当たりの賃金レンジを広くとるブロード・バンディング型を採用するなど、降給に伴うモチベーションの悪化を最小限に止めるための工夫は必要であろう。

3）手当

手当とは基本給では対応できない、従業員の生活ニーズに応えるための賃金要素（生活関連手当）、あるいは労働の特殊性に応えるための賃金要素（職務関連手当）としてつくられた賃金である。

図表3-1-9●諸手当の支給企業比率（2014年11月分）

（単位：%）

手当の種類		支給企業比率		
		2004年	2009年	2015年
職務関連手当	業績手当	18.3	15.0	16.2
	役付手当	81.6	82.2	85.8
	特殊作業手当	13.9	10.3	9.9
	特殊勤務手当	23.7	20.1	19.9
	技能手当	48.8	46.9	45.2
	精皆勤手当	37.3	34.1	31.0
生活関連手当	通勤手当	89.4	91.6	90.3
	家族手当	69.6	65.9	64.1
	地域手当	13.8	12.7	13.1
	住宅手当	43.8	41.2	40.7
	単身赴任手当	18.5	15.8	16.1
	その他生活手当	19.2	15.5	17.2
調整手当		26.7	29.7	30.0
その他の手当		13.5	9.1	10.0

出所：厚生労働省「就労条件総合調査」（2015年調査）

　図表3-1-9は、手当の種類と採用企業の構成を示している。これを見ると通勤手当、家族手当、住宅手当が生活関連手当の、役付手当、技能手当、精皆勤手当が職務関連手当の代表であるが、多くの手当の導入割合は低下傾向にある。自社における各手当の意義や必要性を再検討し、人事制度の基本方針を再確認したうえで慣例的に残った手当は廃止し、必要な手当に集約していくことも、賃金管理全般を整合的に運営していくためのポイントとなる。

② 外部競争性基準とモデル賃金

　以上のように決定される長期給、特に内部公平性を基準としている基本給は、どのような指標を外部競争性基準として用いるのか。この点でまず問題になることは、わが国に賃金の市場相場があるのか、あるいは、

企業内の賃金決定システムの特質から見て市場相場が必要なのかという点である。

　わが国には、欧米諸国と異なり労働市場の中で形成される賃金の市場相場はない。それは、終身雇用制度のもとで労働市場の内部化が高度に進み、それを前提に能力等の社内的な基準で労働者の価値を評価して賃金を決めてきたからである。賃金の市場相場があるとすれば、春闘で決定されてきた賃上げ率であるが、これは前述したように社員の平均賃金の上げ幅（つまり、総原資の増加額）を決める相場であり、その総原資を個々の社員にどのように配分するかは社内的な事情によって決定されている。こうした日本の賃金決定システムの特質を考えると、社員の賃金を決定するにあたっては市場相場を重視する必要はなく、そこに市場の要素が入り込む余地は小さい、との帰結に至る。

　しかし、社内的な事情のみで決定された賃金は安定性を欠くため、安定的な賃金決定システムをつくり上げるには市場相場の存在が不可欠である。労働者は自分の賃金が適正な水準であるのかを気にするものであり、比較対象と考えている他社とあまりに異なれば不満に感じるのは当然のことである。また企業側も、従業員の確保と労働意欲の維持・向上を考えれば、自社の賃金水準が比較対象とすべき他社に比べて納得感を得られるものであるかが気になるはずである。

　労働者と企業がそうした思いを持つ以上は、どのような賃金制度であっても市場相場は必要であり、わが国でも何らかの情報共有は行われている。多くの企業が一般社員の格付けに職能資格制度を採用していること、社員を同制度のもとで10段階前後に区分していること、一方、管理職に対しては、職能資格制度や職務・役割等級制度といった格付け制度の枠を超えて、ほぼ等しい格付け段階を対応させていること等を考えると、社員格付け制度は、企業を超えてかなりの程度で標準化されているといえよう。社員格付け制度は賃金序列を決める基本的な枠組みであるので、それが標準化されているということは、賃金の市場相場が形成される基本的な条件ができていることを示している。

　標準化された社員格付け制度のもとで、賃金は次のような手順で決定されている。ある会社では、標準的な大卒社員は30歳に職能資格制度の5級に昇級するものとしよう。この会社は賃金統計を見て30歳の標準的な大卒者の賃金を確認し、それを基準にして、当該社員の賃金と5級に対応する賃金を決める。こうした賃金決定プロセスが長い間に何度も繰り返されることによって、企業内賃金に適合的な市場相場と市場相場に適合的な企業内賃金が相互に形成されてきたのである。

　だからこそ、多くの企業が賃金を決めるにあたって、年齢・学歴・勤続年数別の賃金統計、特にモデル賃金統計を活用してきたのである。さらに最近では、図表3-1-10に示した職能資格別の賃金統計が出てきており、各資格ランクの相場を直接把握することができる。

　このように見てくると、いつの時代であっても賃金の市場相場は必要であり、相場形成のしくみは企業の賃金制度に適合的な形態である。つまり、年功賃金であれば年功的な要素（年齢・学歴・勤続年数など）を

図表3-1-10 ● 等級区分別の月例賃金額（2011年度）

（単位：千円）

等級区分		最低額	平均額	最高額
等級	共通定義			
10	部長相当	498.8	547.9	615.2
9	次長相当	439.5	478.3	522.7
8	課長相当	370.0	421.9	480.7
7	係長・主任相当Ⅰ	288.6	336.5	394.4
6	係長・主任相当Ⅱ	254.0	295.4	350.7
5	一般職Ⅰ	208.1	254.2	324.4
4	一般職Ⅱ	193.2	228.0	280.1
3	一般職Ⅲ（大学初任）	186.9	206.2	236.1

注1）金額は回答企業の時間外手当を除く月例賃金。
　2）図表中の最低額、平均額、最高額は、回答企業の実在者のおのおのの平均値を単純集計した。

出所：日本生産性本部「2011年度能力・仕事別賃金実態調査」

もって市場相場が形成されるし、決定要素が他の要素に変化すれば、それに合わせた市場相場が形成される。これから賃金が仕事や役割をベースにして決まる方向で変化すると、それに適合する仕事（あるいは、役割）ベースの市場相場が必要になるのである。

③　賃金改定結果の検証

1）定期賃金改定

　賃金表が設定されて運用が始まると、所定のルールに従って賃金改定が通常年1回行われることになる。定期昇給（賃金の据え置きや降給が制度に組み込まれている企業にあっては、単に昇給、あるいは昇降給と呼ぶ場合もある）と、社員格付け制度上の昇格（降格もある）といった昇給（降給）ファクターごとに改定結果を集計し分析を行うことは、自社の賃金制度が有する特性を把握するためにも重要なステップとなる。

　図表3-1-11は、賃金改定において1等級から2等級に昇格した際の昇給ファクターを分解した事例である。定期賃金改定においてはまず次の2つの要素を集計する。

　ア　定期昇給

　　A→Bの昇給が定期昇給となる。このケースでは1等級から2等級への昇格が同時に行われているが、まずは昇格前の1等級において、人事評価等に応じた同一等級内の定期昇給額がいくらであったかを把

図表3-1-11●昇級ファクターの要素別概念図

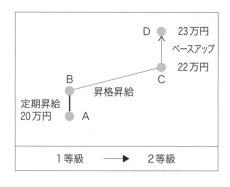

D　23万円
ベースアップ
22万円
B
昇格昇給
C
定期昇給
20万円　A

1等級　━━▶　2等級

1. この企業は、社員を1等級～8等級の8段階に区分した職能資格制度を採用しており、1等級が初任格付けとなる。
2. 等級間の賃金レンジは開差型である。
3. 同一等級内で上限まで定期昇給が累積する。

握する。

イ　昇格昇給

　B→Cの昇給が昇格昇給となる。なお、A→Cの昇給プロセスは、まずA→Bの定期昇給、次にB→Cの昇格昇給となるが、実際には両者は一体的に行われる。

　この集計を全社員について行うことで、自社の定期昇給率は全体としてどの程度か、職群別・資格等級別・年齢層別・男女別についてはどうか、同業他社と比較して高いのか低いのか、といった傾向を把握する必要がある。昇格昇給率についても同様である。そして、総昇給額が内転原資（循環財源）の範囲内に収まっているのか、本年度は超過したが来年度は定年退職者が多く出現するため、2年間で見れば均衡がとれそうだ、といった見通しや予算との対比も確認し、自社の賃金制度を健全に運用していくためのメルクマールとして活用することが求められる。

2）ベースアップ、賃金改善

　賃金表全体の書き換え作業となるベースアップや、外部競争力の弱い特定階層の賃金の底上げを企図した賃金改善は、多くの場合、定期賃金改定と同時に行われることが多い。図表3-1-11ではC→Dの昇給額がベースアップ（賃金改善）分となる。

　ベースアップや賃金改善を実施した場合も、定期昇給や昇格昇給と同様の分析・集計を行い増分総額を検証するほか、社会保険料事業主負担分や賞与、退職金への波及も含めた総額人件費への影響を算定しておく必要がある。

3　賞与の基礎

（1）賞与・一時金の機能

　短期給にあたる賞与・一時金は、賃金管理の面から見ると基本給にない次の機能を持っている。第1に、成果配分・利益配分としての性格か

ら経営業績に合わせて全社あるいは部門別の原資を決定できること、第2に、個人に対する短期的な報酬という性格から、業績に沿った個人別配分ができることである。以上の2つは、経営の成果や個人の業績に合わせて賃金を弾力的に決定するという「賃金の変動費化」機能、つまり短期給としての機能が賞与・一時金に期待されていることを示している。第3に、総労働費用の節約効果もある。基本給を上げると、基本給を算定基礎とする所定外給与、退職金等が上がって労働費用が膨らむが、賞与・一時金を上げる限り波及効果は小さくて済むからである。

以上が賃金管理から見た賞与・一時金の機能であるが、特に労働組合の一部には「毎月支払うはずの賃金を、賞与・一時金としてまとめて払っているにすぎない」という意味で、賞与・一時金は賃金の別払いであるという主張も見られる。社員が賞与・一時金を生活に必要な所得として組み込んでいる現実を見ると、この考え方にも説得力がある。

（2）賞与管理の基本

① 賞与管理の目的

賞与管理の目的は賃金原資管理と、労働意欲の向上である。

1）賃金原資管理面の機能

月例給与は長期給（固定給）であるのに対して、賞与は短期給（変動給）であり、会社業績に基づいて原資を決めることができるため、人件費を変動費化でき、利益の安定性を高めることができる。このことは企業にとって好都合であるだけでなく、この賃金原資の変動費化機能によって企業業績が不振なときでも雇用調整をしないで済むため、従業員にとっても雇用維持機能を享受することができる。また、月例給与は所定外給与や法定福利費、企業によっては退職金にも連動しているため、月例給与を高めると人件費が下方硬直性を伴いながら増大することになるが、賞与の持つ業績連動機能によって、それを回避することができる。

2）従業員の労働意欲の向上

企業業績がよければ賞与が増え、悪ければ減るということをはっきり

させることで、企業業績向上に対する従業員の労働意欲を高めることができる。また、企業業績だけでなく、個人の業績貢献度による配分格差をつけることでみずからの職責を果たし、貢献度を高めようとする意識が働く。

② 制度設計・運用の基本的な考え方

賃金管理の原則である、「内部公平性と外部競争性を重視する」「賃金制度は社員格付け制度の考え方に従う」「コスト・パフォーマンスを最適化する総額賃金管理を行う」は賞与についても同様であり、さらに「事業業績と連動させる」という点が挙げられる。

1）内部公平性と外部競争性を重視する

賞与は成果配分としての性格を持つので、月例給与よりも成果に対する内部公平性が強く求められる。

外部競争性については、賞与のみを取り上げて論じることにはあまり意味がない。賞与水準は世間相場よりも自社の業績によって決定すべきものであるため、月例給与ほどに外部競争性を意識する必要はないが、世間相場や同業他社に比べてある程度遜色のない水準を支給する必要があるだろう。

2）社員格付け制度の考え方に従う

個人の賞与額を公平に決めるためには算定式が必要であり、〔賞与額＝算定基礎額×評価〕と表すことができる。評価は成果を重視した係数を用いるが、算定基礎額は基本的には社員格付けの考え方に従うべきである。社員格付けが年功的であるのか、能力によるのか、職務や役割に基づくものかによって、算定基礎額もその考え方に従うのが基本である。基本給の高さが社員格付けによって決まり、賞与が基本給をベースに算定されるのであれば、賞与も社員格付けの考え方を反映することになる。基本給と切り離した算定式の場合も、基本的には社員格付けを反映させるべきである。

実際に多く見られるのは、年功的になってしまった賃金を能力主義や成果主義的なものに変えるべく、賞与を能力主義・成果主義の考え方に改訂するというケースである。この場合は、賞与算定を基本給と切り離

し、能力や成果を最も端的に表す指標（等級、役職、人事評価など）を使って算定式を決めることになる。

3）コスト・パフォーマンスを最適化する総額賃金管理を行う

賞与原資には、短期的なコスト・パフォーマンスを最適化する機能を持たせる必要がある。そのためには、会社業績に応じた賞与原資の弾力性が不可欠である。企業は付加価値の高い製品・サービスを提供するために、人に対する長期的な投資を行い、一方で、従来よりも大きな市場リスクに対応しなければならない。総額賃金の変動費化は重要なテーマであり、それに対応する賞与の機能を高める必要がある。

4）事業業績と連動させる

企業業績に応じて賞与原資を決定し、個人の成果に応じて配分することを基本とした場合、企業業績→部門業績→チーム業績→個人業績という連鎖を持つことになる。つまり、企業業績を向上させるための部門業績目標を設定し、さらに部門業績を向上させるためのチーム目標を設定し、チーム目標を達成するように個人目標を設定する。これらの一連の取り組み結果を賞与に反映することで、業績達成の効率を高めるとともに、従業員の業績向上へのインセンティブを高めることが必要である。

③ 賞与管理の課題

賞与に関する今日的な課題としては次のような点が挙げられる。賞与制度の設計に際してはこうした一般的な課題を踏まえ、自社なりの課題を明らかにして、それを解決できるようなしくみにする必要がある。

1）賞与原資と企業業績との連動強化

先に述べたとおり、賞与は各社の会計年度ごとの業績に応じて原資を決定すべきものであろうが、現実的には企業が危機的な状況に陥らない限りは最低限の賞与月数は支払われ、一方で、企業業績が非常によいときでも一定の上限が設けられている。これは、長年の企業と労働組合との交渉過程において形成された結果であり、また、生活者としての従業員は賞与を見込んでローンを組むといった生活習慣が一般化しているためである。こうした硬直的な状況を打開するために、一定のルールによ

って企業業績指標から直接的に賞与原資を算定する方式（業績連動型賞与制度）を導入する企業が増えてきた。ルールを一定化することで賞与原資を変動費化できる、そのつど賞与交渉をする労使双方のコストを節約できる、最低額を保障することで従業員に安心感を与えられる、ルールが明確になることで会社の業績向上に向けた従業員の労働意欲を引き出すことができる、などのメリットが考えられる。

2）部門業績・チーム業績の反映

　会社業績によって決まった賞与原資をさらに部門業績によって傾斜配分するケースや、会社業績ではなく部門業績によって賞与原資を決めるケース、あるいはその両方で決めるケースなど組織単位の業績によって1人当たりの配分額を変えるケースもある。これは、1つには厳しい市場競争を生き抜いていくために組織単位の損益管理責任を明確にしようとするものであり、もう1つはできるだけ従業員にとって身近な業績を賞与に反映することで従業員の業績に対する関心を高めようとするものである。前者は基本的には全社共通の利益指標と賞与をリンクさせるが、後者は利益に限らず生産性など各部門における管理会計上の重要な指標を用いる。また、部門という大きな組織単位ではなく、チームといった従業員にとって最も身近な組織単位の業績を賞与に反映するケースもある。これは、チームとして活動しているために個人単位の業績目標が設定しにくい製造ラインなどの職場で行われる場合や、個人としての目標と合わせてチーム全体の目標達成に個人の意識を向けようというねらいから実施しているものである。

3）個人の評価と配分

　1990年代以降、個人の業績を賞与などの処遇に強く反映するしくみへの改定が進んだ。個人の成果によって限られた賃金原資をメリハリをつけて配分することで、優秀な人材の確保と従業員の成果に対する意識を喚起することがねらいである。そのために、多くの企業が目標管理によって個人の成果を測定しているが、個人の成果を適切かつ公平に評価できるような目標設定は容易ではない。多くの従業員は、成果によって賞

与の配分にメリハリをつけることには肯定的であるが、評価の信頼性に不安を持っている。賞与制度の重要な目的の1つである「従業員の労働意欲の向上」を実現するためには、賞与制度のみを改善するにとどまらず、人事評価制度の改善や評価者のスキル向上といった複合的な取り組みが不可欠なのである。

4　退職金の基礎

（1）退職金の意義と目的

① 退職給付は何に対する報酬か

退職（雇用契約の終了）を契機に、あらかじめ定められた就業規則、労働協約などにより社員に支払われる報酬が退職給付（退職手当と呼ばれることもある）であり、これまでは退職時に一時金として支給される退職一時金（いわゆる、退職金）が中心であった。それでは退職給付は、基本給やボーナス等の現金で支給する多様な報酬がある中で、人事管理にとってどのような特性を持つ報酬であるのか。それは「何に対する報酬なのか」と「どのような効果を期待する報酬なのか」の2つの面からとらえることができる。

まず前者については、退職給付は、退職する社員に対して「これまで一生懸命に働いてくれてありがとう」といって会社が恩恵的に支給する功労報奨金であるとする功労報奨金説と、賃金の一部を積み立てて退職時に一括して受け取る、つまり社員が権利として当然受け取れる給与の一形態であるとする賃金後払い説の2つの考え方がある。労働判例の中で、「懲戒事由で退職金の全部あるいは一部を不支給にすることができると就業規則に明記することは有効である」としている根拠は功労報奨金説にあり、もし賃金後払い説をとれば、懲戒事由による不支給は許されないことになろう。

どちらかというと経営側は功労報奨金説を、組合側は賃金後払い説を支持してきたが、後者の賃金後払い説が実質的に主流になりつつある。

それにはいくつかの理由がある。第1には、退職金の支給額の決め方が
あらかじめ制度化されており、会社が恩恵的という意味で短期的に自由
に支給額を決定できる状況にはない。第2に、退職給付の会計原則によ
って、企業は退職給付制度に基づき支払わねばならないであろう退職金
の原資を積み立てておく責任が課せられている。さらに、パナソニックが
先陣を切り、退職給付にかかる費用を給与の一部として毎月支払う「退
職金の前払い制度」を導入し、同制度が大手企業を中心に一定程度普及
したという事実は、経営側も賃金後払い説の考え方に立つことを示して
いるといえよう。

　図表3-1-12はこの賃金後払い説を理論的に整理したものである。若
いうちは会社に対する貢献度（成果）より低めの給与が支払われるので、
この間に社員は会社に「A」の金額を貸したことになる。しかし、年齢が
高くなると給与は貢献度を超えて高くなる。その超過部分を「B」とする
と、個人は会社に貸した「A」を、この「B」と退職給付の「C」で返し
てもらうということになり、ここでは「A」＝「B」＋「C」の恒等式が
成立することになる。

図表3-1-12 ● 退職給付の理論モデル

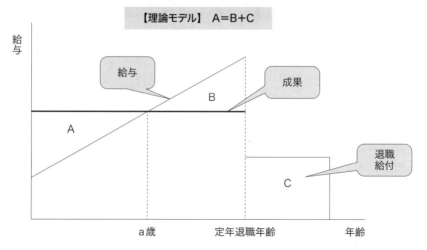

② 退職給付の機能

　第2に、人事管理から見て「どのような効果を期待する報酬なのか」については、定年到達者にとっての主要な使途が「日常生活資金」「病気やケガのときの医療費」「公的年金支給開始までのつなぎ資金」などであり、社員にとって退職給付は老後の生活保障のための重要な所得としての機能を持っている。他方、会社は主に社員に対する勤続奨励策としての機能を期待している。だからこそ後述するように、退職一時金の算定方式は勤続年数が長い人ほど有利なように設計されているのである。

　この点を図表3-1-12に基づいて説明すると、定年退職すると「A」＝「B」＋「C」になり、それ以前に退職すると「C」が減額されるように退職金の制度を設計しておく。たとえば、 a歳後で定年退職年齢前のある時点で退職すると、「B」の全額をもらえないうえに、退職金の「C」も少なくなるので、a歳までの若いときに会社に貸し付けた「A」を回収できなくなる。そうなれば、社員はできる限り長く会社に勤めようとするであろう。

③ 退職給付の支払い制度

　退職給付制度は、「退職給付額をどのように決定するのか」に関する給付額の決定制度と、「退職給付額をどのように支払うのか」の支払い制度の2つからなる。まず、後者の支払い制度について見ると、退職一時金を挙げることができる。しかし、前述したように退職給付は企業が退職時あるいは退職後に社員に支払う現金等の経済的な報酬の総称であり、実際には、一時金と年金の2つの支払い形態を持っている。

　退職給付の支払い形態をこのようにとらえると、退職給付制度が急速に変化しつつあることがわかる。わが国の退職給付制度は、年金形式に特化してきた欧米諸国と異なり、一時金形式（退職一時金）が主流であった。しかし、1960年代に、その後に代表的な企業年金となる適格退職年金制度と厚生年金基金が創設され、現在では退職一時金制度のみを採用する企業が確実に減少し、大手企業を中心に退職一時金制度と企業年金制度を一体で運営する退職給付制度が一般的である。

図表3-1-13 ● 退職金制度の実施状況（企業比率）―規模30人以上（2018年）

（単位：％）

企業規模	退職給付 （一時金・年金） 制度がある	退職給付 （一時金） のみ	退職給付 （年金） 制度がある	退職給付（年金） 制度のみ	退職（一時金） 制度との併用
規模計	77.8 （100.0）	70.9	29.1	9.8	19.3
1,000人以上	92.3 （100.0）	27.6	72.4	24.8	47.6
300〜999人	91.8 （100.0）	44.4	55.6	18.1	37.5
100〜299人	84.9 （100.0）	63.4	36.6	12.5	24.1
30〜99人	77.6 （100.0）	82.1	17.9	5.4	12.5

出所：厚生労働省「就労条件総合調査」（2018年調査）

　図表3-1-13に示してあるように、「退職一時金制度のみ」という企業は小規模企業では多いが大企業では少なく、逆に退職年金制度の導入比率は、退職一時金との併用も含め企業規模が大きくなるにつれて高くなっている。大手企業を中心にして、企業はすでに、退職一時金と企業年金を一体で管理している状況にある。

　しかし、2012（平成24）年3月に適格退職年金制度が完全に廃止されたこと、2013（平成25）年4月の退職給付会計基準の改定によって年金の積立不足を単年度で即時認識する必要性が出てきたこと等、企業年金を取り巻く状況が厳しくなってきたことから、債務認識が必要となる企業年金制度を併用する企業の割合は減少に転じてきている。

（2）退職給付制度の計算構造

① 退職一時金制度

　退職一時金制度では、勤続年数が浅い段階と定年前の数年間で支給カーブが緩やかであり、30代〜50代中盤までは立ち上がるというS字カーブを描く制度が主流である。→図表3-1-14

　一般的に退職金の構造は、①一定の勤続年数を経過した従業員に支給される、②自己都合退職の場合は減額されるなど退職事由によって支給率に差を設ける、③一定年数以上勤務した従業員の支給率は高くなる、

図表３-１-14●退職金支給カーブの例

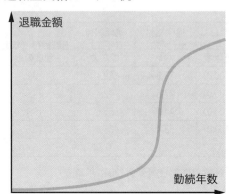

④かつて定年年齢が55歳とされていたころの名残から、定年前の支給率は抑制される、などの設計になっている。したがって、図表３-１-14のようなＳ字の軌跡を描くことになるわけである。

具体的な計算方式としては次の４点が挙げられる。

１）最終給与等算定基礎額を用いる

中堅・中小企業を中心に導入率が高い方式で、多くの場合、〔退職時基本給×勤続係数×退職事由別支給率〕で計算される。この方式では、勤続年数が長いほど、退職時の給与が高いほど支給額は高くなるため、特に退職直前の給与に大きく左右されることになり、途中の貢献等は考慮されないことや、いわゆる成果主義賃金との親和性は低くなる。

２）別テーブル方式

退職一時金専用の算定基礎額テーブルを設け、基礎額を賃金とは切り離して管理する方法である。

３）定額方式

勤続年数別に一定の退職金額を定める方式であり、単純に勤続年数の長さに比例して退職金額が上がっていくことになる。

４）点数（ポイント）方式

社員格付け制度上の資格や役職、あるいは給与等に対して点数（ポイ

図表3-1-15 ● 退職一時金基礎額の種類別企業数割合─規模30人以上（2018年）

（単位：％）

企業規模・年	社内準備を採用している企業	算定基礎額の種類							
		退職時の賃金	すべての基本給	一部の基本給	別に定める金額	方式（複数回答）			
						別テーブル方式	定額方式	点数（ポイント）方式	その他
規模計	57.0 (100.0)	58.4	41.3	17.0	43.8	15.6	9.1	19.4	1.8
1,000人以上	91.4 (100.0)	33.9	21.1	12.8	69.2	16.1	6.6	49.4	0.9
300〜999人	81.6 (100.0)	40.7	28.5	12.2	61.7	17.6	7.9	37.4	0.7
100〜299人	67.9 (100.0)	54.8	39.5	15.4	47.8	13.0	10.1	26.5	0.3
30〜99人	49.8 (100.0)	64.5	45.5	18.7	37.4	16.4	8.9	11.5	2.6
1989年	60.4 (100.0)	76.9	─	─	18.1	─	─	─	─
1993年	60.3 (100.0)	79.6	46.3	33.2	24.3	9.0	8.9	6.5	1.0
1997年	68.3 (100.0)	70.9	39.6	30.8	30.6	7.9	15.6	8.2	0.7
2003年	64.5 (100.0)	69.6	40.8	28.8	32.7	13.9	8.0	11.2	1.3
2008年	63.4 (100.0)	58.5	34.3	24.2	41.8	13.2	10.3	18.6	1.2
2013年	63.4 (100.0)	55.6	33.9	21.6	44.6	14.6	7.8	19.0	3.2
2018年	57.0 (100.0)	58.4	41.3	17.0	43.8	15.6	9.1	19.4	1.8

出所：厚生労働省「就労条件総合調査」（2018年調査・報告書非掲載表）

ント）を定めたうえで、勤続期間を通して獲得した点数（ポイント）の累積に単価を乗じて算出する方式である。4つの中では、超長期にわたる勤続貢献を最も適正に退職金に反映することができる。

図表3-1-15のとおり、企業規模が大きいほど点数（ポイント）方式の導入率が高くなり、また退職時賃金に連動する前記1）の最終給与等算定基礎額方式は導入率が漸減傾向にあることがわかる。

② 企業年金制度

企業年金制度は、退職一時金制度の内枠として後発的に導入された経緯がある。これは、退職一時金の資金準備を事前に平準化して行えること、企業年金の掛金が税制上損金算入できたことに加え、現在のような超低金利ではなく一定の利息収入が見込めたことで、従業員の退職時には、法人税負担を軽減しながら退職金の資金準備が行えるというメリットがあったことによる。したがって、基本的な計算構造は、退職一時金

制度と共有している制度が多かった。

しかし、2001（平成13）年６月の企業年金２法（確定拠出年金法および確定給付企業年金法）の成立により、企業年金を取り巻く環境が大きく変化した。新たな制度への移行を機に制度内容の改定を余儀なくされる企業も出現するなど、特に適格退職年金制度の廃止期限である2012（平成24）年３月が近づいた時期には、中小企業を中心に混乱が見られた。

ただし、法改正がもたらしたインパクトは、確定給付企業年金では企業に対する年金資産積立比率の厳格化と従業員の受給権の強化、確定拠出年金では加入者個人に対する資産運用の自己責任化といった点であり、これらは、「どういう基準でいくら支払うか」という賃金決定機能に影響を及ぼすものではない。むしろ、企業年金を健全に運営していくための必要な法整備がなされたと理解すべきである。一連の企業年金改革は、賃金決定機能まで踏み込んだ抜本的な制度改革に取り組んだ企業よりも、どの制度に円滑に移行するかに腐心した企業が多く、結果として、多くの企業は退職一時金の内枠としての企業年金を維持することになったと推測される。

5　福利厚生の基礎

（１）福利厚生の目的

報酬は所定内給与、所定外給与、賞与・一時金からなる現金給与とそれ以外の付加給付からなり、付加給付は福利厚生と退職金（退職給付）からなる。

福利厚生とは、「社員およびその家族の福祉の向上」のために、現金給与以外の形で企業が給付する報酬の総称であり、給付の制度（福利厚生制度）を立案し、それを運用するための管理活動が福利厚生管理になる。福利厚生管理は、①福利厚生をどのような人事管理上のねらいを持った報酬とするのか（福利厚生の目的）、②その目的を実現するために、福利厚生にどの程度の費用をかけるか（福利厚生費の管理）、③どのよう

な福利厚生の報酬をどのようなしくみによって社員に配分するのか（福利厚生制度の管理）、の３つの観点から見ることができる。

　まず福利厚生には、大きく２つの目的がある。第１は、労災保険、雇用保険等の労働保険制度や厚生年金保険、健康保険等の社会保険制度に基づき法的に義務づけられた保険料の負担、保険料徴収の事務代行等を行うことによって、公的な社会保障システムの一翼を担うことである。この目的に対応する福利厚生が法定福利厚生と呼ばれる。この場合には、企業に裁量の余地はなく、企業はそのための費用を政府の政策によって定められた固定的な費用として負担することが義務づけられる。

　福利厚生には、企業が独自の裁量で行うもう１つの法定外福利厚生があり、そこでは社宅や娯楽・体育施設等の多様なメニューが用意されている。法定外福利厚生は、「社員の生活の安定を保障することを通して、人材の確保と定着、労使関係の安定を図る」という人事管理上のねらいを持って展開される福利厚生である。したがって、企業は法定外福利厚生には社員の生活保障機能・人材確保機能・労使関係安定化機能の３つの機能を期待していることになる。ただし、たとえ人事管理政策の一環であるとしても、生活保障機能が重視されているため、法定外福利厚生は地位や仕事の成果にかかわらず、生活のニーズに合わせて社員に報酬を平等に配分するという性格を強く持っている点に特徴がある。

（2）福利厚生費の管理

　それでは企業は、付加給付あるいは福利厚生にどの程度の費用をかけているのか。ここで、図表３-１-16を参照してほしい。

　2016（平成28）年の欄を見ると、企業は労働費用の19.1％（これは基本給、賞与等の現金で受け取る全給与の２割程度の水準である）を現金給与以外の付加給付の形で負担し、そのほとんどが退職給付等の費用と福利厚生費で占められている。さらに、付加給付の内訳を対労働費用比率で見ると、法定福利厚生費が全体の６割（11.4％）に達している。残る部分が企業の裁量で決められる分野であり、退職給付が4.5％、法定外福

図表３-１-16 ● 労働費用の構成—企業規模30人以上（2016年）

年	労働費用	現金給与	現金給与以外の労働費用	退職給付等の費用	法定福利費	法定外福利費	その他
1985	361,901 100.0	306,080 84.6	55,820 15.4	14,119 3.9	27,740 7.7	10,022 2.8	3,939 1.1
2016	416,824 100.0	337,192 80.9	79,632 19.1	18,834 4.5	47,693 11.4	6,528 1.6	6,577 1.6

注）図表中の上段は金額（単位：円）、下段は構成比率（単位：％）を示している。

出所：厚生労働省「就労条件総合調査」（2016）

利厚生費が1.6％の水準である。

　このような付加給付と福利厚生に関連する費用の構成には２つの特徴がある。第１に、労働費用に占める付加給付の割合（付加給付比率）が確実に増加し、それが労働費用の膨張圧力になっている。たとえば、1985（昭和60）年から2016年までの間に、付加給付比率は15.4％から19.1％へと約４ポイント増加し、その主な原因は退職給付とともに法定福利厚生費にある。すなわち、両者の労働費用に占める比率は、法定外福利厚生費が低下傾向にあるにもかかわらず、同期間にそれぞれ0.6ポイント、3.7ポイント増加している。

　もう１つの特徴は、企業規模によって付加給付に配分する費用が大きく異なる点である。図表３-１-17を見ると、確かに現金給与の面でも格

図表３-１-17 ● 労働費用（１人１カ月の平均）の企業規模間格差（2015年）

（単位：円）

企業規模	現金給与総額	現金給与以外の労働費用					
		計	退職金等の費用	法定福利費	法定外福利費		その他
					計	うち住居	
（a）1,000人以上	375,888	105,189	29,016	53,254	9,237	5,095	13,682
（b）30〜99人	284,469	54,439	7,797	41,349	3,883	731	1,410
（b）／（a）（％）	75.7	51.8	26.9	77.6	42.0	14.3	10.3

出所：厚生労働省「就労条件総合調査」（2016年）

差があるが、付加給付の格差はそれをはるかに上回り、1,000人以上の大企業が社員1人にかける福利厚生費を100とすると、30〜99人規模の小企業は半分強にとどまる。特にその傾向は、法律で定められている法定福利厚生費に比べて、企業が独自の裁量で決定できる退職給付とともに法定外福利厚生費の分野で顕著であり、小企業がそれらにかける費用は大企業の4割程度の水準にとどまる。そうなると、大手企業の社員が受け取る経済的な報酬は、付加給付を考慮すると給与の見かけ以上に大きいということになる。

6 賃金計算事務の基礎

(1) 賃金計算事務手続

① 賃金計算事務のステップ

賃金計算は、労働基準法、所得税法、地方税法、健康保険法、厚生年金保険法、介護保険法、労働保険の保険料の徴収等に関する法律など各種法令を理解したうえで、自社の就業規則や賃金規定に則して正確に実行することが重要である。賃金計算事務のステップはおおむね次のとおりとなる。

1) 賃金計算対象者の抽出

賃金計算期間中に新たに雇い入れた者や当月賃金計算対象の退職者など、賃金計算の対象者を特定することが必要となる。

2) 労働時間等の集計

正社員のみならず非正社員も含めて、時間外労働時間、深夜労働時間、休日労働時間、遅刻や早退、欠勤による不就労時間等の勤務時間の集計、年次有給休暇の取得実績等労働日の集計など、対象期間中の勤怠状況を集計する。育児休業や介護休業、産前産後休業の取得者に係る労働日・労働時間の集計も必要となる。

3) 支給項目の計算

賃金規定に記載された所定内賃金、時間外労働手当等の所定外賃金に

ついて、法令に則して正確に計算する。

4）徴収、控除項目の計算

　所得税、市町村民税・道府県民税等の特別徴収額、社会保険料、雇用保険料等の徴収額について、各種法令に基づいて正確に計算する。

　また、本人の同意を得たうえで労使協定で取り決めた各種控除項目について、控除金額を計算する。

5）支給

　口座振り込みに関する労使協定に基づき、賃金支給日の午前10時までには従業員が引き出せるよう、差引支給額を計算したうえで振り込み手続をとるとともに、賃金計算の明細書を交付する。

6）行政対応

　徴収した租税を税務署や市区町村役場といった行政庁に納付する。また、社会保険料は健康保険組合や所轄の年金事務所に対し、従業員から徴収した個人負担分に、事業主負担分を加えた合算額を納付する。また、雇用保険料については、毎年の労働保険料概算確定計算時に、労災保険料と合わせた労働保険料について、概算で納付した保険料と確定保険料との精算を行う。

②　賃金計算事務の注意点

　賃金計算を実行するうえで注意すべき賃金支給にかかわる事項について、主な項目を列挙する。

1）割増賃金の算定基準

　割増賃金は、次の算式で得た時間単価に時間外労働時間を乗じて算出する。ここには実務上の注意点があるため、正確な処理が必要となる。

割増賃金の時間単価＝算定基礎賃金÷１カ月の所定労働時間×
（１＋割増率）

ア　算定基礎賃金

　算定基礎賃金には、基本給など通常の労働時間相当分の賃金をすべて含めることが原則となるが、次の７つの手当については除外しても

196

よいとなっている。

　a　家族手当

　　家族の人数に応じて支給額が定められている場合。

　b　通勤手当

　　通勤距離等に応じて算定する場合。通勤距離別に算定するが一定金額までは定額支給のケースでは、定額部分は通勤手当とはみなされない。

　c　別居手当

　d　子女教育手当

　e　住宅手当

　　住宅に要する費用に応じて算定される場合。住宅に要する費用か否かにかかわらず、一律に支給されるものは住宅手当とはみなされない。

　f　臨時に支払われた賃金

　g　1カ月を超える期間ごとに支払われる賃金

イ　1カ月の所定労働時間

　基本給が月額で定められている場合および、月決めの手当についての1時間当たり単価の算出は、月額を1カ月における所定労働時間で除す（労働基準法施行規則第19条）ことになるが、月の所定労働日数は異なるのが通例であるため、1年間を平均して1カ月の所定労働時間数を算出することが必要となる。1年間は原則暦年となるが、就業規則に定めがあれば4月〜3月等の1年間とすることもできる。

ウ　割増率

　1日8時間、1週40時間を超えた労働に対しては25％以上、ただし、1カ月に60時間を超える部分に対しては、適用猶予となる中小企業を除き、50％以上の割増賃金の支払いを行うかまたは、通常の割増率25％との差（＝25％分）の割増賃金の支払いに代えて、有給休暇を付与することもできる。ただし、事前の労使協定が必要となることに加え、2023（令和5）年4月からは中小企業の適用猶予も廃止となることに

注意を要する。

2）営業手当

あらかじめ定額の営業手当を支給し、時間外手当の支給を行わない企業もあるが、この場合は、賃金規定等に「営業手当は○時間分の時間外労働手当の代替で支給する」などの旨を明記しておくことが前提となる。ただし、その時間外労働時間を超過した部分については、時間外労働割増賃金の支払いが必要となる。

3）家族手当

男女同一賃金の原則に基づき、支給対象者を事実上男性に限定するような内容の賃金規定は、その部分については無効となる。

4）不就労に対する賃金カット

賃金規定に減額の事由を規定しておくこと、減額する賃金の項目を規定すること、減額する賃金の算定方法を明確にしておくことを前提に、ノーワーク・ノーペイ（不就業・不支給）の原則を適用することができる。

5）賃金計算期間中の入退職者の賃金

完全月給制のもとでは日割り計算は合理性がないことに注意が必要である。したがって、賃金規定に日給月給制であることを明記したうえで、具体的な日割り計算の算定方法を示しておくことが前提となる。

（2）その他の事務手続

① 年末調整事務の注意点

年末調整とは、暦年に支払ってきた給与について源泉徴収した税額の合計額を、正当な年税額に一致させるための手続のことである。源泉徴収義務者たる給与の支払者に課せられた1年間の源泉徴収事務の集大成となる。

1）年末調整の実施時期

通常は1年の最後の給与支払時に実施するが、次の例外もあるため注意が必要である。

ア　年の中途で死亡により退職した人

死亡のとき、死亡後に支給期の到来する給与は対象とならない。
　イ　年の中途で日本を出国し非居住者となった人
　　出国時および出国後に支給期の到来する給与は対象とならない。
　ウ　心身の障害のため退職した人
　　条件付きで退職のときに実施する。
　エ　12月給与または賞与の支払いを受けた後に退職した人
　　退職のときに実施する。
　オ　11月以前に1年の最後の給与の支払いを受ける人
　　最後の給与を支払うときに実施する。
　カ　年の途中で退職したパートタイマーのうち給与総額が103万円以下の人
　　条件付きで退職のときに実施する。

2）年末調整の対象者

　年の最後の給与支払いをするときにおいて、「給与所得者の扶養控除等（異動）申告書」を提出している人のうち、年間の給与総額が2,000万円以下である人が対象となる。したがって、本人が他の所得を有するため確定申告を行うので、年末調整の対象から除外してほしい等の要請があったとしても、これに応じてはならないことになる。

3）適切な指導

　年末調整時の各種申告書は、給与所得者本人が記載し給与の支払者に提出することになるが、ここで虚偽の申告を行わないよう、賃金計算事務担当者は適切な指導に努める必要がある。特に所得を有する配偶者や親族の扶養認定は、年税額に大きな影響を及ぼすことになるほか、居住の用に供しない住宅についての住宅借入金等特別控除額の申請は無効になるなど、所得税計算に直結する問題となるため注意が必要である。

② 行政対応

　賃金計算事務担当者は、年末調整後の手続として、給与所得の源泉徴収票（給与支払報告書）を作成し、所轄の税務署や社員が居住する市区町村役場に対して、翌年の1月末日までにこれらの書類または電子媒体

を提出しなければならない。

　一方、不定期に、所轄税務署より過年度の年末調整結果に対する問い合わせや扶養是正通知が発せられることがある。これは、従業員の申告に虚偽があった、あるいはその疑いがあるという理由で送達されるものであるため、直ちに従業員本人に必要な証明書類（課税証明書、非課税証明書等）を提出させ、疑義のあった年分とそれ以前2年分の合計3年分について再年末調整を行い、追加納税の必要がある場合は源泉徴収義務者たる会社が窓口となって手続を行う必要が生じる。

Column コーヒーブレイク

《春闘は終焉したのか》

　政府による経営側への賃上げ要請があったり、春闘相場から離れて支払い能力をベースに独自に賃上げを決定する企業が増えていることから、春闘による賃上げ相場の形成が終焉したのではないかと議論になっている。終焉したか否かを決めることは難しいが、理屈から考えると、終焉などあり得ないという結論になる。

　いまは物価が安定しているためにベアが話題にならないが、インフレが起きたり、経営業績が長期にわたって向上すれば、賃金全体の引き上げ、つまりベアが必要になる。また、春闘による賃上げ相場の形成については、個別の労使にとって賃上げの一定の目安を提供する機能を持つ。

　これからも、個々の企業が自社にとっての最適な賃金水準を機械的に算定できる時代が来るとは思えない。そうなると労使の交渉の余地が残ることになるが、そのときによって立つ基準がないと交渉のコストも大きくなる、社員の納得を得られる賃金水準を決めることが難しくなる。つまり、どんなときでも市場相場は必要なのである。春闘という形をとらないことがあっても、春闘が果たしてきた賃上げの相場形成機能はこれからも求められるだろう。

第 **2** 節
退職給付制度、退職給付会計の基礎

学習のポイント

◆退職一時金制度は長期勤続者ほど給付が大きくなるしくみであるが、近年では既存制度の見直しにとどまらず、制度の骨格を変更する改革や、他の制度に移行する企業も出現している。
◆企業年金には確定給付企業年金、確定拠出年金、中小企業退職金共済等の制度があり、それぞれの特徴、内容等を正しく理解することが必要となる。
◆企業会計における退職給付会計について、退職給付債務、退職給付費用それぞれの計算構造と会計処理を把握しておくことは、退職給付制度の設計を行ううえでも重要となる。

1 各種退職給付制度の種類と特徴

　各種退職給付制度の意義や目的およびその計算構造については、本章第1節 **4**「退職金の基礎」で説明したが、第2節では、それぞれの制度の概要に加え、特徴や課題について詳述する。

（1）退職一時金制度
① 制度の特徴
　退職一時金（つまり、支払い準備が社内型の退職一時金）制度の給付額は、昨今、点数（ポイント）方式が増加しているとはいえ、多くは以下の方式で算定されている。

　　　　退職一時金＝算定基礎給×支給率×退職事由による係数

　退職一時金制度の特質を理解するには、この算式の中にある3つの要素の特性に注意しておく必要がある。

　第1に、「算定基礎給」として勤続年数が長いほど高くなる退職時の基本給が使われ、第2に、「支給率」は長期勤続者に有利なように勤続年数にリンクして設定され、第3に、「退職事由による係数」は自己都合の退職者に比べて定年退職者と会社都合の退職者に有利となるように設定されている。そうなると、勤続年数が長い社員（特に勤続の長い定年退職者）ほど有利になり、逆に勤続年数が短く、自己都合で退職する社員ほど不利になる。退職一時金制度は、間違いなく基幹的な社員の定着促進をねらった施策として設計されている。

② 制度の現状

　ここで、図表3-2-1に示した大卒者の勤続年数別・退職事由別のモデル退職金を見てほしい。それによると、22歳で入社して38年間勤続した後に60歳定年を迎えた社員は2,800万円の退職一時金を受け取り、その額は月収の46カ月分（図表中の「月収換算」を参照）に当たる。この退職一時金は、当然のことながら勤続年数に比例して増加するが、それとともに重要な点は、勤続に比例して増加スピードも速まることである。

　この点は会社都合の「勤続年数1年当たり金額」の欄を見るとわかりやすく、勤続が長くなるほど、勤続が1年延びることによる退職金の増加額は急増する。たとえば、勤続3年の場合には、勤続が1年延びても退職金は24万円しか増えないが、勤続20年になるとそれが50.5万円に、勤続30年になると実に72.8万円になる。それは、前述した算定式のもとで算定基礎給と支給率が勤続に比例して増加するからであり、同図表の「月収換算」は支給率の動きを反映している。

　退職一時金のもう1つの重要な点は、退職事由によって金額が異なることであった。この点を見るために、同図表の「自己都合／会社都合の比率」（自己都合の会社都合に対する割合）の欄を見てほしい。これによ

図表3-2-1 ● 大卒・事務技術系社員のモデル退職金の構造（2017年）

勤続年数	年齢	会社都合		自己都合		会社都合の勤続年数1年当たり月数	会社都合の勤続年数1年当たり金額（千円）	自己都合／会社都合の比率（％）
(年)	(歳)	退職金（千円）	月収換算（月）	退職金（千円）	月収換算（月）			
3	25	721	2.9	317	1.3	0.97	240	0.44
5	27	1,244	4.5	615	2.3	0.90	249	0.49
10	32	3,297	9.4	1,915	5.5	0.94	330	0.58
15	37	6,287	14.9	4,312	10.2	0.99	419	0.69
20	42	10,106	20.1	8,224	16.5	1.01	505	0.81
25	47	15,080	27.8	13,011	24.0	1.11	603	0.86
30	52	21,836	35.6	19,707	31.9	1.19	728	0.90
35	57	25,910	43.4	24,346	40.2	1.24	740	0.94
38	60	28,005	45.7	26,320	42.7	1.20	737	0.94

注1）退職一時金と退職年金の併給の場合の退職金額は両者を合算したもの。
注2）月収換算は所定内賃金に対するもの。

出所：中央労働委員会「退職金、年金及び定年制事情調査」（2017年）

ると、退職金は自己都合の理由で退職すると不利になるように、つまり、前述の算定式の中の「退職事由の係数」が自己都合退職者に不利になるように設定されている。しかも、その傾向は短期勤続者で顕著である。たとえば、勤続3年あるいは5年で自己都合退職した社員の退職金は、同比率からわかるように、会社都合の場合の約半分にとどまる。ただし、こうした自己都合と会社都合の格差は勤続が長くなるほど縮小し、特に高齢層については、転職を促進するというねらいもあって格差をなくすという方針がとられている。

③ 退職一時金制度の課題

以上のように長期勤続者に有利につくられていることが今日、退職一時金の改革を促進する背景になっている。社員の年齢構成は確実に高齢化し、それに伴って勤続年数も延びている。その結果、①で説明した算定式に沿って企業の退職金負担は確実に増大する。これが企業の直面する課題の1つであり、それに対して、企業は一貫して退職一時金の増加

を抑制するための制度改革に取り組んできた。この点については④で後述する。

　退職一時金管理のもう1つの課題は、退職一時金を支払う準備が十分にできているのかという受給権の保障の問題である。高度成長期のように平均年齢が若く、定年退職者が少ない時代であれば問題は少なかったが、社員の高齢化が進み、定年退職者が増えてくると企業の支払い能力に不安が出てくる。退職一時金が将来の退職時に確実に支払われるためには、企業の支払い能力を確保するための対策が求められることになるため、資金に余裕のある企業を中心に、退職給付信託による資金の外部積み立てを行い、将来の支払いに備える動きも見られる。また、2000（平成12）年会計年度より導入された退職給付会計により、企業は退職一時金と企業年金を包括的に扱い、積立不足の開示と補てんが義務づけられたため、退職給付制度の改革は急速に進展することになった。

④　退職一時金制度の改革の方向

1）既存制度を修正する改革

　それでは企業は、拡大する退職一時金の負担に対して、どのような制度改革を行ってきたのか。その改革には、既存制度の基本骨格を変えずに修正を加える方向と、基本骨格を変更する方向の2つがある。前者の方向は、〔退職一時金＝算定基礎給×支給率×退職事由による係数〕の算定式の構造を見ればおおむね想定できる。

　その代表的な改革は、前節で見たように勤続年数に比例して増加する支給率の水準を引き下げることと、算定基礎給の決め方を変更することである。さらに後者については、基本給をベースに算定基礎給を決めていたが、基本給の一部を算定基礎給とすることにより算定基礎給の削減を図るという方法が代表的であり、この新しい算定基礎給を第2基本給と呼ぶ企業もある。

2）制度の骨格を変更する改革

　一方、制度の基本骨格を変える改革は、退職一時金を基本給から切り離し、他の基準に従って決めるという動きである。

　制度の基本骨格を変える改革の代表的な方式には、勤続年数等に対応して一定額を決めておく定額制、勤続年数と資格の組み合わせに対応して一定額の退職金を決めておく等の別テーブル方式、職能資格制度や役割等級制度等の社員格付け制度にリンクさせて退職金を決める点数（ポイント）方式がある。

　大手企業を中心に増加しているポイント方式について見ると、ある資格に格付けされているときの勤続１年当たりの点数を決めておく。もちろん、高い資格のほうが高くなるように点数は設定する。この方式に基づいて退職までの総点数を計算し、それに一定の単価を掛けて退職一時金を算定する。このような方式をとることによって、第１には、より高い成果を上げてきた（つまり、より高い資格により長く格付けされてきた）社員により多くの退職金を支払うことができるので、退職一時金を成果対応型に改革できる。第２に、基本給と切り離したので、ベースアップ等によって基本給全体が底上げされても、点数の計算方式と単価を変えない限り退職金の増額を抑えることができる。

３）他の制度に移行する改革

　もう１つの忘れてはならない改革の方向は、退職一時金制度から他の制度に移行する改革であり、その１つは退職金の賃金化である。これは、退職一時金のために会社が積み立てておかなければならない資金を賃金としてそのつど前払いするという、一種の「退職金の前払い制度」である。確定拠出年金制度と併用し、確定拠出年金に加入するか、同額の賃金を受け取るかを選択させる企業もある。しかし、税制面や社会保険料負担の面など、必ずしも給付面の均衡が図られているわけではないことから、新たに導入する企業は少ない状況にある。

　もう１つの改革は企業年金への移行であり、その詳細については次で説明する。

（２）各種企業年金制度

① 企業年金の構成

図表３-２-２ ●わが国の年金制度の体系（2019年３月末現在）

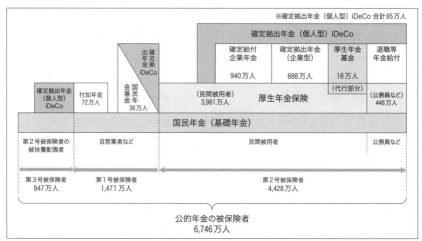

出所：企業年金連合会ホームページ

　日本の年金制度は公的年金と企業年金からなる２階建て方式であり、図表３-２-２はその概要を示している。公的年金には、すべての国民が加入する基礎年金（国民年金）と報酬比例部分の年金の２つがあり、さらに後者は、民間の会社員が加入する厚生年金保険、公務員等の共済年金（2015（平成27）年10月１日以降に受給権が発生する場合は厚生年金保険）から構成される。

　企業年金については、厚生年金基金制度と適格退職年金制度がかつての代表的な制度であった。しかし、こうした年金制度は、1990年代の大きな環境変化の中で見直しを迫られた。両制度とも将来の給付を約束する確定給付型であるため、低金利が続く中で年金資産の積立不足が発生し、企業はその補てんに苦しむという状況が発生した。特に厚生年金基金では、厚生年金の一部である代行部分が低金利の中で企業にとって大きな負担になり、代行返上を認めるべきとの要請が経営側から出されるようになった。さらに、退職給付会計導入により積立不足が表面化したことも大きな要因となり、改革に拍車をかけることになった。また、老

齢厚生年金の支給開始年齢が65歳まで段階的に引き上げられることが決定されたことを受けて、高齢者の雇用延長と企業年金をどのように組み合わせるのかという点も重要な課題になった。

② 企業年金制度の導入状況

企業年金制度はどのような導入状況にあるのか。それにはいくつかの特徴が見られる。第１に、昭和30年代までは退職一時金による退職給付が一般的であったが、昭和40年代以降、特に50年代に入って企業年金が急速に一般化した。

第２に、現状の導入状況について見ると、前掲の図表3-1-13にあるように、約３割の企業が企業年金を導入している。特に大手企業では広く定着し、しかも退職一時金との併用とする傾向が強い。第３に、年金制度のタイプ別に見ると（→図表3-2-3）、確定給付企業年金と確定拠

図表3-2-3 ● 退職年金制度の支払準備形態別企業数割合 ―規模30人以上（2018年）

(%)

企業規模・年	退職年金制度がある企業	退職年金制度の支払準備形態（複数回答）			
		厚生年金基金（上乗せ給付）	確定給付企業年金（CBP含む）	確定拠出年金（企業型）	企業独自の年金（非適格年金）
規模計	29.1（100.0）	17.1	45.0	50.6	3.3
1,000人以上	72.4（100.0）	7.2	62.4	63.9	4.5
300〜999人	55.6（100.0）	9.7	59.7	50.6	3.3
100〜299人	36.6（100.0）	13.6	49.2	46.6	2.7
30〜99人	17.9（100.0）	30.5	30.0	44.5	4.6
2003年	53.5（100.0）	46.5	0.0	1.8	2.7
2008年	46.9（100.0）	35.6	12.9	15.8	2.2
2013年	34.2（100.0）	44.8	35.6	35.9	2.8
2018年	29.1（100.0）	17.1	45.0	50.6	3.3

※CBP（キャッシュバランスプラン）…④３）を参照。

出所：厚生労働省「就労条件総合調査」（2018年調査）

出年金の導入率が拮抗している状況にある。

③　企業年金制度の特徴と課題

　こうした企業年金の現状を見ると、日本的ともいえるいくつかの特徴が明らかになる。まずは、企業年金の主流が退職一時金から転換してきた制度であるため、年金給付に退職一時金的なしくみが組み込まれている。すでに説明したように、これまでの主要な年金制度である厚生年金基金や適格退職年金にとどまらず、新しい年金制度でも年金と一時金の選択が認められており、ほとんどの企業が企業年金制度を一時金が選択可能な制度として設計している。しかも、後述するように年金よりも一時金で受け取るほうが税制上有利であること、年金には物価スライド制がないために将来の受け取り額に不安があること等の理由から、多くの社員が年金を一時金の形態で受領しているのが現状である。

　第2の特徴は、有期年金制度の多いことである。年金制度は老後の収入を保障する制度である以上、本来は終身支給が原則であり、それゆえに国民年金も厚生年金も終身年金になっている。しかし、企業年金の多くは支給期間が有期であり、その主流は10年である。その理由は、退職一時金の積み立てを目的としたものが多い、年金といいながら多くの社員が一時金で受け取る、終身年金にすると財源の確保が難しい等がある。

　このような特徴を持つ企業年金は現在、いくつもの問題に直面している。確定給付年金の場合は、年金の数理債務に対する積立義務が常に要求されること、金融市場の急変による多額の積立不足を抱えるリスクがあることが挙げられる。確定拠出年金では、運用責任が企業から個人に移管されても十分な投資知識を有さない従業員が多いこと、必要な積立金額に到達しないこと等が挙げられる。

　一方、年金給付の面では、終身年金化が遅れていること、インフレによる支給額の目減りに対する保障が不十分であること、退職給付を年金として受け取ると退職一時金に比べて税制面で不利であることが問題として挙げられている。

④　確定給付企業年金

1）制度の概要

確定給付企業年金には、労使合意による年金規約に基づき、信託銀行や生命保険会社などの外部機関に積み立てる規約型企業年金と、厚生年金の代行部分のない基金による基金型企業年金の２つが設定されている。

確定給付企業年金法では、積立義務、受託者責任、情報開示について統一的な基準を定め、事業主等に対する支給義務の履行を厳しく規定している。

ア　積立義務

事業主等は、将来において約束した給付が行えるように、年金資産の積立水準について検証することが義務づけられており、少なくとも５年に一度の財政再計算を行い、必要な掛金を算定し、これに基づいて積み立てを行わなければならない。この検証は、継続基準と非継続基準という２つの基準に則って行われる。

イ　受託者責任

企業年金の管理・運営にかかわる者については、加入者等に対する忠実義務、分散投資義務などの責任を規定するとともに、利益相反行為の禁止などの行為準則が明確化されている。

ウ　情報開示

事業主等は、従業員に対し年金規約の内容を周知する義務があるとともに、掛金の納付状況、資産運用状況、財務状況等について従業員に開示しなければならない。また、厚生労働大臣への報告義務を負う。

2）加入資格、給付の制約等

確定給付企業年金は、適格退職年金とは異なり、法令による制度設計・給付にかかわる制約を課している。主なものは次のとおりである。

ア　加入資格の制約

確定給付企業年金は、公的年金を補完し、企業従業員の老後の所得を充実させることを目的としているため、原則として従業員全員の加入が求められるが、一定の職種、一定の勤続期間・年齢、従業員の希望といった一定の加入資格を規約に定めることは可能である。ただし、

不当に差別的な取り扱いとなるような加入資格の設定は認められない。

イ　老齢給付金の要件

・加入者期間が20年以上の者には年金給付を行う。

・支給開始年齢は「60歳以上65歳以下」とする。

　ただし、規約で定めたときは、「50歳以上60歳以下の退職時」を追加することもできる。

・年金支給期間は終身または５年以上の有期年金とする。

・選択一時金を設ける場合は、20年以下の保証期間を設定する。

ウ　脱退一時金の要件

　加入者期間が３年以上の者については、加入者資格を失いかつ老齢給付金が受けられない場合には、脱退一時金を支給しなければならない。３年未満の者は不支給とすることができる。

エ　障害給付金、遺族給付金

　任意に設定が可能となる。

３）キャッシュバランスプラン

　この制度は、確定給付型と確定拠出型双方の特徴を持つハイブリッド型制度である。企業にとっては、市場の運用環境の変動と給付額の増加分を連動させることができるため、給付に責任を持ちつつ経済環境の変化に柔軟に対応できる。従業員にとっても、年金財政の安定化と客観的指標を通じた給付水準の確保が図られるというメリットがある。

　具体的には、加入者に対して仮想的な個人勘定を設定し、毎年拠出された額と一定の基準によって設定された利率（基準利率）に基づく利息額の合計が個人勘定の残高になる。基準利率は消費者物価や国債利率などの指標に基づき変動的に決定され、最低保証利率の設定も可能である。

⑤　確定拠出年金

１）制度の概要

　確定拠出年金には個人型と企業型があり、個人または企業が拠出した資金を、個人が自己の責任において運用の指図を行い、高齢期においてその結果に基づいた給付を受ける制度である。ここでは、企業の退職給

付制度において主流となる企業型について取り上げ、制度のポイントを
概説する。

ア 企業型年金規約

　企業型年金を実施する場合は、労使合意（被用者年金被保険者の過
半数の同意等）に基づき、制度の対象、運営方法、掛金の算定方法等
を企業型年金規約に定め、厚生労働大臣の承認を受ける必要がある。

イ 掛金の拠出

　掛金は、企業型年金規約に基づき、企業が拠出限度額の範囲内で毎
月または1年以内の期間で定期に拠出する。また、労使合意により、
拠出限度額の範囲内で企業拠出金に加え個人拠出金を上乗せできるマ
ッチング拠出も認められているほか、規約に定めがある場合には、一
定の条件のもとで個人型確定拠出年金（iDeCo）にも同時に加入し掛
金を拠出することができる。図表3-2-4は拠出限度額表となるので
参照されたい。

図表3-2-4 ● 確定拠出年金（企業型）の拠出限度額（2019年）

（円）

タイプ	個人型年金との同時加入の制限あり		個人型年金との同時加入が可能	
他制度への加入（※）	加入していない	加入している	加入していない	加入している
拠出限度額（月額）	55,000円	27,500円	35,000円	15,500円

（※）厚生年金基金、確定給付企業年金、石炭鉱業年金基金、私立学校教職員共済

ウ 運営管理機関と資産管理機関

　企業型の確定拠出年金の運営には、運営管理機関と資産管理機関が
必要となり、企業はそれぞれを選定しなければならない。

　a 運営管理機関

　　加入者個人ごとの持ち分などにかかる記録管理、個別の運用商品
の選定・提示、個別の運用商品等にかかる情報提供を行う機関であ

り、主として銀行、保険会社、証券会社等がこれに当たる。

　b　資産管理機関

　拠出された掛金を、企業財産から分離して保全する等の役割を担う企業型のみに設定される機関であり、信託銀行、厚生年金基金、企業年金基金、生命保険会社、損害保険会社、農業協同組合連合会に限定されている。

エ　受託者責任

　企業型年金の管理・運営にかかわる者については、加入者等に対する忠実義務や善管注意義務などの責任が担保される。事業主には、加入者が運用方法（商品）を適時・適切に選択できるよう、情報の開示や提供を行うことが求められるため、投資教育を施すなどして適切な投資判断を行えるような環境を整備することが必要となる。

2）制度設計、給付等

ア　加入者の範囲

　厚生年金等被用者保険の被保険者は原則として加入者となるが、規約で「一定の資格」を定めたときは、加入者の範囲を限定することができる。ただし、不当に差別的な取り扱いとなるような加入資格の設定は認められない。なお、退職一時金の前払い制度と併用するケースでは、確定拠出年金の加入者となるか、あるいは掛金相当額を退職金の前払い分として賃金で受け取るかを選択させる事例もある。

イ　掛金の算定方法

　a　定額

　定額により算定する場合は、基本的には加入者全員が同額となるようにしなければならない。

　b　給与比例

　この場合の給与とは、年金制度のために特別に定められた給与であっても、事業主による恣意性の介入のおそれがないものについては認められる。たとえば点数（ポイント）を給与に換算したものでもよい。

c　定額＋給与比例

ウ　想定利率の設定

　掛金を算定する際は、一定の利率を前提に、標準者が加入から退職まで掛金を積立運用した場合に、その元利合計額が自社の退職金設定額となるような金額を求めることになる。このとき使用する利率が想定利率である。

エ　老齢給付金

　老齢給付金は、60歳到達時以降に、原則として年金（5年以上の有期年金または終身年金）で支給されるが、規約に定めがある場合は、年金の一部または全部を一時金で受け取ることもできる。老齢給付金は60歳から70歳の間に受給を開始しなければならない。

オ　障害給付金・死亡一時金

　障害給付金は、加入者が高度障害になった場合に受給でき、死亡一時金は加入者が死亡した場合に遺族に支払われるものである。

カ　ポータビリティ（可搬性）

　加入者が転職や離職をした場合でも、次の制度に年金資産が引き継がれ、最終的な年金給付につながるポータビリティのしくみが設けられている。転職先に企業型年金があればその制度に、ない場合や離職したままの場合には、国民年金基金連合会が実施する個人型年金に自身の年金資産を移すことになる。

キ　運用商品

　運用商品を選定し加入者に提示するのは運営管理機関である。運営管理機関は、規約に示された運用商品の範囲に関する基本的な考え方に従って、リスク・リターン特性の異なる最低3つ以上の運用商品を選定し提示する。ただし、元本確保型の商品を1つ以上選定しなければならず、通常は預貯金、保険商品、投資信託等を組み合わせて提示するのが一般的である。

ク　税制

　企業型における税制の取り扱いは、拠出時・運用時・給付時の段階

ごとに次のとおりとなる。

　a　拠出時

　事業主掛金は損金算入が可能であり、マッチング拠出の個人掛金はその全額が所得控除の適用を受けることができる。

　b　運用時

　積立金（年金資産）には特別法人税が課税されるが、2023（令和5）年3月末までは課税停止措置が継続されるため、税の徴収は停止されている。また、預金利息や配当などの運用収益は、給付金を受領するまでの間は本人には帰属していないものとみなし、課税されない取り扱いとなっている。

　c　給付時

　老齢給付金を年金で受け取った場合は雑所得として公的年金等控除が適用され、一時金の場合は退職所得として退職所得控除が適用される。障害給付金は非課税となるが、遺族給付金は相続税課税の対象となる。

⑥　厚生年金基金

　厚生年金基金の設立形態には単独型、連合型、総合型の3種類があり、長らくわが国の企業年金制度の中核的な制度として機能してきた。しかし、①長引く運用環境の低迷による財政の悪化、②退職給付会計導入に伴う積立不足の顕在化、③代行部分を有することの企業財務リスクの増大と代行返上の加速等の状況から、最盛期には約1,700あった基金数が、2019（令和元）年時点では8まで減少しており、同制度はその歴史的使命を終えたといえる。

⑦　中小企業退職金共済制度

　中小企業では、財政基盤が大企業に比較して脆弱であることや離転職者が多いことなどから、退職金制度の普及が遅れている。しかし、中小企業の社員であっても老後の生活安定のためには退職給付制度が整備されていることが重要である。そこで国の援助のもとで、中小企業事業主の相互共済により退職給付を行う制度として、中小企業退職金共済法に

基づき一般業種を対象にした一般の中小企業退職金共済制度と、厚生労働大臣が指定した特定の業種（現在は、建設業、清酒製造業、林業）を対象にした特定業種退職金共済制度が設置されている。両制度には類似した部分が多いので、ここでは代表的な中小企業退職金共済制度（中退共）の概要について説明しておく。

　同制度は中小企業基本法で定められている中小企業を対象に、以下のしくみのもとで、独立行政法人である勤労者退職金共済機構によって運営されている。事業主は社員を被保険者として同機構と退職金共済契約を締結し、毎月掛金を機構に納付する。社員が退職するときには、月額の掛金、納付期間で決まる基本退職金と、金利に応じて決まる付加退職金とが合算された退職金が、原則一時金として機構から社員に直接支払われる。同制度のもう1つの特徴は、大手企業に比べて離転職が多いことからさまざまな通算制度が整備されていることであり、社員が企業を移動しても掛金納付月数が通算され、有利な退職金の支給が得られるようになっている。税制との関係では、事業主が拠出する掛金は損金算入の対象であり、社員が受給する一時金は退職所得の収入とみなされる。

　2018（平成30）年度末において、特定業種退職金共済を含めた共済契約数は約37万件に達しており、中小企業従業員の退職金制度を支える基盤として活用が進んでいる。→図表3-2-5

2 退職給付会計の基礎

（1）退職給付債務の計算構造と会計処理

① 退職給付債務とは

　退職給付債務とは、企業が退職金規程等に基づいて、社員（制度の加入者）に対して負っている退職金・年金等の支払い義務を、あらかじめ定められた合理的な方法によって算定し会計上認識したものである。つまり、将来の退職金等の支払いに備えて、計算時点において企業が認識しておくべき債務であり、何らかの資金準備をしておくべき金額である。

図表３-２-５●産業別共済契約者数（2018年度）

産　　　業	前年度末	当年度中の加入	当年度中の脱退	当年度末
農・林・漁業	4,979	302	188	5,119
鉱業	569	10	21	560
建設業	64,710	2,854	1,784	65,909
製造業	76,527	1,481	2,045	75,900
運輸・通信・公益事業	14,776	464	331	14,921
商業	76,010	1,952	3,000	74,892
金融・保険・不動産業	9,114	532	376	9,288
サービス業	120,674	5,611	3,738	122,493
合計	367,359	13,206	11,483	369,082

出所：（独）勤労者退職金共済機構ホームページ

　従来は、退職一時金制度にかかる自己都合要支給額の一定割合が法人税法上の損金として取り扱われていたことから、損金算入の範囲内で負債計上していた企業が多かった。また企業年金については、債務の認識自体が不要であり、年金にかかる債務はオフバランスとなっていたが、2000（平成12）年４月以降の会計年度より退職給付会計基準が導入され、原則としてすべての企業への適用が決まった。債務総額の増大と企業年金における積立不足も手伝い、その財務インパクトの大きさが企業の重大な経営課題となるに至った。

　退職給付債務は、原則としてすべての退職給付制度を対象に算出するが、掛金拠出以降は事後的な負担が発生しない確定拠出年金制度や中小企業退職金共済制度については退職給付債務の認識は不要となり、また複数事業主制度のうち、年金資産を合理的に按分できない場合は、確定拠出年金制度に準じた会計処理を行うとされている。

　なお、退職給付債務の構成要素を示した概念図が図表３-２-６である。退職一時金制度のように年金資産がない場合で、すべての未認識項目もない場合は、〔退職給付債務＝退職給付引当金〕となる。退職給付引当金

図表3-2-6●退職給付債務・退職給付費用の概念図

【退職給付債務】	
年金資産	
未認識会計基準 変更時差異	退職給付債務
未認識数理計算 上の差異	
未認識過去 勤務債務	
退職給付引当金	

【退職給付費用】	
勤務費用	期待運用収益
利息費用	
数理計算上の 差異処理額	退職給付費用
過去勤務債務 費用処理額	
会計基準変更時 差異処理額	

は貸借対照表の固定負債に計上され、未認識数理計算上の差異および未認識過去勤務費用については、連結財務諸表に限り貸借対照表の純資産の部に計上されることになる。

② 原則法による算定

1）算定方法

退職給付債務の算定は、PBO（Projected Benefit Obligation）という予測給付債務を用いるのが一般的である。PBOとは、将来の昇給を加味したうえで退職時に支払うであろう退職給付見込額を見積もり、その時点ですでに発生した分を現在価値に割り引いた金額のことであり、図表3-2-7のステップで測定する。

退職給付見込額のうち期末までに発生したと認められる額は、期間定

図表3-2-7●退職給付債務の測定概念図

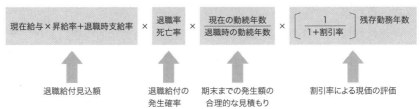

217

額基準または給付算定式基準の2つの期間帰属方法のうち、いずれか1つを選択適用したうえで継続適用し算出しなければならない。

　算定方法は金融機関等への委託計算による方法と、自社計算ソフトを用いる方法とがあるが、すぐに計算できることや多彩なシミュレーション機能によって、基礎率のパターンを変えて試算ができることから、近年では自社計算ソフトを用いる企業が増加している。

2）基礎率

　各種基礎率は退職給付債務計算の要諦であることから、合理的な設定が求められる。主な基礎率は次の項目から構成され、その内容に応じて経済変数的な指数と人員統計的な指数とに大別される。

ア　割引率

　割引率は退職給付債務を計算するに際し、現在価値への割引計算に使用される指数であり、「安全性の高い債券の利回りを基礎として決定する」とされている。安全性の高い債券とは、国債、政府機関債およびダブルA格以上の優良社債をいう。たとえば、自社の残存平均勤務期間が20年の場合は20年国債の決算応答日現在の利回りを参考に決定するなど、きわめて経済変数的な要素の強い指数である。

　通常、割引率を引き下げると退職給付債務は増大し、逆に引き上げると減少する。

イ　退職率

　退職率は、社員が自己都合や定年等により生存退職する年齢別の発生率のことであり、通常は当該企業の過去一定期間の退職実績から算出する人員統計的な指数である。この際、雇用調整に伴う大量退職が発生した場合は、これを除いて算出する。

ウ　死亡率

　死亡率は、社員の在職中および退職後の年金受給期間中における年齢別の死亡率のことであり、通常は国民生命表等の母数の有意性を持った統計データを用いる。

エ　予想昇給率

予想昇給率は、在籍社員の給与（退職給付制度における給与、ポイント制を採用している場合はポイントを金額換算する）が将来どのように変化するかを予測し、社員の昇給状況を推定するために使用する指数であり、給与規程、退職金規程、平均給与の実態、過去の昇給実績等を総合的に勘案し合理的に推定する。なお、昇給ファクターのうち、ベースアップは経済変数的な側面を持つが、定期昇給や昇格に伴うポイントのアップのように過去の実績から推定する部分は、人員統計的な性格を有する。

オ　長期期待運用収益率

長期期待運用収益率は、退職給付費用の計算に際して控除される期待運用収益相当額の年金資産に対する比率のことである。年金資産のポートフォリオ、過去の運用実績、将来の運用方針および市場の動向等を考慮して個別企業の判断に基づいて算定する。

長期期待運用収益率の設定を高くし、実際の運用がそれに対して下回る結果となった場合、その差額は数理計算上の差異という後発債務となり、事後的な償却を余儀なくされるため、適切な水準設定が求められる。

③　簡便法による算定

1）簡便法の適用範囲

退職給付債務の計算は、原則としてすべての企業が原則法によって行うことを基本としているが、従業員数が少ない小規模企業においては、原則法を適用することが大きな事務負担となることに加え、合理的な数理計算が実行できない等の不都合が生じることから、簡便的な手法による債務計算が認められている。簡便法が適用できる小規模企業とは次のとおりである。

　○従業員数が300人未満の企業

　○300人は超えているが、18歳から60歳の年齢ごとに7～8人の在籍者がおらず、偏った年齢別人員構成となっている企業

2）簡便法による退職給付債務の算定

簡便法による退職給付債務の算定は、企業会計基準委員会による「退職給付に関する会計基準の適用指針」で次の方法が挙げられている。

〈退職一時金制度〉

　ア　自己都合要支給額に原則法との比較指数を乗じる方法

　イ　自己都合要支給額に係数を乗じる方法

　ウ　自己都合要支給額を用いる方法

〈企業年金制度〉

　エ　責任準備金（年金財政計算上の数理債務）に原則法との比較指数を用いる方法

　オ　在籍従業員と年金受給者・待機者とをそれぞれ別の方法で計算する方法

　カ　責任準備金（年金財政計算上の数理債務）を用いる方法

　どの方法を選択するかは、自社の制度の実態が合理的に反映できるかという観点から、各企業の判断にゆだねられることになるが、いったん選択した方法は、原則法に変更する場合やより合理的と判断される方法に変更する場合を除き、継続して適用しなければならない。

④　退職給付債務の企業会計への影響

　退職給付債務は企業の固定負債であり、その大きさはそのまま会計上のリスク要素となる。固定負債が大きくなりそれに見合う資産を保有していなければ、それは自己資本の減少に直結する。しかし、債務に見合う十分な年金資産を保有している場合や、確定拠出年金のように、債務そのものを認識する必要がない制度に移行した場合は、バランスシート上のリスクは消滅することになる。

　つまり、退職給付債務は、企業の人事・賃金制度の方向ときわめて密接に連動した負債であり、経営戦略の方向性いかんによって、そのリスクをみずからコントロールできるものなのである。こうした視点で自社の退職給付制度を見直し、改定の方向性を検討するとともに、財務シミュレーションを行いながら、いかにリスクをヘッジしていくかを同時に検証する複合的な取り組みが重要となる。

（２）退職給付費用に関する構成要素と会計処理

① 原則法における退職給付費用

　2000（平成12）年４月からの退職給付会計の導入によって、退職一時金・企業年金の双方について一律の基準により理論的に計算された退職給付費用を損益計算書に計上することになり、企業の退職給付費用について国際間の比較可能性が高まることになった。

　退職給付費用は、次の５つの構成要素からなり、そのいずれもが理論計算によって通常は期首に算定することとなる。

② 退職給付費用の５つの構成要素

　退職給付費用は次の５つの構成要素の加減計算により計算される。

　　退職給付費用＝勤務費用＋利息費用＋過去勤務債務の費用処理額＋
　　　　　　　　数理計算上の差異の費用処理額－期待運用収益

　上記の算式を概念図で表したものが前掲の図表３-２-６である。

１）勤務費用

　勤務費用とは、将来１年分の勤務に応じて当期に発生するであろう債務増加額の見積もり額のことである。当期に発生していると認められる金額は、退職給付債務計算と連動した次の２つの方法のうちいずれかを選択適用し計算したものであり、予想退職時期ごとの当期に発生したと認められる退職給付見込額を割引率を用いて割り引いた金額を合計して算出する。

ア　期間定額基準

　退職時点までの勤務期間に対する当期の勤務期間の割合を用いて算出する方法。

イ　給付算定式基準

　退職給付制度の給付算定式に従って各勤務期間に帰属させた給付に基づき見積もった額を、退職給付見込額の各期の発生額とする方法。

２）利息費用

　利息費用とは、割引計算により算定された期首退職給付債務について、

期末までの時間の経過により発生する計算上の利息を乗じて得た金額であり、割引率を計算上の利率として使用する。

3）過去勤務費用

給付改善や給付減額といった退職給付制度の給付水準の改定による退職給付債務の増加または減少額のうち、当期において計上する費用をいう。当該費用は、平均残存勤務期間内の一定期間内で定額償却が可能となる。

4）数理計算上の差異の費用処理額

①年金資産の期待運用収益と実際の運用成果との差異、②退職給付債務の数理計算に用いた見積もり数値と実績との差異、③基礎率の変更等により発生した差異など、期首の予定計算と期末の実績計算との間で生じた差異を数理計算上の差異という。当該差異は、平均残存勤務期間内の一定期間で定額償却が可能となり、その当期分の処理額を費用計上することになる。

5）期待運用収益

退職給付債務算定の際に用いた長期期待運用収益率を期首年金資産に乗じて得た金額であり、他の退職給付費用から控除する項目であるが、市況環境によってマイナス利率が想定される場合は費用の加算項目となる。

③ 遅延認識

退職給付費用のうち、過去勤務費用と数理計算上の差異の費用処理額については、平均残存勤務年数以内の一定期間での償却が認められている。市場の激変に伴う年金資産の乱高下や長期金利の急な変動といった予測不能な事象によって生じる差異は、一定期間の相殺効果の活用こそ合理性があるとの判断から、P/Lインパクトを最小限にするための遅延認識の妥当性を肯定している。

しかし、わが国の退職給付会計基準の改正により、2013（平成25）年4月以降、過去勤務費用や数理計算上の差異の費用処理額について、連結貸借対照表上に計上しなければならなくなるなど、会計基準の変更が進んでいることに加え、IFRS（International Financial Reporting Stan-

dards＝国際財務報告基準）による退職給付会計の適用も視野に入れ、
会計基準の動向に注意を払う必要がある。

④　簡便法における退職給付費用

　簡便法を適用した場合の退職給付費用の算定は、原則法とはまったく
異なることに注意を要する。簡便法の場合は、原則として、期首退職給付
引当金残高（期首退職給付にかかる負債残高）から退職一時金制度にか
かる当期退職給付額および企業年金制度への当期拠出額を控除した後の
残高と、期末の退職給付引当金との差額が当年度の退職給付費用となる。

　簡便法では、特に企業年金制度において、退職給付債務と年金資産と
の差異（＝積立不足）が拡大した場合、多額の退職給付費用が発生して
しまい、原則法のような遅延認識が行えないことから、当年度の費用と
して一括計上しなければならなくなる等のリスクを抱えることになる。
また、原則法に変更する場合も、通常は退職給付債務が増大することに
なるため注意が必要である。

（3）人事担当者にとっての退職給付会計

　退職給付会計は、通常人事部門が担う退職給付諸制度の設計・変更・
年金財政管理・退職者への給付といった機能と、人事部門あるいは財務
部門が担う年金資産の運用に関する機能、そして経理部門が担う会計処
理機能のすべてを包含してとらえる必要がある。基礎率の設定を変えた
場合、退職給付債務・費用がどの程度増減するのか、退職給付制度を改
定するのであれば、それによって退職給付債務がどれだけ増加するか、
それが退職給付費用をどれだけ増額させ企業経営に影響を及ぼすかとい
う視点を持つ必要がある（→図表3-2-8）。また、確定給付型企業年
金制度において、継続基準や非継続基準の財政検証の結果、積立水準を
改善するための掛金の追加拠出がどれだけの財務インパクトを与えるか、
予定利率を引き下げた場合や、年金資産の運用が悪化した場合の企業財
務への影響もまた同様である。

　月例賃金や賞与と異なり、退職給付制度は常に債務と資産の均衡を図

図表３-２-８●各基礎率の退職給付債務・費用に与える影響

各基礎率が→	退職給付債務に与える影響		退職給付費用に与える影響	
	上昇	低下	上昇	低下
割引率	縮小する	拡大する	低下する	上昇する
退職率	縮小する（注）	拡大する	上昇する	低下する
予想昇給率	拡大する	縮小する	上昇する	低下する
長期期待運用収益率	―	―	低下する	上昇する

注）ただし、退職率の上昇により残存平均勤務期間が短くなると、より短期の債券利回り
　　を基準に割引率を設定しなければならなくなるため、結果として割引率を引き下げるこ
　　とにより、退職給付債務が上昇する可能性がある。

りながらコントロールする必要があり、そこには市場といった不確実性
の高い要素も介入してくる。

　これらにかんがみ、人事担当者は、自社の退職給付制度に関する専門的
な知識を持つことはもちろん、退職給付会計に関する幅広い知識を身に
つけ、常に企業会計への影響を踏まえて制度運営を行うことが求められる。

Column　　コーヒーブレイク

《元祖401k》

　401kはアメリカの確定拠出型年金制度の１つで、内国歳入法の条項名（401条
Ｋ項）からきた名称である。同制度では、使用者が社員のために支出する拠出金
が退職後の所得保障であるということで、拠出金とその運用益に対する課税が繰
り延べされる。

　使用者は年金制度の受託者となり、年金基金の投資先の選定、運用成績のモニ
タリングを行う責任がある。導入状況を見ると、1980年代から始まり拡大した制
度である。

　1980年代はアメリカ企業がリストラに追われた時代である。費用負担が拡大す
る確定給付型の企業年金に頭を悩ませていた企業が、将来の給付のリスクを回避
するために積極的に導入を進めてきた。いまの日本と似た状況にあったわけである。

第 3 節　社会保険制度の基礎

学習のポイント

◆法定福利厚生には、雇用保険、労災保険からなる労働保険制度と、国民年金、厚生年金保険、健康保険等からなる社会保険制度の分野がある。
◆ここでは、それぞれの制度の詳細を、制度の目的、保険料の決まり方、給付のしくみの観点から説明している。

1　健康保険法

（1）制度の目的と構成

　医療保険とは、病気やケガに備えて保険料を出し合い、医療を受けたときに保険から医療費を支払うしくみであり、わが国ではすべての国民が公的医療保険制度に加入する国民皆保険制度がとられている。

　医療保険制度は職域・地域、年齢（高齢・老齢）に応じて設けられている医療保険と高齢者医療保険から構成される。→図表3-3-1

　まず医療保険には、勤労者を対象にした被用者保険と、自営業等の勤労者以外を対象にした地域保険（都道府県・市町村が保険者）の国民健康保険がある。前者の被用者保険は、主に中小企業の労働者を対象にした全国健康保険協会を保険者とする協会けんぽと、大手企業の労働者を対象にした健康保険組合を保険者とする組合管掌健康保険の2つである。なお、健康保険組合は常時700人以上の従業員が働く企業であれば単独で、同種・同業の企業を集めて常時3,000人以上であれば複数の企業が共同で、厚生労働大臣の認可を得て設立することができる。被用者保険に

図表３-３-１ ● わが国の医療保険制度の体系

医療保険制度の体系

後期高齢者医療制度

約15兆円

・75歳以上
・約1,690万人
・保険者数：47（広域連合）

75歳

前期高齢者財政調整制度（約1,690万人）約7兆円（再掲）※3

65歳

国民健康保険 （市町村国保＋国保組合）	協会けんぽ（旧政管健保）	健康保険組合	共済組合
・自営業者、年金生活者、 非正規雇用者等 ・約3,480万人 ・保険者数：約1,900	・中小企業のサラリーマン ・約3,830万人 ・保険者数：1	・大企業のサラリーマン ・約2,850万人 ・保険者数：約1,400	・公務員 ・約860万人 ・保険者数：85
約10兆円	約6兆円	健保組合・共済等　約5兆円	

※1　加入者数・保険者数、金額は、平成29年度予算ベースの数値。
※2　上記のほか、経過措置として退職者医療（対象者約90万人）がある。
※3　前期高齢者数（約1,690万人）の内訳は、国保約1,300万人、協会けんぽ約220万人、健康保険組合約90万人、共済組合約10万人。

出所：厚生労働省ホームページ

　は、それ以外にも船員を対象とする船員保険、国家公務員・地方公務員・私立学校教職員等を対象とする共済組合制度がある。

　定年等で退職した多くの高齢者は、前記の被用者保険から外れ、75歳まで国民健康保険に加入する。多くの職域保険からの脱退者が一斉に国民健康保険に移るため、運営主体である都道府県および市町村の医療費負担の増加を調整する機能として、前期高齢者財政調整制度がある。前期高齢者財政調整制度とは、65歳～74歳の前期高齢者の医療費について、被用者保険と国民健康保険間の負担を調整するための制度である。前期高齢者財政調整制度は、後期高齢者医療制度のように独立した社会保険制度ではなく、あくまでも「制度間の医療費負担の不均衡の調整」を行うために設けられた財源調整制度である。したがって、被保険者が65歳に達し、前期高齢者になっても75歳に達するまでの間は現在加入してい

る各医療保険者により、療養の給付や高額療養費等の給付、保健事業を
従来どおり受けることになる。

　一方、75歳以上のすべての高齢者（あるいは、65歳以上で一定の障害
がある人）は、都道府県単位の広域連合を保険者とする後期高齢者医療
制度から医療の給付を受けることができる。同制度の費用は、国・都道
府県・市町村からの公費とともに、健康保険組合など医療保険者からの
拠出金（後期高齢者支援金）および高齢者の保険料で賄われている。

（2）被保険者、被扶養者

① 被保険者

　健康保険の適用事業である適用事業所に使用される者は、原則として
すべて被保険者となる。ただし、適用事業であっても、個人経営の5人
未満の事業所は強制適用事業には該当しない。また、次に該当する者は
一般の被保険者の範囲から除かれるが、日雇特例被保険者として加入す
ることになる。

　① 臨時に使用される者

　　ア 日々雇い入れられる者

　　イ 2カ月以内の期間を定めて使用される者

　② 季節的業務（4カ月以内）に使用される者

　③ 臨時的事業の事業所（6カ月以内）に使用される者

　また、一般の被保険者のうち、所定労働日数や所定労働時間の短いパ
ートタイマー等については、常用的雇用関係にあるかどうかという判断
基準のもとに、使用関係の実態に即して次のいずれにも該当する場合を
1つの目安として、保険者が確認する。

　① 1日または1週の労働時間が、一般の労働者の所定労働時間のお
　　おむね4分の3以上であること

　② 1カ月の勤務日数が、一般の労働者の所定労働日数のおおむね4
　　分の3以上であること

2016（平成28）年10月からは、上記①、②の要件を満たさない場合で

あっても、従業員数（厚生年金被保険者数）501名以上の企業で働くパートタイマー等については、次の条件を満たす場合は被保険者となる。

① 週所定労働時間が20時間以上であること

② 賃金月額が8.8万円以上であること

③ 1年以上使用されることが見込まれること

なお、従業員数が500名以下の企業であっても、労使合意があれば501名以上の条件を満たすことになる。また、2022（令和4）年10月からは従業員数が101名以上、2024（令和6）年10月からは同51名以上に要件が緩和されることになる。

② 被扶養者

被保険者に生計を維持されている家族で、次のいずれかに該当する75歳未満の者が、保険者の認定により被扶養者となる。

① 被保険者と同居・別居いずれの場合でもよい場合

　ア 被保険者の配偶者（内縁関係でもよい）

　イ 被保険者の子、孫、兄弟姉妹

　ウ 被保険者の父母、祖父母などの直系尊属

② 被保険者と同居していることが条件となる場合

　ア 被保険者の伯叔父母、甥姪などとその配偶者、被保険者の孫・兄弟姉妹の配偶者、被保険者の配偶者の父母や連れ子など①以外の3親等以内の親族

　イ 被保険者と内縁関係にある配偶者の父母、子（その配偶者の死後、引き続き同居している場合も含む）

（3）保険料の決まり方

保険料の決まり方は制度によって異なるので、ここでは代表的な被用者保険である組合管掌健康保険について見ておきたい。健康保険の保険料には、健康保険の給付のための一般保険料と、介護保険のための介護保険料があり（この点については後述する）、両保険料ともに標準報酬月額と標準賞与額に各保険料率を乗じて決定される。

標準報酬月額は、1等級58,000円から50等級1,390,000円まで区分され、標準賞与額の上限は、厚生年金保険の1カ月当たり150万円に対し、健康保険では年度累計（4月〜3月）で573万円までとされている。

なお、協会けんぽの一般保険料率は都道府県ごとに設定され、2019（令和元）年度は新潟県の9.63％から佐賀県の10.75％まで1.12％の格差があり、保険料の負担は労使折半である。

次に、組合管掌健康保険の一般保険料については、健康保険組合が3％から13％の範囲で決定できる。保険料の負担は労使折半が原則であるが、事業主の負担を増やすことができる。健康保険組合の行う事業は保険給付事業と保健事業・福祉事業から構成され、保険給付事業では、被保険者やその扶養家族の病気、ケガ、出産、死亡などに対して医療の負担や給付金の支給を行う。保健事業は被保険者やその扶養家族の健康の維持・増進を図る事業であり、それには健康づくりの広報、健康診断、健康相談、保養所や体育施設の運営などがある。福祉事業は、療養のための費用・用具の貸付事業などである。

（4）保険給付の概要

① 療養の給付

保険給付を行う方法には、病気やケガをした場合に医療そのものを給付する方法と、治療にかかった費用を給付する方法の2つがあり、前者を現物給付、後者を現金給付と呼ぶ。医療保険が給付する割合は、制度にかかわらず年齢別に以下のように統一されている。

① 義務教育就学前…8割（自己負担2割）
② 義務教育就学後〜69歳…7割（自己負担3割）
③ 70歳〜74歳…8割（自己負担2割）。ただし、一定以上の所得者は7割（自己負担3割）
④ 75歳以上後期高齢者医療制度対象者…9割（自己負担1割）。ただし、一定以上の所得者は7割（自己負担3割）

② その他の保険給付

健康保険では、療養の給付のほかに次の保険給付が用意されている。

① 高額療養費

　1カ月の窓口負担が自己負担限度額を超えたとき、その超えた分。

② 傷病手当金

　療養のため仕事を休み賃金が支給されないとき、欠勤1日につき標準報酬日額の3分の2を継続する欠勤4日目から最高1年6カ月支給。

③ 出産手当金

　出産で仕事を休み賃金が支給されないとき、出産日（出産が予定日より遅れた場合は出産予定日）以前42日（多胎妊娠の場合は98日）から出産後56日までの期間、欠勤1日につき標準報酬日額の3分の2に相当する額を支給。

④ 出産育児一時金（家族出産育児一時金）

　被保険者本人（被扶養者）が妊娠4カ月（85日）以上で出産したとき、1児につき42万円を支給。

⑤ 埋葬料（費）、家族埋葬料

　被保険者本人および被扶養者が死亡したときは5万円を支給。

2 介護保険法

（1）制度の目的としくみ

　介護保険制度は、介護を必要とするときに保険給付を受けて介護サービスを購入する社会保険制度であり、40歳以上が加入する強制保険である。従来の行政主導の措置制度に代わり、利用者が権利として介護サービスを選択できる契約制度とした点に特徴がある。

　介護保険の保険者は市町村（特別区を含む）であり、被保険者は65歳以上の第1号被保険者と40歳から64歳の第2号被保険者からなる。また、利用者負担は費用の10％から30％であり、残りが介護保険から支給される。介護保険の財源は50％が後述する保険料から、50％が公費からであり、公費の構成は国25％、都道府県12.5％、市町村12.5％である。

（2）被保険者

40歳以上のすべての医療保険加入者が介護保険の加入者となるが、年齢に応じて次のとおり被保険者区分が設定され、区分ごとに保険料の算定・徴収方法や、サービス利用の条件が異なる。

① 第1号被保険者

65歳以上の医療保険加入者で、介護が必要な場合に要介護認定・要介護支援認定を受けたときは、その原因を問わず介護サービスが受けられる。

② 第2号被保険者

40歳から64歳の医療保険加入者で、「老化に起因する特定疾病」によって介護が必要になった場合にのみ、要介護認定・要介護支援認定を受けて介護サービスの対象となる。

（3）保険料の決まり方

第1号被保険者の保険料は、市町村の介護サービス施設の整備状況や高齢化の状況によって異なる。市町村は厚生労働省の定めるガイドラインに基づいて基準額を設定し、それを基準にしつつ所得に応じて保険料を決める。保険料の徴収は、老齢・退職・障害・死亡を支給事由とする年金が一定額以上の場合には、同年金から特別徴収（いわゆる、「天引き」）を行い、それ以下の場合には市町村が国民健康保険料と合わせて徴収を行う。

第2号被保険者の保険料は、それぞれが加入する医療保険のルールに基づいて決められる。組合管掌健康保険と協会けんぽの場合には、

保険料＝標準報酬額×保険料率

であり、原則として負担は労使折半である。協会けんぽの保険料率は1.73％（2019（令和元）年現在の料率）である。組合管掌健康保険の保険料は健康保険組合によって異なり、各健康保険組合に割り当てられる納付金（介護給付費納付金）を40歳から64歳の被保険者の標準報酬総額

で除して算出される。なお、健康保険の被保険者本人が40歳未満であっても、被扶養者が第2号被保険者に該当する場合は、健康保険の被保険者本人に介護保険料納付義務が発生する健康保険組合があることに注意が必要である。

（4）給付のしくみ

　保険給付には、①要介護認定者に対する介護給付、②要介護支援認定者に対する予防給付、③要介護認定者・要介護支援認定者に対する市町村特別給付がある。要介護認定者・要介護支援者は、ケアプラン・介護予防プランに基づき、自由に選択した指定サービス事業者・許可介護保険施設から、居宅・事業所・施設において保険給付（介護サービス）を受けることができる。制度上は介護サービスを受けた後に償還を受ける現金給付方式であるが、実際は大部分が原則1割の自己負担分をサービス事業者等に支払うだけで足りる現物給付方式となっている。ケアプラン作成費については、自己負担分はない。

3 　国民年金法

（1）制度の目的

　国民年金制度について定めた法律である。老齢、障害または死亡によって国民生活の安定が損なわれることを国民の共同連帯によって防止し、健全な国民生活の維持および向上に寄与することを目的としている。1959（昭和34）年に成立し、国民健康保険制度とあわせて国民皆保険・国民皆年金が実現した。

　わが国の公的年金制度は、国民すべてが国民年金に加入し、基礎年金を受ける国民皆年金のしくみをとっている。前掲の図表3-2-2に示してあるように、国民は、職業などに応じて国民年金第1号被保険者、第2号被保険者、第3号被保険者のいずれかの被保険者となる。

（2）被保険者

① 国民年金第1号被保険者

日本国内に住所を有する20歳以上60歳未満の自営業、農林漁業者等、学生、障害厚生年金・遺族厚生年金の受給者や被用者以外の外国人等が対象となる。

② 国民年金第2号被保険者

厚生年金の被保険者が対象となる。被用者であれば、20歳以下60歳以上でも国民年金第2号被保険者となることができるが、65歳以上は老齢基礎年金・老齢厚生年金の受給資格がない場合に限られる。

③ 国民年金第3号被保険者

国民年金第2号被保険者の被扶養配偶者（内縁関係も含む）で、20歳以上60歳未満の者が対象となる。

（3）保険料の決まり方

国民年金第1号被保険者は毎月定額（2020（令和2）年度は月額16,540円）の保険料を納付する義務があるが、国民年金第2号被保険者の保険料は厚生年金保険料に含まれていること、また国民年金第3号被保険者は、配偶者である第2号被保険者が加入している被用者年金制度（厚生年金保険や共済組合など）の保険者が集めた保険料や掛金などの一部を基礎年金拠出金として毎年度負担しているため、それぞれ保険料は免除されている。

（4）給付のしくみ

65歳に到達し、受給資格期間が10年以上ある場合は、老齢基礎年金が支給される。そのほかの年金として、障害基礎年金・遺族基礎年金・付加年金がある。また、国民年金第1号被保険者であった者の遺族を対象に寡婦年金および死亡一時金、国民年金第1号被保険者であった外国人を対象に脱退一時金がある。なお、主に国民年金第1号被保険者のために基礎年金への上積み給付として国民年金基金制度（任意加入）がある。

4　厚生年金保険法

（1）制度の目的

　厚生年金保険は、労働者の老齢、障害または死亡について保険給付を行い、労働者およびその遺族の生活の安定と福祉の向上に寄与することを目的とする。国民年金が全国民を対象にして基礎年金を支給する1階部分とすれば、厚生年金は被用者を対象とする2階部分の年金制度である。

（2）被保険者

　厚生年金の適用事業所は、健康保険と同じである。適用事業所の範囲は、健康保険の適用事業所に船舶が加わる。厚生年金の被保険者は、健康保険の被保険者資格の得喪と一体となって運用されるが、70歳になると被保険者の資格を喪失する。ただし、70歳になっても老齢基礎年金等の受給資格期間を満たしていない者は、満たすまでの間は高齢任意加入被保険者として任意加入が可能となる。

　厚生年金の被保険者は、国民年金の加入被保険者でもあり、加入の手続は厚生年金に加入すると自動的に国民年金の被保険者の手続が行われ、2つの年金に同時に加入することになる。

　なお、2015（平成27）年10月から、公務員等を対象とした共済年金が厚生年金に統合されたため、厚生年金に被保険者の種別が図表3-3-2のように設けられた。なお、各共済組合も厚生年金の実施機関として第2号～第4号厚生年金被保険者に保険給付を行うこととされた。

図表3-3-2●厚生年金被保険者の種別

被保険者区分	対　象　者
第1号厚生年金被保険者	民間企業の会社員等
第2号厚生年金被保険者	国家公務員共済組合の組合員
第3号厚生年金被保険者	地方公務員等共済組合の組合員
第4号厚生年金被保険者	私立学校教職員共済制度の加入者

（3）保険料の決まり方

　保険料は、報酬（月収）および賞与に保険料率を掛けて計算される。この報酬には金銭、現物にかかわらずすべての税引き前の労務の対価が含まれ、給料、俸給、手当等とともに通勤手当も対象になる。なお2003（平成15）年に総報酬制が導入され、賞与も保険料の算定基礎になっている。

　保険料率は報酬・賞与ともに18.30％で、それを労使が折半で負担する。

　なお、保険料および年金給付額を計算する際には、実際の報酬額および賞与額は使われず、報酬については標準報酬月額が、賞与については標準賞与額が用いられる。すなわち標準報酬月額では、実際の月収を31等級からなる標準報酬月額のいずれかに当てはめ、実際の報酬が月額93,000円未満の場合を第1等級の88,000円、実際の報酬が月額605,000円以上の場合を第31等級の620,000円としている。また標準賞与額では、税引き前の実際の賞与額の1,000円未満の額を切り捨て、150万円を超えた場合には150万円とされている。

（4）給付のしくみ

　厚生年金制度では、①老齢になった場合（老齢厚生年金）、②障害を有することになった場合（障害厚生年金）、③年金受給者あるいは被保険者が死亡した場合（遺族厚生年金）、について年金・一時金が支給される。

　老齢厚生年金の支給要件は、原則として国民年金に10年以上加入していることである。そのもとで労働者は65歳から老齢厚生年金を受給する。現在は制度変更の過渡期であるので、第1号厚生年金被保険者については1961（昭和36）年（女性は1966（昭和41）年）4月1日以前に生まれた者には、生年月日に応じて60歳から64歳までのいずれかの年齢を開始年齢として、特別支給の老齢厚生年金（報酬比例部分）が支給される。図表3-3-3に示してあるように、この特別支給の老齢厚生年金の支給開始年齢は段階的に引き上げられ、2013（平成25）年（女性は2018（平成30）年）に特別支給の老齢厚生年金（定額部分）が、2025（令和7）年

図表３－３－３ ● 特別支給の老齢厚生年金（報酬比例部分）の支給開始年齢の引き上げ

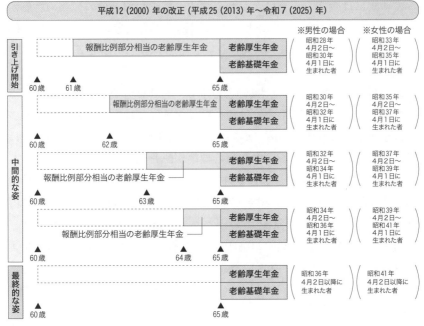

出所：厚生労働省ホームページ

（女性は2030（令和12）年に報酬比例部分相当の老齢厚生年金（報酬比例部分）がなくなり、完全に65歳が支給開始年齢になる。

高年齢者の人事管理を考えるうえで重要なもう１つの制度がある。それは、60歳以上で働いている厚生年金の受給者が、賃金月額が一定水準以上の場合には、賃金と老齢厚生年金の合計額に応じて、老齢厚生年金の額が減額される制度である。賃金と年金の併給は過剰給付となるという考えに基づいており、在職老齢年金制度という。この制度では、賃金と年金の合計額が多くなると、以下のルールに従って、一定額が減額されるしくみになっている。60歳台前半の場合と60歳台後半以降の場合とでは、減額ルールが異なる。なお、厚生年金の被保険者資格は原則とし

て70歳まで認められるので、前記の受給権者は60歳から70歳までは被保険者として保険料を納付中の者である。70歳を超えて被保険者資格を失っても、受給権者である場合には在職老齢年金として減額対象となる。

〔60歳以上65歳未満の場合〕（2020（令和2）年3月時点）

　賃金と年金の合計額（以後、合計額と呼ぶ）が月額28万円に達するまでは減額されない。

① 年金が月額28万円以下で賃金が月額47万円以下の場合は、合計額から28万円を控除した残額の半分が年金から減額される。

② 年金が月額28万円以下で賃金が月額47万円を超える場合は、年金と47万円の合計額から28万円を控除した残額の半分と、賃金から47万円を控除した残額の合計額が年金から減額される。

③ 年金が月額28万円を超え賃金が月額47万円以下の場合は、賃金の半額が減額される。

④ 年金が月額28万円を超え賃金が月額47万円を超える場合は、47万円の半額（＝23.5万円）に賃金から47万円を控除した残額を合算した額が減額される。

〔65歳以上の場合（70歳以上の受給権者で、被保険者ではない就労中の者も含む）〕

① 合計額が月額47万円以下の場合は減額されない。

② 合計額が月額47万円を超える場合は、合計額から47万円を控除した残額の半分が年金から減額される。

　＊「28万円」と「47万円」は、物価と賃金の変動に応じて見直される。

　したがって、60歳以降の高齢者を継続的に雇用する場合には、このような減額ルールを持つ在職老齢年金のしくみを十分理解したうえで高齢者の賃金を決めることが必要である。

　ただし、この場合の賃金月額は、直近の1年間に受けた賞与も含まれるため、次の式で計算された総報酬月額相当額とされるので、注意が必要である。

在職老齢年金で使用される賃金月額＝総報酬月額相当額＝該当月の
標準報酬月額＋直近1年間に受けた標準賞与額の総額÷12

5　雇用保険法

（1）制度の目的

雇用保険制度は雇用保険法に基づき、原則的に労働者を雇用するすべ
ての事業主に適用される以下の機能を有する強制保険制度である。

① 労働者が失業した場合、雇用の継続が困難になった場合およびみ
ずから教育訓練を受けた場合に、生活および雇用の安定と就職の促
進のために失業等給付を支給する。

② 失業の予防・雇用機会の増大、労働者の能力開発等に資する雇用
対策などの付帯事業を実施する。これらの事業は雇用保険二事業と
呼ばれている。

図表3-3-4は、こうした目的に沿って実施されている主要な事業の
構成について示している。失業等給付の事業は、失業した場合の給付で
ある求職者給付と就職促進給付に加えて、教育訓練給付と雇用継続給付
から、雇用保険二事業は雇用安定事業、能力開発事業から構成されている。

（2）被保険者

適用事業所に雇用される労働者は、適用除外者を除き強制的に被保険
者となる。雇用保険の被保険者は、次のとおり種類と要件に応じて4種
類に区分される。

① 一般被保険者

高年齢被保険者、短期雇用特例被保険者および日雇労働被保険者以
外の被保険者をいう。

② 高年齢被保険者

事業主の適用事業に65歳に達した日以後の日において雇用されてい

図表3-3-4 ● 雇用保険の事業の概要

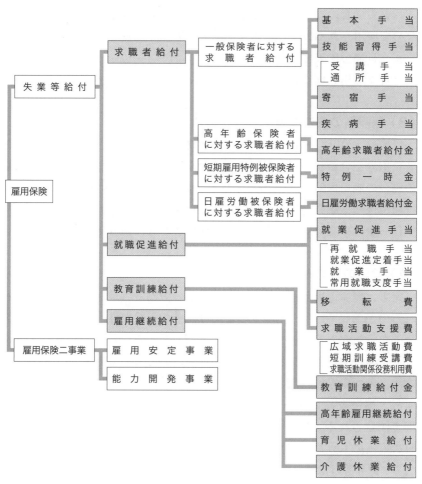

出所：厚生労働省ホームページ

　る者。

③　短期雇用特例被保険者

　　季節的に雇用される者のうち次のいずれにも該当しない者。

　　ア　4カ月以内の期間を定めて雇用される者

イ　1週間の所定労働時間が30時間未満である者

この場合の「季節的に雇用される者」とは、季節的業務に期間を定めて雇用される者または季節的に入・離職する者をいう。

④　日雇労働被保険者

日々雇用される者または30日以内の期間を定めて雇用される者。

（3）保険料の決まり方

保険料（2019（平成31）年4月改定の料率）は、事業主負担分と被保険者負担分を合わせた雇用保険率を賃金額に乗じた額になり、一般の事業の場合の雇用保険率は9/1000である。なお、事業主負担分の中の3/1000は雇用保険二事業の保険率であり、したがって失業等給付に対する保険率は一般の事業の場合で事業主、被保険者ともに3/1000である。

（4）給付のしくみ

定年、倒産、自己都合等により失業中の労働者（被保険者）に支給されるのが求職者給付の基本手当であり、その受給要件は、①就職する積極的な意思があること、②就職できる能力があること、③本人とハローワークの努力によっても「失業の状態」にあること、の3つである。基本手当の所定給付日数（基本手当の支給を受けることのできる日数）は年齢、被保険者であった期間、離職理由などによって、90日〜360日の間で決定される。1日当たりの支給金額（基本手当日額）は、離職した日の直前の6カ月に毎月決まって支給された賃金（つまり、残業手当は含み、賞与等は除く）の合計を180日で割って算出した金額（賃金日額）のおよそ50％〜80％（60歳〜64歳については45％〜80％）である。また再就職をするために公共職業訓練等を受講する必要があると認められ、受講指示を受けた場合には、訓練期間中に所定給付日数が終了しても、訓練が終了する日まで引き続き基本手当が支給されるほか、訓練受講に要する費用として受講手当や通所手当など技能習得手当が支給される。なお就職を促進するために、一定の所定給付日数を残して就職した場合

には就業促進手当が支給される。

　教育訓練給付制度は、労働者の主体的な能力開発の取り組みを支援するための給付制度である。雇用保険の被保険者であった期間（支給要件期間）が３年以上（初めて教育訓練給付金を受給する者は当分の間、１年以上）であること等の要件を満たす在職者あるいは離職者が、厚生労働大臣の指定する教育訓練を受講し修了した場合に、教育訓練施設に支払った教育訓練経費の一定割合の額（上限あり）が支給される。

　最後に、労働者の雇用継続を支援するための雇用継続給付制度には、前掲の図表３-３-４に示したように、高年齢雇用継続給付、育児休業給付、介護休業給付がある。高年齢雇用継続給付は、被保険者であった期間が通算５年以上であって、60歳到達時等の時点に比べて賃金が75％未満に低下した状態で働き続ける労働者に対して、賃金の低下額の一定割合を65歳まで補てんする高年齢雇用継続基本給付金と、失業給付の基本手当を受給した後の60歳以後に再就職し、賃金が基本手当の75％未満になった労働者に対して一定期間支給される高年齢再就職給付金からなる。

6　労働者災害補償保険法

（1）制度の目的
①　制度の概要

　労災保険制度は労働者災害補償保険法に基づき、労働者が業務上の災害や通勤による災害を受けた場合に、被災労働者や遺族を保護するために必要な保険給付を行う制度である。また、労働者の社会復帰の促進等を図るための事業も行われている。

　労災保険の適用を受ける労働者は、労働基準法にいう労働者と同義であって、使用従属関係にある者をいう。すなわち労働者であれば、常用労働者に限らずパートタイム労働者、アルバイト労働者、臨時雇用、日雇いなどの雇用形態にかかわらず、労働の対価として賃金を受けるすべての者が適用対象となる。また、二重の労働契約関係を有する出向労働

者は、出向先事業の組織に組み入れられ、出向先事業主の指揮監督を受けて労働に従事するため、出向先事業場で適用される。

② 保険料の決まり方

　事業主が、雇用する労働者に支払う賃金の総額に労災保険料率を乗じて算出した金額を全額負担する。労災保険料率は事業の種類によって異なり、2.5/1000から88/1000（2018（平成30）年4月改定の料率）の範囲で決定される。なお労働災害の多寡により、保険料率を増減させるメリット制があり、大きな労働災害が発生する、あるいは労働災害が多発する場合には保険料率が高くなり、労働災害が少ない場合には低くなる。

（2）給付のしくみ

　労災保険制度では、傷病等の状態により多様な給付が行われている。図表3-3-5に示したように、業務災害、通勤災害によって負傷、疾病を負った労働者には、まず療養（補償）給付と休業（補償）給付が支給される。さらに、療養によって治癒した場合でも障害が残ると障害（補償）給付（一時金または年金）が、治癒しない場合には傷病（補償）年金が、死亡した場合には遺族（補償）給付（一時金または年金）と葬祭料（葬祭給付）が支給される。それら以外にも、障害（補償）給付（年金）あるいは傷病（補償）年金を受給し、介護を必要としている労働者に対して介護（補償）給付が用意されている。また、予防給付として二次健康診断等給付がある。

　もう1つの社会復帰促進等事業では、被災労働者の社会復帰と、被災労働者とその家族の援護と福祉の増進を図るために多様な事業が行われている。保険給付に上積みを行う特別支給金制度、身体に障害が残った労働者に対する義肢その他の補装具の現物支給（修理）、被災労働者の遺族等に対する就学・就労・保育援護のための援護費の支給、重度の脊髄損傷者、下肢に重度の障害を受けた労働者の社会復帰を援助するための労災リハビリテーション作業所の運営などがその代表的な例である。また、安全衛生確保等事業や未払い賃金の立替払事業も行われている。

図表３-３-５ ● 労災保険給付の概要

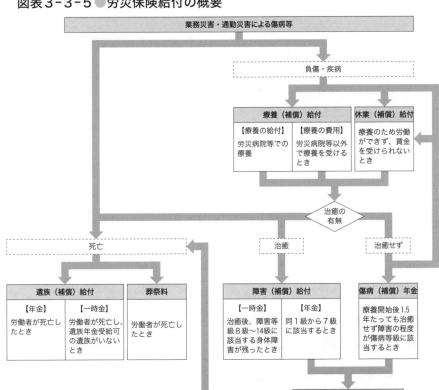

Column コーヒーブレイク

《労働保険の保険料の徴収等に関する法律》

　労災保険と雇用保険とは別個の制度であるため、もともとはそれぞれ異なった手続方法によって適用徴収の事務処理を行っていた。しかし、このような方法では、事業主に過重の事務負担をかけることになり、また保険事業運営の面から見ても効率的な事務処理が難しいという状況にあった。そこで、両保険の一元的な適用と保険料徴収方法の一元化を行い、保険加入者の利便と両保険の適用徴収事務の簡素化と能率化を図るために、1972（昭和47）年から施行されたのが「労働保険の保険料の徴収等に関する法律」である。この法律は「労働保険徴収法」と略称で呼ばれる。

　労働保険徴収法は、主として次の3つについて規定している

　①　労働保険の保険関係の成立および消滅

　②　労働保険料の納付の手続

　③　労働保険事務組合等に関する事項

第3章　理解度チェック

次の設問に、〇×で解答しなさい（解答・解説は後段参照）。

1 労働分配率は人件費を付加価値で除した値であり、適正な労働分配率は産業や企業によって異なる。

2 職能給とは職能資格制度のもとで本人の能力の高さに対して支払われる給与であり、職務給は人ではなく仕事の価値に対して支払われる給与である。

3 業績連動型賞与を導入する場合に大切なことは、業績と賞与原資をできるだけリンクさせるために賞与の大半を業績連動とすることである。

4 退職給付制度は、単なる賃金の後払いであって、人的資源管理上の効果などは期待できない。

5 健康保険、厚生年金保険ともに、労働者5人未満の法人の小規模事業所への適用は強制ではなく、任意である。

第3章　理解度チェック

解答・解説

1 ○
労働分配率は産業によって異なるとともに、企業の労務構成などによっても異なるため、企業横断的に適正な値があるわけではない。むしろ、自社の事業計画に照らして適正値を明らかにし、設定することが重要である。

2 ○
近年は職能給であっても保有する能力よりも発揮された能力に対して支給する企業が多くなっている。職務給は仕事固有の価値だけでなく本人の担っている役割に対して支給する役割給を導入する企業が多くなっている。

3 ×
原資管理という観点からは、業績と賞与をできるだけリンクさせたほうがよいが、業績連動の目的は従業員の労働意欲を会社がめざす方向に向けることにあり、会社や部門の業績と個人の賞与をリンクさせるのは一定範囲内が望ましい。

4 ×
効果的な制度導入・運用によって、従業員の長期定着性や、モチベーションの維持・向上などの人的資源管理上の効果が期待できる。

5 ×
法人の場合は使用する労働者数にかかわらず強制適用となる。法人以外または事業の種類が強制適用事業所とならない常時使用する労働者が5人未満の事業所は、働く半数以上の人が同意し、事業主が申請して厚生労働大臣の認可を受けたときに適用事業所になることができる。

参考文献

今野浩一郎『勝ち抜く賃金改革　日本型仕事給のすすめ』日本経済新聞社、
　1998年

今野浩一郎・佐藤博樹『人事管理入門〔第2版〕』日本経済新聞社、2009年

奥林康司編著『成果と公平の報酬制度』中央経済社、2003年

楠田丘『賃金表の作り方〔改訂新版〕』経営書院、2006年

窪田千貫『適正労働分配率の算定と運用』中央経済社、1994年

笹島芳雄『賃金決定の手引〔第2版〕』日本経済新聞社、2004年

新日本監査法人『実務ガイド　退職給付会計』中央経済社、2002年

高田馨著『経営成果の原理』千倉書房、1979年

日経連経済調査部編『経営計画の策定と適正賃金決定』日経連出版部、1996年

日経連職務分析センター編『新時代の管理職処遇』日経連広報部、1995年

日経連職務分析センター編『これからの一般職賃金』日経連出版部、1999年

日本経団連出版編『人事労務用語辞典〔第7版〕』日本経団連出版、2011年

日本生産性本部編『2019年版活用労働統計』生産性労働情報センター、2019年

日本年金数理人会『企業年金マネジメント・ハンドブック』東洋経済新報社、
　2003年

労務行政研究所編集部『業績連動型賞与制度の実態』労政時報第3641号、2004年

人材開発の概要

この章のねらい

　人材開発は従来、人材調達の多様な政策の1つと考えられてきた。その基本は会社あるいは個人の視点から見た、将来と現在との間にある人材（能力）ギャップである。人材開発を展開するには、経営戦略に基づき「誰に対して、どのような分野に、どの程度の資源を配分するか」に関する計画を立てることが必要である。

　今後は従業員を企業の重要なステークホルダーととらえ、一般社員や次世代幹部の育成のみならず、非正規労働者も含めた全体の底上げを行うことが企業の社会的責任となる。そして、このことは企業の競争力を大きく左右する。また、人材開発は教育訓練とキャリア開発から構成されるが、両者の有機的な連携が期待されている。昨今において進められている「働き方改革」においても労働生産性の向上は社会全体の課題であり、人材開発に対する企業への期待は大きい。

　第4章では、人材開発の基本的な考え方と基礎実務、さらにはOJT、Off-JT、自己啓発による教育訓練の具体的な内容に加え、教育研修の技法についても解説を行う。

第 1 節 人材開発の基本的考え方

学習のポイント

◆人材開発の役割は、経営戦略を遂行するために「従業員の現在の能力」と「期待される能力」とのギャップを埋めることにあり、企業、職場、個人の3つの視点から、短期および中長期的に考える必要がある。

◆人材開発を行うには、能力を具体的に可視化することが重要である。能力は一般に、「性格・適性」「態度・意欲」「知識・スキル」「行動特性（コンピテンシー）」によって構成される。

◆人材開発は教育訓練とキャリア開発からなる。具体的な育成目標を設定し、戦略を立て、それに基づいて計画、実施、評価のしくみを整備することが必要である。

1 経営方針と連動した人材開発

（1）企業と従業員の関係

　企業とは何か。一般的には、「生産・営利の目的で、生産要素を統合し、継続的に事業を経営する主体」と定義される。しかし、この定義には2つの問題がある。1つは働く人々が登場しないことである。企業には立派な社屋、工場、店舗、商品・サービスが存在するが、働く人がいなければその体をなさない。もう1つは、社会の概念が欠落している点である。「生産」とは商品やサービスを提供するという企業の機能であり、残る目的は「営利」となる。これでは、企業が社会と乖離した単なる営利的な存在となりかねない。企業を取り巻く外部環境（コンテキスト）は、

①経済的、②技術的、③政治的、④社会的、⑤競合的、⑥自然環境、に分類されるが、企業とは社会の中で外部環境にさらされながら事業を営む存在なのである。2011（平成23）年3月11日に発生した東日本大震災を契機に、このことを痛感した企業は多い。

　改めて、企業を運営するのは誰かを考えてみたい。日々ビジネスや事業活動を担っているのは従業員や職員にほかならない。企業を運営するという立場において、経営者と従業員は対等な存在である。ここで注意すべきは、従業員とは正社員に限定されないことである。労働者に占める非正規雇用はすでに3割を大きく上回っている。パートタイマー、アルバイト、派遣社員、請負労働者も、その企業のために一生懸命に働いているわけであり、正規・非正規雇用を問わず全員が企業を運営する主体である。したがって、人材開発の対象もすべての従業員とすべきである。

　企業とは株主、顧客、従業員、地域、ビジネスパートナーといったすべての利害関係者（ステークホルダー）のために存在するという考え方が、企業の社会的責任（CSR：Corporate Social Responsibility）である。企業とは単なる営利的存在ではなく、中長期的な視点に立ち、経済的側面に加え、社会的側面・環境的側面から責任を負わなければならない。社会的側面とは倫理・法令遵守や社会貢献活動などを意味し、環境的側面とは地球温暖化ガスの削減や自然環境の保護といった行動を指す。2010（平成22）年に発行されたISO26000は、企業のみならずすべての組織に対する社会的責任の国際規定であり、その中でも従業員を重要なステークホルダーと位置づけ、労働慣行と人権の尊重が取り上げられている。なかでも労働慣行は中核課題の1つとされ、具体的に「課題5．職場における人材育成および訓練」が明記されている。

　また、昨今において、同一労働同一賃金の実現や長時間労働の抑制などを中心とした「働き方改革」が社会全体で進んでおり、企業業績の維持・向上にはこれらと並行した生産性向上の改革も不可欠である。具体的な施策への着手はこれからだが、企業における人材開発への期待は以前にも増して大きくなっている。企業においては、人材開発施策をダイ

バーシティ・マネジメント、ワーク・ライフ・バランス、働き方改革、女性活躍推進、高齢者雇用などの人事施策と緊密に連携させることが必要となる。

（2）人材開発の歴史

　社会的存在である企業において、その運営主体であり、また重要なステークホルダーである従業員に対して、人材開発はどのような意味を持つのだろうか。人事管理の変遷をたどりながら、経営方針と人材開発の関係がどのように変容したかを見てみる。

　産業革命後の工場管理に端を発した人事労務管理（PM：Personnel Management）とは、従業員を集団として認識し、費用と統制を強調する概念であった。アダム・スミスの分業理論、テーラーによる科学的管理法、フォードによる大量生産ラインを経て、人事労務管理論は完成段階へ至った。この段階では、相互の低い信頼感と集団主義的な労使関係が一般的であり、公式の役割に基づくトップダウンが組織の原則であった。結果的に管理の効率性が追求され、標準的なパフォーマンスを最小の費用で実現することが主眼であったために、業務遂行における必要最低限の訓練のみが重視され、人材開発という概念はほとんど存在しなかった。

　しかし、ホーソン工場の実験で有名なメイヨー（人間関係論）、およびハーズバーグ、マグレガー、マズローによる動機づけ理論やポスト・フォーディズムにおけるQWL（Quality of Working Life ＝労働生活の質）、さらには労働経済学による人的資本（Human Capital）の概念を経て、人事労務管理論は人的資源管理論（HRM：Human Resource Management）へと歩を進めた。つまり、従業員を集団としてとらえると同時に自律した1人の人間として、個のマネジメントと人材開発の重要性を強調し、人材を業績向上をもたらす重要な経営資源と認識したのである。その後、人的資源管理論は戦略的人的資源管理論（SHRM：Strategic Human Resource Management）として組織戦略との結合性が強調され、現在に至っている。

　グローバル化の推進、円高への対応、高付加価値サービスの提供、国際会計基準への適応、M&Aの加速といった今日の課題を解決するためにも、人材の重要性はさらに高まっており、人材開発は企業の業績を左右する重要な経営戦略と位置づけられている。そのためにも、人材開発方針および具体的な施策は単なる思いつきやその場しのぎであってはならない。企業経営理念に基づく「求める人材像」（期待する従業員の姿）を踏まえ、全社の中長期目標を実現すべく策定された経営方針・経営戦略に則り、熟考を重ねたうえで人材開発方針と具体的な人材開発施策を立案することが不可欠である。

（3）経営課題としての人材開発

　実際に人材開発方針を策定するにあたっては、企業が直面している課題を踏まえることが重要である。ここで、人事部門が抱える課題と人材開発の現状を見てみる。少し古いデータとなるが、日本生産性本部が毎年実施している人事部門長に対する企業アンケートの2012（平成24）年度調査結果から、最も重要な人事課題が明らかになっている。→図表4-1-1

　最も重要な人事課題については、「次世代幹部候補の育成」を挙げる企業が17.3％と最多であり、以下、「優秀な人材の確保・定着」（14.6％）、「賃金制度（評価制度も含む）の改訂」（11.9％）、「従業員のモチベーション向上」（10.8％）、「従業員の能力開発・キャリア開発支援」（10.3％）の順となっている。3位の賃金制度を除き、上位すべての課題において人材開発が深く関係していることが明らかである。「従業員の能力開発・キャリア開発支援」は5位であるが、毎年上位に挙げられており、2012年度も300人未満の企業においては、「優秀な人材の確保・定着」に次ぐ第2位であることからも、人材開発が企業における重要課題であることがわかる。→図表4-1-2

　ちなみに2009（平成21）年〜2012年の4年間の調査結果を比較すると、「次世代幹部候補の育成」は4年連続でトップである。2009年度は9位

図表４-１-１ ●最も重要な人事課題（2012年度）

（回答数：回答企業数185）

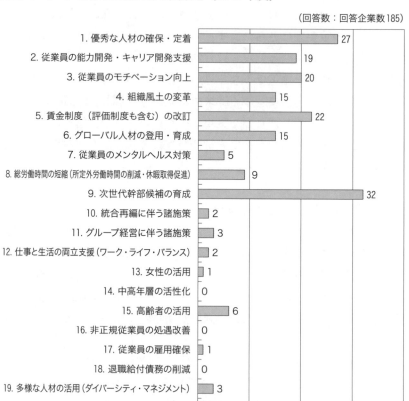

出所：日本生産性本部「2012年度『人事部門が抱える課題とその取り組み』に関す
　　　るアンケート調査結果概要」

（2.7%）、2010（平成22）年度は４位（9.4%）、そして2011（平成23）年度
は２位（17.5%）と上り調子であった「グローバル人材の登用・育成」は
2012（平成24）年度は６位（15企業、8.1%）に後退する一方、2011年度
６位の「賃金制度（評価制度も含む）の改訂」（6.8%）は３位（22企業、
11.9%）へ、同じく７位だった「従業員のモチベーション向上」（4.9%）

図表4-1-2 ●最も重要な人事課題─正規従業員規模別

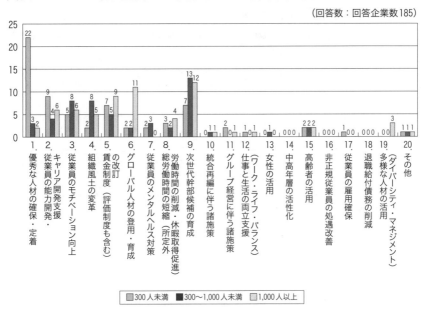

(回答数:回答企業数185)

凡例:□300人未満 ■300～1,000人未満 □1,000人以上

出所:図表4-1-1と同じ

は4位（20企業、10.8％）へと、それぞれ浮上した。なお、「従業員のモチベーション向上」が5位以内に入ったのは、2012年度が初めてである。→図表4-1-3

次に、過去において人材開発への取り組みが十分であったかを聞いている。過去10年間を振り返ると、従業員の「成長」や「学び続ける」姿勢を支援するための取り組みは十分であったと認識をしている企業（「4」か「5」を選択）は4割にも満たず（36.2％）、十分でなかったと認識している企業が多いことがわかる。今後の方向性として、従来以上に従業員の「成長」や「学び続ける」姿勢を支援、全社的に「学び続ける」企業文化を醸成し、人材力を強化したいと考えている企業（「4」か「5」を選択）は、91.9％と圧倒的多数を占めている。→図表4-1-4

日本企業の従来の強みは教育訓練を中心とした人材育成にあるとされ

図表４-１-３ ● 最重要課題・上位５項目の経年（2009年〜2012年）変化

	2009年	2010年	2011年	2012年
１位	次世代幹部候補の育成（15.9%）	次世代幹部候補の育成（21.7%）	次世代幹部候補の育成（18.0%）	次世代幹部候補の育成（17.3%）
２位	従業員の能力開発・キャリア開発支援（14.3%）	従業員の能力開発・キャリア開発支援（15.1%）	グローバル人材の登用・育成（17.5%）	優秀な人材の確保・定着（14.6%）
３位	優秀な人材の確保・定着（13.2%）	優秀な人材の確保・定着（11.8%）	優秀な人材の確保・定着（13.6%）	賃金制度の改訂（11.9%）
４位	組織風土の変革（10.4%）	賃金制度の改訂、グローバル人材の登用・育成（ともに9.4%）	組織風土の変革（12.6%）	従業員のモチベーション向上（10.8%）
５位	賃金制度の改訂（9.9%）		従業員の能力開発・キャリア開発支援（11.2%）	従業員の能力開発・キャリア開発支援（10.3%）

出所：図表４-１-１と同じ

図表４-１-４ ● 従業員の「成長」や「学び続ける」姿勢を支援するための取り組み状況

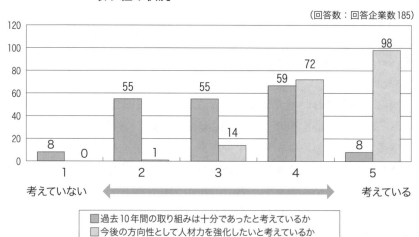

（回答数：回答企業数185）

過去10年間の取り組みは十分であったと考えているか
今後の方向性として人材力を強化したいと考えているか

出所：図表４-１-１と同じ

ていた。しかし、製造業中心のモノづくりからサービス業を中心とした
ホワイトカラー化の進展に伴い、人材開発が喫緊の課題となっているこ
とが明らかになった。

2　人材開発の意義と目的

（1）人材開発の視点

　日本の企業にとって、経営の高付加価値化は戦略の基本であり、「付加
価値の高い製品・サービス」が人間の知恵と工夫の集積である以上、そ
の成功は従業員を有能な人材集団としていかにつくり上げるかにかかっ
ている。そうであれば、企業にとって人材開発は重要な戦略課題となる。
しかし市場が変わり、技術が変わる中で、人材開発のための望ましい管
理システムを設計することは難しい課題である。

　それでは、企業は人材開発にどのように取り組むべきなのか。企業の
行う人材開発とは、教養や一般的な能力を高める学校教育とは異なり、
特定の役割（あるいは、仕事）に必要な職業能力を開発すること、つま
り従業員が持ついまの時点の能力と、現在および将来期待される役割に
必要な能力とのギャップを埋めることである。さらに、ここで強調して
おきたいもう1つの点は、個人、企業、職場という3つの視点からギャ
ップを把握することである。

　この点から人材開発のとらえ方を整理したのが図表4-1-5である。

　まず会社は、現在あるいは将来の経営にとって必要な役割体系に対応
する人材（あるいは、能力）を求めており、それと現在の人材（能力）と
のギャップが人材開発の対象になる。一方で、個人にとって見ると、自
身のキャリアプランの中で目標としている役割に必要とされる能力と、
現在の能力とのギャップが人材開発の対象になる。

　ここで企業にとって問題になることは、会社にとっての人材（能力）
ギャップに対応することは当然のことであるが、個人にとっての能力ギ
ャップにも対応する必要があるのかという点である。これまでは、従業

図表4-1-5 ● 人材開発のとらえ方

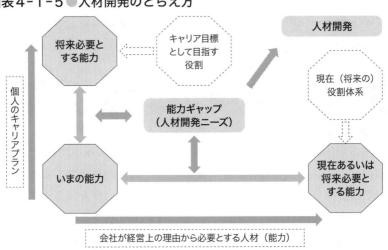

員がどのような仕事をするのか（つまり、個人がどのようなキャリアを
形成するのか）については、会社が責任を持つという人事管理が行われ
てきたため、結果的に個人の能力ギャップと企業にとっての能力ギャッ
プに大きな違いはなく、「個人にとっての能力ギャップにいかに対応す
るのか」はさほど問題にならなかった。しかし、年功的な人事管理の再
編の中で、個人に「自分のキャリアは自分で決める」ことを求めるキャ
リア開発の自己責任化が進みつつあり、会社は「個人にとっての能力ギ
ャップ」に対応するために、個人のキャリア開発を支援する政策の整備
を迫られているのである。

　人材のギャップを埋めるための人材育成においては、個人および企業
の2つの視点で語られることが多い。すでに述べたように、長期的な視
点においてはこれでよいが、能力のギャップはいままさに日々の仕事に
おいても発生している。つまり、上司が期待する役割や成果に応えるた
めの能力が不足していれば、業績ははかばかしくないはずである。人材
開発においては、後述するようにキャリア開発に基づく長期的なもので
あると同時に、日常業務と直結したラインマネジャーによる短期的な視

点、いわば職場の視点が必要である。別の言い方をすれば、人材開発は経営方針に基づく経営の視点、キャリア開発に基づく個人の視点、そして日常業務に基づく職場の視点によって進められなくてはならない。

（2）人材調達と人材開発

　次に、人材調達と人材開発の関係を考えてみる。「企業にとっての人材（能力）ギャップを埋めること」が企業の行う人材開発の主な目的である。このギャップは経営のあり方と既存の人材（能力）構成に依存し、それを整理すると図表4-1-6のようになる。

　まず、人材（能力）ギャップの背景には「人材需要（必要能力）の構成」と「既存人材（能力）の構成」があり、前者は経営戦略とそれに基づいた組織と仕事の構成に規定され、後者は過去の採用、配置、人材開発等の政策の結果である。

　この人材（能力）ギャップを埋めるには、必要とする人材を外部調達する方法と内部調達する方法がある。さらに前者には、ギャップが生じた仕事を外部人材に任せる「外部人材の活用」と、人材ニーズに合った人材を社外から調達する「採用」がある。後者の内部調達には、社内から適材を調達する「配置転換」と、社内の既存人材の能力構成を調整する方法があり、この最後の方法が「人材開発」ということになる。

　このように見てくると、人材の調達と開発のマネジメントのベースには能力の評価体系があり、能力から見た仕事と社員の特性に基づいて、仕事と社員のマッチングを行うのが配置であり、能力から見た仕事と社員のギャップを埋める活動が人材開発になる。そうなると、能力をいかにとらえるかが重要なポイントになり、それによって人材の調達と開発のマネジメントの基本骨格が決定される。たとえば、能力を専門知識の観点でとらえると、配置転換にあたっては、配置先の仕事で求められる能力と配置される社員の能力を専門知識の観点から評価し、配置転換をする社員を選ぶことになるだろう。配置転換ではなく人材開発で対応する場合には、仕事で必要とされる能力と社員の能力のギャップを専門知

図表４−１−６ ● 人材の調達と開発のしくみ

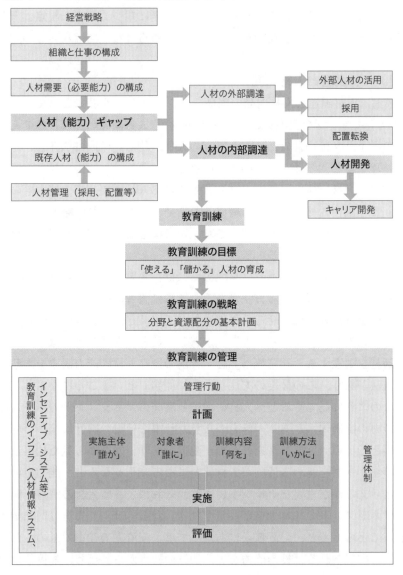

識の観点から評価し、それに対応した育成策をとることになるだろう。

（3）能力とは何か

　次に、従業員が擁する「能力」について検討してみよう。そもそも能力とは何であろうか。いままでも教育学、心理学、法学、経済学、経営学等のさまざまなアプローチから語られてきたはずだが、いまだに答えは尽きない。たとえば、辞書には図表4-1-7のような説明がある。

図表4-1-7 ● 能力の意味

> のう-りょく【能力】(faculty)
> ①物事をなし得る力。はたらき。
> ②［心］心身機能の基盤的な性能。「知的－」「運動－」
> ③［法］ある事について必要とされ、または適当とされている資格。「権利－」「－者」

出所：新村出編『広辞苑〔第七版〕』岩波書店、2018年

　人材育成の観点から、①は「仕事もしくは仕事に関連する課題をなし遂げる力」と言い換えることができる。その根拠は②の「働く人々の内部に備わっている力」であるし、その力を体系的に仕事や業務と関連づければ、③のように「仕事において必要とされる資格」ともいえるのである。
　このように考えると、能力とは仕事（役割）があって初めて語られる概念であり、「必要な能力は何か」とは「その仕事（役割）は何か」がわかれば、おのずと明らかになるはずである。能力および人材開発とは単独で語るべきではなく、仕事について丁寧に見つめ直し、働く人々と組織の2つの視点によって語られるべきものであることを確認しておきたい。また、能力を「潜在能力」と「顕在能力」に分類する場合もある。成果に結びついた能力は顕在能力であり、その測定は成果によって行うことが可能である。難しいのは潜在能力の測定であり、また、その意義についても議論は分かれる。人材育成の対象は潜在能力の拡大と顕在化を促

図表4-1-8 ● 成果・役割・能力の関係

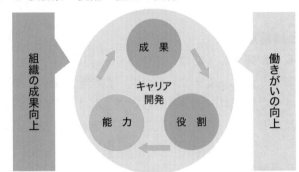

進することであり、そのための意識と行動の変容と考えるべきである。

　図表4-1-8は、成果、役割、能力の3つの関係を表したものである。企業の目的を業績向上（成果）と考えるならば、全社の業績目標は部門や職場へとブレークダウンされ、さらには個人目標へと連鎖していく（"目標の連鎖"）。個人目標とは"個人に期待された成果"といってもよい。個人の成果はやみくもに生まれるわけではない。個人には担当業務（役割）が割り振られており、その役割に基づいた形で実現すべき成果が決定する。つまり役割とは"成果を生む基盤"といえる。

　個人に期待される成果が難なく達成されるのであれば、人事制度も人材開発も不要となる。現在においても将来においても、従業員自身・上司・会社が期待する成果は、現実のそれよりも高いはずである。このギャップをいかにして埋めるのか。その方法は能力を向上させることしかない。能力が"成果を生む根拠"と呼ばれる理由である。役割に基づき、期待される成果をめざして能力を高めていくことこそが人材開発であり、このサイクルを回し続けることが業務遂行にほかならない。人材開発で獲得したより大きな能力は高い成果へとつながり、そのことが役割（担当業務）を広く、あるいは深くしていくことになる。この一連のプロセスを中長期的に見れば、それはまさにキャリアとなるのである。

　次に具体的な能力の構造を考えてみよう。→図表4-1-9

図表4-1-9 ● 能力の構造

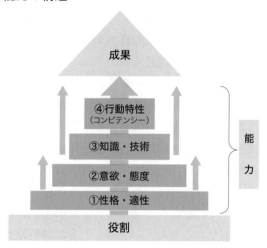

能力と成果の関係を考えると、まず根底に役割（担当業務）があることを述べた。その上に位置するのは、「①性格・適性」という能力要素である。性格や適性は生まれついてのものであり、変えることは難しいため、評価や能力開発の対象とはしないことが望ましい。しかしながら、配置や職場編成においては十分に考慮される必要がある。実際に開発の対象となるのはその上に位置する項目である。「②意欲・態度」は従来は情意項目と呼ばれていた内容であり、達成意欲や成長意欲といった心理的性向を指す。これは訓練によって伸ばすことが可能である。次は「③知識・技能」であり、業界知識・商品知識といった知識と接客技術や事務処理技能といったスキルを意味する。最後に、能力と成果をつなぐ機能を有するのが「④行動特性（コンピテンシー）」である。コンピテンシーとは、高業績者に共通する適切な行動を類型化したものであり、成果に結びつく行動といえる。

このように、人材開発の政策を考えるうえで能力のとらえ方がきわめて重要であるが、具体的に能力要素を能力項目に落とし込むには、多様な方法がある。たとえば、企業が「複数の人が意識的に協力し合って、

共通の目的を達成する」組織の一形態であるということから、コンピテンシーを以下の３つの面からとらえることが可能である。

① 組織の共通の目的（企業や部門の方針）を理解し、自分が取り組む目的を設定できる課題設定能力

② その目的を達成するための職務遂行能力

③ 他の人と協力して目的を達成するための対人能力

たとえば、課題設定能力、対人能力等が必要であるといっても、それらを客観的に把握することは難しく、結局は成果に結びつく行動として現れない限り意味がない。そうであるなら、成果に結びつく行動をとっているか（つまり、行動特性）によって個人の能力を評価し、成果を上げるにはどのような行動特性が必要なのかによって、仕事に必要な能力を定義することができるだろう。こうした行動特性がコンピテンシーであり、この考え方を人材開発に取り入れたコンピテンシー・ラーニングの手法も広まっている。図表4-1-10にコンピテンシーの例を示しておいたので参照してほしい。

3 人材開発の領域と体系

(1) 人材開発の構造

これまで人材開発のとらえ方について説明してきたので、次に、人材開発の具体的な政策に入っていきたい。図表4-1-11は人材開発の全体像を表している。人材開発には、知識や技能などの能力を高めることに

図表4-1-11 ● 人材開発の全体像

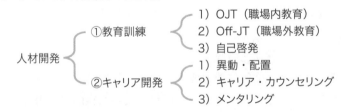

図表4-1-10 ● コンピテンシーの例

コンピテンシー	行 動 レ ベ ル
リーダーシップ	1. 部門のビジョンや短期・長期の目標を誰にでもわかるように、具体的に示している
	2. 目標を達成するために、個々のメンバーが取るべき行動を示し、全体をまとめている
	3. トラブルや問題が発生した時に、気軽に相談に乗って相手の立場に立ったアドバイスをしている
	4. 目標や計画の変更などがある時、状況説明や適切な指示を行っている
	5. トラブルや失敗した時に、言い逃れや自己正当化しないで結果に責任をとっている
チームワーク力	1. 他部門の人との交流を積極的に行っている
	2. 部門やチームのメンバーのスキルや特性を把握している
	3. 部門やチームのメンバーの意思疎通を図る場や機会を設定している
	4. 部門やチームのメンバーの意見や声をよく聞いている
	5. 部門やチームのメンバーが気持ちよく働ける環境を提供している
部下育成力	1. 難しい仕事や高い成果をあげた部下を、素直に認めている
	2. 部下が仕事の失敗をした時に、勇気づけや自信を持たせている
	3. 部下の能力開発や強化すべきスキルについて、アドバイスを行っている
	4. 部下の質問や相談などに対して、すばやくフィードバックしている
	5. 役に立つ情報や知識や効果的な仕事の進め方について、部下にアドバイスを行っている
革新力	1. 形式やしがらみにとらわれないで、良い方法に変えようとしている
	2. 新しいことに、いつもチャレンジしている
	3. 新しい考えや方法を生み出している
	4. 現状に満足しないで、自己啓発や社外の勉強会などに参加して自己を革新しようとしている
	5. 改善や改革をタイムリーに実行している
決断力	1. 迅速に決断している
	2. 前例や過去の成功体験にとらわれないで、状況に応じた決断をしている
	3. 直感にとらわれず事実や状況を分析したうえで決断している
	4. 他の事柄との関連を考慮したうえで決断している
	5. 決断に誤りがあった時、それにとらわれないで他の方法に変えている

出所：人事の日本型スタンダードを作る会編『企業の実務家が考えた「新・日本型人事制度」のつくり方』経営書院、2003年

よって人材の育成を図る教育訓練と、一連の仕事群の経験を通して人材の育成をはかるキャリア開発の２つの方法がある。

　さらに教育訓練は、①OJT（On the Job Training＝職場内教育あるいは訓練）、②Off-JT（Off the Job Training＝職場外教育あるいは訓練）、③自己啓発、の３つに分かれる。OJTとは、上司から部下へ、あるいは先輩から後輩への、日常業務を通じたトレーニングであり、具体的な計画と目標が定められねばならない。Off-JTは研修を代表とする、職場を離れた教育訓練であり、社内あるいは社外で実施され、運営も社内による場合と社外に委託する場合とがある。自己啓発は個人が主体となって進めていくものであり、将来のキャリアを見据えた知識と技能の習得が一般的である。具体的には専門書の独習、通信教育、e－ラーニングなどが活用される。

　キャリア開発は、①異動・配置、②キャリア・カウンセリング、③メンタリング、に分けることができる。異動・配置はキャリア開発の主体をなすものであるが、キャリア開発とは単なる人事異動の積み重ねによる受動的な概念ではなく、個人の自主性を反映した自律的なしくみにすることが必要となる。キャリア・カウンセリングは異動・配置を補完する役割を担う。カウンセリングを行うのは、先輩、上司、社内外の専門カウンセラーであり、キャリアあるいは人生の節目において有効なアドバイスを提供する。

　メンタリングとは、豊富な知識と職業経験を有した社内の先輩社員（指導役、メンター）が、それらが十分でない後輩社員（被指導役、メンティ）に対して行う個別支援活動であり、仕事上の課題の解決を援助してキャリア開発を支援すると同時に、精神的な悩みや相談に乗る役割を果たすものである。制度としてはメンター制度とエルダー制度（ブラザー・シスター制度）がよく知られている。メンター制度の運用期間は多様であり、導入の背景によって異なる。一般的にエルダー制度やOJTに比べて長期にわたることが多く、１年〜数年になることもある。また、指導役と被指導役の範囲も広く、さまざまな経営課題や人事課題に適用

が可能である。エルダー制度は新入社員の育成・定着を目的としており、対象範囲はメンター制度に比べて限定的である。指導役は新入社員と同じ部署の年齢が近い先輩社員が担い、実務指導を行いながら、社会人になったばかりの新入社員がスムーズに会社組織になじめるよう、生活全般や人間関係の相談に乗るものである。

　人材開発において重要なことは、さまざまなしくみを個別に機能させるだけでなく、すべてを有機的に連動させることによって、人材開発を効果的かつ効率的に加速することである。特に従来より、教育訓練とキャリア開発との連携に問題があることが指摘されている。その点から対話を重視したメンタリングには、両者をつなぐ役割が期待されている。

（2）人材開発の対象

　人材開発方針と具体的な施策がその企業の経営理念に基づくことを述べた。企業によってはすでに人材開発方針が明確な場合もあるだろうし、「求める人材像」という形で期待する社員像が示されている場合もあるだろう。一般的に、企業にはさまざまな社員区分の従業員が存在し、同じ社員区分においても期待する役割や成果は異なっている。そうなると、人材開発も全社一律に行うのではなく、社員層（あるいは、個人）に応じたプログラムが必要となる。人材（能力）の現状を質と量の両面から把握し、将来に向けた分析を通じて人材開発方針を策定するためには、人材ポートフォリオの作成が有効である。

　人材ポートフォリオとは、企業における人材の全体図であり、①時間軸（過去、現在、未来）、②人員数（社員区分による）、③保有能力（専門性、経験など）による、タイプ別・レベル別の分類表である。その目的は組織の目標を達成するために必要とされる人材の最適な組み合わせを明確にすることであり、以前のような学歴・入社年次・性別といった属人的な分類軸だけではなく、「社員区分（正社員・非正社員）」「求められる専門性（創造性・経験）」「活躍の場面（組織・個人）」といった分類軸も一般的になってきた。従来は、人員計画および採用に利用されたが、

人材に活躍の場を与えるというキャリア開発の視点、さらには中長期にわたる教育訓練の視点からもさらなる活用が可能である。現時点での人材ポートフォリオを作成した後は、時間軸によって将来を予測することになる。その作業を通じて、不足する人材（能力）が明らかになる。

　すでに述べたように、人材開発の対象は正社員だけではない。たとえば、専門性と組織責任による分類を行った結果として、従業員が管理職（ゼネラリスト）、専門職（スペシャリスト）、一般職（エキスパート）、補助職（パートナー）に分かれたとしよう。従来の人材育成は、新入社員を中心とした若年層に対する人事部門による研修、ゼネラリストの中から幹部候補を育成する経営主導による早期選抜・育成、そして社員の自主性にゆだねた自己啓発が主なものだったかもしれない。しかし、これからの人材育成は、すべての職場、すべての職務におけるプロフェッショナルの育成に主眼を置き、人材ポートフォリオ上のすべての人材に対する教育訓練とキャリア開発が必要である。もちろん経営戦略に応じて、各層の人材開発にかかる経営資源の投入量は変動して当然である。つまり、人材開発の対象は“一握りのスター（エリート）”だけではなく、正規雇用・非正規雇用、管理職・一般職、ホワイトカラー・ブルーカラーなどを問わず、全員を“小さな”プロフェッショナルに育成することにある。

（3）人材開発の主体

　欧米においては、人材開発には国、企業、個人の３つの主体があるとされている。イギリスが代表例である主意主義的アプローチは、企業が主体となって人材開発を進めるものである。フランスに代表される介入主義的アプローチは、政府が主体となって企業における人材の育成に介入する。たとえば、訓練賦課金システムは、給与総額の一定比率を訓練資金とするように定め、実施された場合に国が企業に補助金を支払うしくみである。さらに、アメリカのように学習を通じて個人に権限を移譲する開発的人間主義アプローチは、社員の自主性を重視する考え方とい

える。これらの是非を論じるのではなく、国、企業（経営者、人事部門、職場）、個人といった人材開発の主体について柔軟に考えることに意義がある。さらに重要なことは、各主体の連携である。たとえば、経営者が「グローバル人材の育成」という課題を掲げた場合、経営主導の選抜教育が行われるであろうし、職場においては後述するように日常業務と連動したワークプレイス・ラーニングやアクション・ラーニングが施され、各個人は選択型研修や自己啓発によって必要な能力の補完と伸長をめざすであろう。さらには、自己啓発のプログラムは国による職業資格制度に基づくものかもしれない。

　人材開発の主体を考えるにあたって、もう1つの重要な考え方を紹介しよう。社員の能力が、その企業でしか使えない企業特殊能力と、他社でも広く使える一般能力から構成されていると考えてほしい。そうなると、いまの会社では、企業特殊能力と一般能力を合わせた能力全体に対して給与が支払われていることになる。しかし転職すると、転職先で使える能力は一般能力に限られ、一般能力に対してのみ給与が支払われることになる。そのため給与が低下することになり、いまの会社で働き続けることが社員にとって有利な選択になる。これで、社内教育を受けた社員が転職しない理由を解明したことになるが、この説明の中で重要な役割を果たす企業特殊能力がなぜ形成されるのかが次に問題となる。

　同種の仕事をしていても、会社によって機械の特徴や仕事の進め方等が異なるため、その会社特有の能力が必要になる。これは、企業特殊能力を形成する1つの有力な要因であるが、キャリア形成の企業間の違いがそれ以上に重要である。仕事をしながらの訓練であるため、その有効性は社員にどのような仕事を配分するのかに規定され、企業は効率的に訓練するために、いま担当している仕事に隣接した、より高度な能力を必要とする仕事に社員を配置する（あるいは、そのような仕事を配分する）。その結果、長い期間で見ると、社員は相互に関連の深い一群の仕事を経験しながら育成され、熟練を身につけることになり、この経験する仕事群がキャリアになる。

　ここで注意してほしい点は、同種の仕事をする労働者でも、会社が生産する品目や生産量の違いによって生産システムが異なり、社員の経験できる仕事の構成（キャリアの積み方）が異なるということである。つまり、同種の仕事に就く労働者であっても、会社が違えば経験する仕事の構成、したがって育成された能力の構成は異なり、それが企業特殊能力を生むことになる。

　最近では、この考え方に異を唱える者も少なくない。企業を社会的な存在と位置づけるのであれば、重要なステークホルダーである社員の人材育成を行うことは、社会的な責任であると同時に社会的な貢献でもあるとする考え方である。また、終身雇用の前提が崩れる中、雇用調整や転職が一般的になったことによって、社員が企業に雇用されうる能力（エンプロイアビリティ）を自主的に身につけることが必要であり、企業も優秀な社員を引きつける能力（エンプロイメンタビリティ）を保有せねばならないという考え方も広まっている。

4　キャリア形成支援と人材開発

（1）キャリア開発とCDP

　人材開発が教育訓練とキャリア開発から構成されることを述べた。ここでは、キャリア形成支援が人材開発に果たす役割を説明しておきたい。まず、キャリアとは何だろうか。一般的には、「経歴あるいは職歴、一生にわたる一連の職業上の活動や行為」と定義される。あるいは、「仕事を通した生き方」という場合もある。有名なキャリア発達理論は20世紀初頭の職業心理学をルーツとしたものであり、個人の視点によるカウンセリングの考え方と組織の視点の両方に立って、組織と個のキャリア形成をとらえる理論である。また、キャリア・アンカーとは、米国の組織心理学者エドガー・シャインによって提唱された概念であり、ある個人がみずからのキャリアを選択する際に、最も大切な価値観や欲求のことを指し、周囲が変化しても自己の内面で不動なもののことをいう。さらに、

プランド・ハプンスタンス・セオリー（計画された偶発性理論）は、偶然の出来事は人のキャリアに大きな影響を及ぼす望ましいものであり、予期しなかった出来事をキャリアの機会とすることができたとき、その出来事は「プランド・ハプンスタンス（＝計画された偶然）」に変わるという考え方である。

　これらからキャリア開発とは、一連の仕事群（「キャリア・ルート」や「キャリア・パス」と呼ばれる）を経験することと適切な支援（それに合わせたOJTやOff-JTの教育訓練）によって人材開発を行う方法であり、このための計画をCDP（キャリア・デベロップメント・プログラム）と呼ぶ。このCDP、あるいはキャリア・ルートは個人の能力・適性・希望に応じて設定される必要があり、指導面接や進路指導（カウンセリング）を通してCDPを作成する等、管理者が果たすべき役割は大きい。ただし、管理者にすべてを任せると、短期的な視野から人材開発が行われるおそれがあるので、人事部門が管理者の活動を支援して奨励することが大切になる。そのためのしくみとして、先進的な企業ではCDP委員会を設置して、社員に対して個別的な指導・相談を行うなどの体制を整備している。

　CDPを適切に設定するには、社員個人の意向と、これまで蓄積してきた能力と経験が人材開発計画の中に活用される必要がある。そのためには情報収集が不可欠であり、自己申告制度やスキルインベントリーはそのための有力なしくみである。スキルインベントリーとは、企業が顧客価値創造のために必要な能力を棚卸し、その期待レベルを明確に定義したものであり、「求められる人材像（スキル要件）」を浮き彫りにし、社員の教育訓練やキャリア開発を支援する体系を指す。

　また、CDPでたびたび問題になることは、CDPと異動・配置との関係である。人事異動は長期的な観点に立って社員を育成するという視点を持たずに、概して会社や管理者の都合が優先して行われがちである。こうした状況を改善することがCDPの重要な役割の1つであり、そのためにも自己申告制度と連携をとることによって、社員個人の意向が反映されるCDPが作成されなければならない。また、社員が新しい仕事に主体

的に挑戦できる社内公募制度をCDPに組み込むことも有効な方法である。

（2）キャリア開発の支援策

　さらに最近では、社員が行うキャリア開発を支援するための施策が重視されてきている。今日においては、1つの会社で職業生涯を全うすることが難しい時代になっている。人事管理の再編を進める中で、企業が社員に対してキャリアの自己責任化を求めている。社員はみずからのキャリアをみずから考えることを、企業はそれを支援する施策を強化することが求められているのである。

　キャリア開発にとってまず大切なことは、社員1人ひとりが「何をしたいのか、どのように働きたいのか」に関するキャリア意識を持つことであり、キャリアの節目に研修等を通してキャリア意識の育成と強化を図ることが、キャリア開発支援策の第1である。次の支援策は、社員がキャリアを考えるうえで必要な人事情報、特に企業が必要としている人材像と社員に求める能力についての情報提供である。最後には、社員がキャリアについて社内外に相談できるキャリア・カウンセリングも重要である。

　従来の会社主導型配置を社員主導のキャリア開発へと改善するには、説明責任がキーワードになる。人事異動に際しては、「なぜあなたに異動してほしいのか、なぜ戦略上必要なのか」について明確に本人へ事前に説明することが必要である。また、「同じ部署での勤務が長くなったから」という理由による横への異動よりも、少しでも上への仕事や少し異なる役割に配置すれば、本人の納得感を得られやすい。やむなく下への異動を行う際には、一定期間は処遇を下げないといった工夫も必要である。

　社員の自主性を尊重する人事異動施策を機能させるには、各種施策の整備に加えて、企業文化や組織風土を変革することが必要になる。社内に存在するすべての役割や仕事を処遇とともに公開することや、継続的にキャリア研修を実施したり、管理者による丁寧なキャリア・コーチング（面談）も有効である。また最近では、専門のキャリア・カウンセラー

やEAP（社員サポートプログラム）を導入する企業も増えている。EAP
とはEmployee Assistance Program の略であり、1960年代の米国企業で、
職場や職務への不適応者に対応する心理的カウンセリング・プログラム
として始まったしくみである。当初は職場におけるアルコール依存症の
対策が中心だったが、健康な社員の職場におけるストレス、対人関係、
キャリア問題、夫婦家族問題といった、あらゆる個人的問題の解決支援
に対応するようになっている。情報提供や予約が行えるホームページを
開設し、全国において面談、電話、Eメールによるカウンセリングを実
施している機関もある。

　人事異動あるいはキャリア開発が、組織と個人の双方にマッチしてい
るかに関する検証は、異動後の本人の業績評価で行うことが基本である。
しかし、実際に行われた人事異動がミスマッチを起こしていないかどう
かは、下記の方法で検証することが望ましいだろう。

① 配置・異動後の面談
② 異動後アンケート
③ 定員管理（欠員管理）
④ 同一役割滞留年数の測定

　また、モラールサーベイ（従業員満足度調査）を行って、異動のしく
みや評価制度も含めた人事制度全体が機能しているかを確認することも
重要である。

（3）異動・配置・登用とキャリア

　人事異動や配置転換とは、具体的にはジョブ・ローテーション（ロー
テーション）、職務拡大（水平的な業務の拡大）、職務充実（垂直的な業
務の拡大）を通じて行われるが、社員は「会社としての計画性」と「個
人としての自主性」が実感できるしくみを求めている。もちろん、本人
が異動を希望すれば必ずかなえられるわけではないが、①その業務を遂
行するための必要要件（MUST）、②本人の能力（CAN）、③本人の意思
（WILL）、の3つの視点から人と職務の丁寧なマッチングを行い、異動

の可否にかかわらず本人に対してきちんとフィードバックするしくみが
必要となる。

　具体的には、まず人材戦略と整合性のとれた異動・キャリア政策を構
築する必要がある。その際には、①キャリアをみずから考えることので
きる、"キャリア・マインド（自律的なキャリア志向）"を全社的に醸成
する施策、②人事異動・配置転換の具体的なしくみの改革、の両方を整
備しなくてはならない。キャリア・マインドとは、キャリアを自己決定
するための基礎となる個人の意識変革であると同時に、全社的な風土改
革でもある。終身雇用が前提でキャリアについてみずから考えさせる機
会がほとんどなかった中で、急に社員に対して「これからは自分でキャ
リアを切り開いてください」というのは無理がある。少しずつ自律的な
キャリア開発の考え方を全社員が身につけ、会社としても必要な支援を
積極的に行うことが重要であろう。たとえば、キャリア研修の体系を構
築し、入社時、30歳、40歳、50歳といったライフステージの節目ごとに
実施することは有効である。→図表4-1-12

　異動政策の改革にあたっては、さまざまな施策の組み合わせが必要に
なる。たとえば、社内にあるすべての職務を網羅した一覧表である「キ
ャリアマップ」の公開や、社内人材公募制度、自己申告制度、管理職登

図表4-1-12 ● キャリア開発プログラムの例

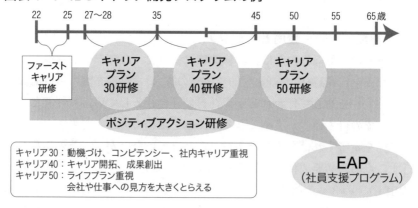

用公募制度、進路選択制度、勤務地限定制度といったしくみが考えられる。その中で中心となるのは、自己申告制度と社内人材公募制度（ポスティング）である。自己申告制度は、毎年一定の時期に社員の異動希望を申告させるしくみであり、ある企業では全社員を対象にイントラネットを利用した大規模な取り組みが行われている。

　社員の自主性と自律性を配慮したさまざまな人事異動の施策を通じて、従来の人事異動はキャリア開発の様相を帯びてくるのである。つまり、人材開発の成否は、従来の「人事異動」をどこまで「キャリア開発」に近づけることができるかにかかっているともいえる。人を育てる最も有効な方法は、みずからキャリアを切り開かせることにほかならない。

5　組織活性化と人材開発

（1）組織による学習

　人材開発に関する最も有名な体系（モデル）はシステム的アプローチ（4段階訓練モデル）である。→図表4-1-13

図表4-1-13 ● システム的アプローチ（4段階訓練モデル）

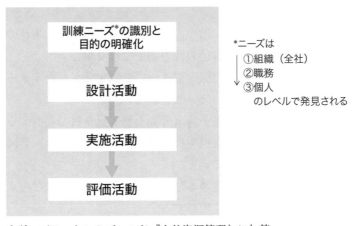

出所：ブラットン＆ゴールド『人的資源管理』に加筆

　第1段階で人材ポートフォリオに基づいて個人の教育ニーズを識別し、その目的とゴールを明確にする。第2段階で訓練（人材開発）の具体的なプランを設計する。第3段階はその実践であり、第4段階が評価となる。まさに、マネジメント・サイクルに基づいた人材開発のPDCA（Plan－Do－Check－Action）であり、この考え方が基本であることは間違いない。しかし、経営環境の不確実性や急激な変化に対応するためには、このような硬直的なモデルは非現実的であり、経営戦略との関連性を重視し、ラインマネジャー（職場の管理者）の役割を強調し、個人のみならず組織による学習をねらったより複雑な統合的なアプローチへと進化を遂げている。

　組織による学習は組織学習と呼ばれ、全体によって学びながら進化し続ける組織をラーニング・オーガニゼーションあるいはラーニング・コミュニティという。「学習する組織」の提唱者であるアージリスは、組織的な学習に着目し、メンバーが所与の課題について対処するのではなく、状況に対応して、自分たちが持っている課題に対する前提や仮説を修正していく学習が競争優位を生み出すことを示した。これを体系化したのがセンゲであり、「学習する組織」を「あらゆるレベルのスタッフの意欲と学習能力を活かすすべを見いだした組織」であると述べ、5つの学習領域を提示した。

① 　自己マスタリー…自己の人生におけるビジョンと現状の差を明確に認識し、継続的に自己の能力向上に取り組む
② 　メンタルモデルの克服…個人の心に固定化されたイメージや概念を明示的にとらえ、検証・改善していく
③ 　共有ビジョンの構築…将来の姿を構成員全員で共有する
④ 　チーム学習…意見交換やディスカッションにより、共同してチームの能力を向上させていく
⑤ 　システム思考…あらゆる物事・事象を相互関係でとらえることで、一連のシステムとして理解する

あわせて学習モデルに関しても主なものを取り上げる。まず学習転移

モデルとは、伝達された知識を習得し、応用するという既存の知識を転移する考え方であり、先輩からの業務引き継ぎや通信教育などが代表的な例である。経験学習モデルは、みずからの経験を踏まえて振り返りを行い、独自の知見と工夫によってさらなる実践を行うものであり、日常業務をイメージするとわかりやすい。批判的学習モデルは、文字どおり前提を疑うことによって問題意識を持ち続けるスタイルを指す。赤字部門の立て直しや新規プロジェクトが典型例である。最後に実践コミュニティモデルは、学習することを組織の目的と考えるものであり、日常業務の実践で学ぶことを強調する。スキルの伝承に最も有効であり、職人の徒弟制度がわかりやすい。

（2）ナレッジ・マネジメント

　次に、組織学習に関する有名な理論であるにナレッジ・マネジメントについて説明する。ナレッジ・マネジメント（Knowledge Management）とは、知識創造と呼ばれる知識の創出を体系的に整理した経営理論であ

図表４-１-14 ●ナレッジ・マネジメントの概念図

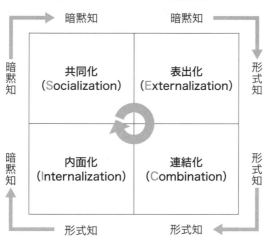

出所：野中郁次郎・竹内弘高『知識創造企業』

り、SECI（セキ）と呼ばれる知識変換プロセスが回ることによって知識が生み出されるとしている。→図表4-1-14

　SECIとは、暗黙知（明確な言葉や数字で表現しにくい技能やノウハウ）と形式知（明確な言葉や数字で表現できる知識）を相互に変換するプロセスを示している。たとえば、企業で行われる打ち合わせにおいて頭の中に浮かんだ暗黙知を仲間と相互理解するためには、共通の体験（S：Socialization＝共同化）が必要となる。曖昧な暗黙知のままでは議論が進まないために、言葉、図、数字などを用いて誰もが理解できる形に表現する（E：Externalization＝表出化）。さらに、表出化された知識を材料にして議論を行うことにより、論理的な構成で資料や報告書を作成することが可能となる（C：Combination＝連結化）。結果的に、資料化された内容を実行する際には臨場感を持って知識の内容が体得できることになる（I：Internalization＝内面化）。

　企業においては、知識を創造する基本的なプロセスを理解したうえで、自社では何に注力すればよいかを考えることが大切である。暗黙知の交流を重視する企業では、共同化を推進しやすい企業風土の醸成を行い、形式知の交流を重視する企業では、連結化を効率的・効果的に推進する知識共有支援システムの構築等を行うことで、知識創造活動を促進できることが可能である。

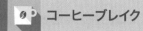

Column コーヒーブレイク

《「人材開発」「人材育成」「能力開発」…》

　社会言語学において有名な「サピア＝ウォーフの仮説」がある。これは、「言語はその話し手の世界観に影響を与え、あるいはさらに支配さえもすることによって、その社会を左右することがある」というものである。たとえば、英語には雪（snow）を表す単語は１つしかないが、イヌイット語には多数存在する。同様に、北スカンジナビアのラップ語では、トナカイに関係した単語がたくさんある。生活において重要な事象に関しては、細かな差異を区別することが必要な例である。さて、人事の世界における言語はどうであろうか。

　人事管理は比較的新しく統合された経営学における研究領域であり、その源流は工場における管理手法と経済学における人的資本理論にある。そのために用いられる言葉が錯綜していることがよく指摘され、人事管理、人事労務管理、人的資源管理、人材マネジメント、人的資本といった全体概念に関しても言葉は定まっていない。「人材開発」もしかりである。人材育成、能力開発、人的資源開発など会社、人、場面、好み（！）によって用いられ方もさまざまである。残念ながら、決して細かな差異の区別が必要なことだけが原因ではないだろう。人事管理も人材開発もまだまだ未成熟な領域なのである。

第 2 節　人材開発の基礎実務

学習のポイント

◆実務においては、人材開発の具体的な目標を定め、分野選択
　と資源配分を明らかにした戦略の立案が重要であり、対象者、
　内容、方法、費用を可視化する。
◆人材開発はマネジメント・サイクル（PDCA）に沿った形
　で推進されるが、その際には入念な情報収集に基づく準備
　（PP）を行うことと適切な成果指標を設定することが重要に
　なる。
◆企業における人材開発に対しては、国を中心としたさまざま
　な公的援助が行われており、各種検定制度および各種助成金・
　奨励金・給付金・税制を十分に活用することが望ましい。

1　人材開発計画の作成

（1）人材開発戦略の立案

　具体的な人材開発計画を作成するにあたって、以下では教育訓練に絞
って説明を行う。前掲の図表４-１-６で示したように、教育訓練では、
まず「何を目標」（教育訓練の目標）にして行うのかが問題になる。企業
は漫然と社員の能力を上げるために教育訓練を行うわけではなく、企業
が必要としている「使える能力」で、給与等のコストから考えても採算
がとれる「儲かる能力」を開発することを目標としている。次のポイン
トを参考にしながら、前年度の実績を踏まえ、教育訓練ニーズの把握と
具体的な目標の設定が出発点になる。

○経営理念（ミッション、ビジョン、バリュー）の浸透

○経営方針（中期経営計画、単年度目標）の実現

○経営課題（人材ポートフォリオ、離職率など）の克服

　さらに、その目標を実現するために、どのような分野の人材（能力）を教育するのか（分野選択の戦略）、各分野にどの程度の資源を配分するのか（資源配分の戦略）からなる基本計画（教育訓練の戦略）を作成する。次に、この戦略に沿って教育訓練が計画・実施・評価され、そのための管理体制が整備される。その際、「誰が」（教育訓練の実施主体）、「誰に」（対象者）、「何を」（訓練の内容）、「いかに」（訓練の方法）、「いくらで」（訓練の費用）教えるかが主要な計画内容になる。それと同時に、業務に必要とされる能力や社員の能力に関する情報を蓄積する人材情報システム、訓練成果を上げた社員に報奨金を与える等の教育訓練意欲を高めるためのインセンティブ・システム等の、教育訓練を支える基盤システムを整備することも教育訓練管理の役割になる。

（2）教育訓練の分野

　教育訓練の戦略を作成するには、教育訓練の分野をどのようにとらえるのかが重要である。企業の教育訓練は実に多様であるが、それらは教育訓練ニーズの時間軸（いつ必要とする能力か）と不確実性（計画したときに想定した能力ニーズが変化してしまう可能性）の観点からいくつかの類型としてとらえることができる。ニーズの時間軸の観点から見ると、教育訓練には、将来の備えのために長期的な視点から行われる、したがって、将来ニーズの予測に基づいて事前に人材を教育しておく「長期先行投資型」と、能力と仕事のいまのギャップを埋めるために短期的な視点から行われる「短期需要充足型」の2つのタイプがある。

　これら2つのタイプの中で、ニーズの不確実性が問題になるのは長期先行投資型であり、それには不確実性が大きい場合（それを戦略投資型の教育訓練と呼ぶ）と小さい場合（同じく人材ストック保全型）の2つのケースがある。不確実性の小さい人材ストック保全型の場合には、教

育訓練の目標が将来にわたって明確で変化しない場合が想定されているので、それに向かって長期的な教育訓練計画が作成され、それに沿って体系的な教育プログラムが整備される。それに対して戦略投資型の場合には、将来の不確実性が大きいので、どんな状況にも対応できるための高度な基礎能力を教育することが基本戦略になる。

このように見てくると、図表4-2-1に示したように、教育訓練策は大きく短期需要充足型、戦略投資型、人材ストック保全型の3つのタイプに分かれる。コンピュータ等のスキル研修や特定業務にかかわる専門能力を養成するための研修などは短期需要充足型に、海外留学やビジネス・スクールへの派遣等は戦略投資型に、組織人としての基礎的な知識・態度を教育する新入社員教育や、管理のための基礎的な知識・スキルを養成する管理者研修などは人材ストック保全型に当たる。

以上の教育訓練分野の体系化は、教育訓練費用の配分状況を把握し、それを評価し、将来の戦略的決定に結びつけるための「教育訓練投資のポートフォリオ」分析のための有効な手がかりとなる。

図表4-2-1 ●教育訓練分野の体系化

教育訓練ニーズの時間軸			
短期需要充足	長期先行投資		教育訓練ニーズの不確実性
（該当する状況がない）	戦略投資型	大	
短期需要充足型	人材ストック保全型	小	

（3）教育訓練費用の概要

それでは、教育訓練に対して具体的にいくら支出すればよいのか。この点を明らかにするには、教育訓練費用の構成を整理しておく必要がある。→図表4-2-2

図表４-２-２ ● 教育訓練費用の構成

　教育訓練費用はOff-JT（仕事から離れて教室などで行う訓練）のための費用、OJT（仕事を通しての訓練）のための費用、さらに自己啓発（自主的に行うもの）の費用からなる。わかりやすくするために、ここではOff-JTとOJTについて考える。前者は訓練に直接必要とされる「直接費用」と訓練に参加する労働者が訓練期間中に仕事から外れることから生じる「機会費用」から構成される。さらに、「直接費用」は訓練施設で指導者として働く社員や教育訓練の管理にあたる社員の人件費（「教育訓練担当者の人件費」）と、訓練施設の運営費、外部講師への謝金、教材費などの「その他の費用」からなる。また、OJTための費用は、教える側の社員、教えられる側の社員ともに訓練のために仕事ができない、訓練のために慣れない仕事に従事するために社員の生産性が低下すること等から生じる機会費用である。

　こうした構成を念頭に置いて、まず教育訓練投資（直接費用）の大きさから見てみる。図表４-２-３は、労働費用全体に占める教育訓練費の割合（教育訓練投資比率）の変化をまとめたものである。同図表によると、バブル経済期（1991（平成３）年）前後をピークとしながらも、教育

図表４-２-３ ● 企業の支出する教育訓練費の推移

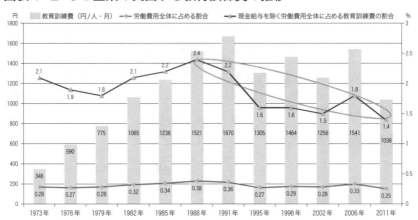

出所：厚生労働省「職業能力開発関係資料集」2016年

訓練投資比率は労働費用全体の0.3％台というのが長期的な傾向である。

次に、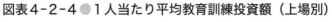図表４-２-４ではOJT、Off-JTに費やした時間を賃金（時給）により金額換算した値（機会費用）と教育研修費（直接費用）を合計する

図表４-２-４ ● １人当たり平均教育訓練投資額（上場別）

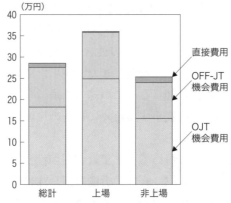

出所：内閣府「平成30年度　年次経済財政報告―「白書」：今、Society 5.0の経済へ―」2018年

ことで、企業が行った包括的な人的資本投資額の推計を行っている。推計結果を見ると、2016年度における1人当たりの平均的な人的資本投資額は約28万円であり、上場企業では約36万円、非上場企業では約25万円が投資されている。内訳を見ると、人的資本投資額の64％程度がOJTの機会費用であり、OJTの占める割合が非常に高いことがわかる。また、直接投資は企業によってはゼロのところもあり、1人当たりの平均で見ると全体の投資額に占める割合は3％程度と非常に少ない。

　人材開発においては、直接費用のみならず機会費用についても十分な配慮を行うことが重要であり、マクロ統計や業界・競合他社との比較、さらには自社の過去実績を分析することによって、有効な資源配分を計画しなくてはならない。さもなければ業績不振に陥った場合に予算は大幅に削減され、人材開発はさほど重要でない一施策へと転落するであろう。

2 人材開発計画の推進

(1) 人材開発のマネジメント・サイクル

　人材開発のプロセスを具体的に見てみる。人は誰でも、試験合格であれ、ダイエットであれ、何かしらの目標を掲げた際に、計画を立て、計画に沿って行動し、行動の結果について反省を行い、必要な場合には行動を改善して、目標に向かって行く。人材開発もこれとまったく同じプロセスで行われる。具体的には、Plan（計画）→Do（実施）→Check（評価）→Action（修正）→Plan…というサイクル（マネジメント・サイクル）に沿った形となる。マネジメント・サイクルを回すにあたって注意すべき点は、①よいPlan（計画）を立てるには多くの情報が必要であること、②情報に基づいて目的と目標を具体化すること、③サイクルが一巡するごとに新たなステージへと進化させていくこと、の3点である。①と②については、従来のマネジメント・サイクルに含まれない（あるいはPlan（計画）の一部として扱われる）ために、重視されないことが多いが、PDCAを回すためには、入念な情報収集と具体的な目標が不可

欠である。これを合わせてPP（Prepare＝準備）と呼ぶ。

> Prepare（準備）
> →Plan（計画）→Do（実施）→Check（評価）→Action（修正）→Plan…

　それでは推進の全体像を説明する（→図表4-2-5）。まず準備（PP）のステップでは、情報を収集することから始まる。

図表4-2-5 ● 人材開発の進め方

PP（Prepare）
　　　①経営課題と人材開発の関連を考察する
　　　②情報を収集する
　　　　　　1）人材開発総論　2）関連法規　3）助成金制度　4）他社事例
　　　③現状を把握する
　　　　　　1）自社の人材開発施策　2）教育訓練状況　3）キャリア開発状況
　　　④人材開発ニーズと対象層を定め、目的と目標（成果指標）を明確にする
　　　⑤トップのコミットメントを取り付ける
　　　⑥推進体制を整備・確認する
　　　　　　1）経営者の役割
　　　　　　2）現場を巻き込むプロジェクト/委員会
　　　　　　3）労働組合との連携
　　　　　　4）社外リソースの活用
P（Plan）
　　　①中長期計画を策定する　〜　経営計画との連動
　　　②短期計画を策定する　〜　予算・運営施策との連動
　　　③全社目標、部署目標、個人目標と評価手法を検討する　〜　目標管理制度
　　　　との連動
D（Do）
　　　①必要な施策を立案・導入する
　　　②告知・啓発活動を実施する
　　　③情報収集を継続する
C（Check）
　　　①施策の成果と成果指標の分析を行う
　　　②社員アンケート・意識調査を行う
　　　③現場巡回、社員インタビューを行う
A（Action）
　　　①必要に応じて行動の修正を行う
　　　②必要に応じて計画の修正を行う

人材開発に関する知識を学ぶと同時に、関連するさまざまな法令や国や自治体における助成金制度に関する情報、さらに他社の事例を丁寧に集めることになる。次に、人材開発に関する自社の現状を教育訓練とキャリア開発に分けて把握し、制度や研修の有無といったハード面だけでなく、実際の利用者数（受講者数）や社員の意識といったソフト面の分析も重要である。ここまでの作業を丁寧に行うと自社の人材開発に関する課題が明らかになり、理想の姿がおぼろげに見えてくる。人材開発の目的と求める人材像を経営者との打ち合わせを通じて明確にし、しっかりとコミットしてもらうことになる。最後に、自社として効果的かつ効率的な推進体制を確認する。たとえば、人事部門だけでなく、経営者の役割、職場の管理者の役割、労働組合との連携などである。

このように入念な準備を行ったうえで、計画（Plan）のステップへ進むことが可能となる。全社の経営計画と整合性のとれた人材開発計画を策定し、それを単年度にブレークダウンした年間の計画を作り込む。さらに人材育成を全社、職場、個人の目標管理制度・評価制度に組み込む仕掛けも重要である。また、人材開発計画をイントラネットや社内報を通じて全社に告知するなどの工夫も有効である。そして、いよいよ実施（Do）のステップとなる。現状把握で明らかになった課題を解決すべく、制度の立案とプログラムの決定を行い、従業員の認知と利用を促進すべく、教育研修プログラムを展開することになる。同時に、人材開発の意識を高めるための啓発活動を実施し、国や他社の動きに関する情報収集を継続して行う。

実施（Do）のステップにおいて陥りやすい罠は、このステップで安心し、同じ計画の焼き直しで毎年、同じ行動を繰り返すことである。そうではなく、きちんと評価（Check）のステップを踏まなければならない。準備（PP）ステップで行った現状把握をもう一度行い、計画の進捗状況を冷静に判断したうえで、いままでよりも一段高いレベルでの修正（Action）ステップに入り、新たな計画に基づく行動へとつなげていくのである。

人材開発の推進におけるポイントをいくつか挙げてみる。

　第1は、キャリア開発あるいは教育訓練のいずれかに偏った計画や実施にしないことである。すでに見たように、教育訓練とキャリア開発のどちらか（あるいは、両方）が機能していない企業やそれぞれが個別に進められているケースは少なくない。たとえば、新入社員研修を行うのであれば、入社前教育として必要な知識・技能の習得を通信教育で行い、研修後の初任配置のしくみを整備し、1年後、2年後にフォローアップ研修を実施し、3年を経過した時点で専任配置を行うなどの連動が必要である。

　第2は、教育訓練の体系を全社員にわかりやすく可視化することである。たとえば、研修や自己啓発を単発的に実施するのではなく、バーチャルなコーポレート・ユニバーシティ（企業内大学）の形に仕上げて人材開発体系にすることなども有効である。

　第3は、人材開発の主体・方法・手法を組み合わせる工夫を行うことである。これはハイブリッド型教育とも呼ばれる方法であり、OJT、Off-JT、

図表4-2-6●ある企業の教育訓練体系

職務ランク	全社教育			部門別教育
	階層別教育	自己啓発教育	国際化教育	研究開発部門
役　員	トップセミナー	外部研修会への派遣	国際ビジネス講座	
部　長	部長研修		海外ビジネススクール等への派遣	
課　長	課長研修	通信教育		
主　任	上級職研修		海外留学・海外業務研修	中級技術者教育
一般職	2年目研修			初級技術者教育
新入社員	新入社員研修			

自己啓発の融合のみならず、理論と実践を統合しながら学んでいく総合的な人材開発の手法である。

　企業で実際に行われている人材開発プログラムを例示するので参考にされたい。→図表４-２-６

（２）人材開発の評価

　人材開発の評価は、人事管理全体の有効性の検証と同様に非常に難しいテーマである。しかしながら、人材開発の目的に対する具体的な成果を客観的に把握できる指標を設定しないことには、上記の検証（Check）も不可能である。考えうる成果指標には、「企業業績（売上げ、利益、利益率、株価など）」「社外からの評価」「能力評価の平均値」「資格取得者総数」「離職者数」といった全社的な視点、「経営者の満足度」「管理者の満足度」「社員１人当たりの育成費用」「女性管理職比率」といった主体・対象者の視点、さらには、「研修における受講者の理解度」「年間の研修実施本数、受講者総数」「年間の新規開発コース数」といった具体的な視点まで、どのようにも設定は可能である。人材開発のみにかかわらず、目的に沿った形で複数の視点から成果指標と先行指標を設定することが望ましい。この考え方をバランス・スコアカード（あるいは、バランスド・スコアカード）と呼び、「財務の視点」「顧客の視点」「内部業務プロセスの視点」「学習と成長の視点」の４つから総合的に評価を行うものである。そして、一般的に業績評価指標はKPI（Key Performance Indicator）と呼ばれるが、その指標の依存関係から、上位にある「成果指標」と成果指標の下位層にある指標の「先行指標」の２種類の指標に分解される。たとえば、売上高や利益率などは成果指標であり、この成果指標の下位層にある顧客満足度や納期遵守率などは先行指標となる。

　具体的な例として、ある研修を計画に沿って実施し（Dの「実施段階」）、研修効果が評価される（Cの「評価段階」）場面を見てみる。研修評価の体系を理解するにはカークパトリック・モデル（Kirkpatrick Model）が有名であり、同モデルは評価を以下の４つのレベルに分けている。

① レベル１…反応（受講者の感想、意見による評価）

② レベル２…学習（学習した理論、事実、技術による評価）

③ レベル３…行動（研修による職務行動の変容からの評価）

④ レベル４…結果（コスト削減、品質向上等の結果に基づく評価）

さらに図表４-２-７は以上の評価レベルに対応した評価方法と、各評価方法の優位性と限界を示している。たとえば「レベル１」であれば、質問紙、態度調査、面接、焦点グループ、観察の方法が対応する。なお、実際に採用されている評価方法を見ると、多くの企業は「レベル１」の評価方法をとり、「レベル４」の企業はきわめて少ない、というのが現状である。

また、カークパトリックの４つのレベルにROI（投資収益率）をレベル５として追加したフィリップスのROIモデルもよく知られている。

⑤ レベル５…ROI（研修費用に対してえられた利益の評価）

これは、研修費用に対してえられた利益を計算して評価するものであり、費用には直接的なコストとして講師料、教材費、会場費などが、そのほかに開発費、企画・運営部門の費用、さらには参加者の機会損失など

図表４-２-７ ● 評価レベルと評価方法の関係

評価方法	優位性	限界	評価レベル			
			1	2	3	4
			反応	学習	行動	結果
質問紙	低コスト、匿名性	情報の正確性	●		●	●
態度調査	標準化	感情の反映性	●		●	●
筆記試験	多数サンプル	参加者の嫌悪		●		
成果テスト	信頼性	高い開発コスト		●	●	
面接	深層分析の可能性	面接技術	●		●	●
焦点グループ	質の高い質問が可能	主観性	●		●	
観察	行動変容の把握	信頼性への疑問	●		●	
成果記録	信頼性	データの間接性、矛盾			●	●

出所：根本孝『ｅラーニング』中央経済社、2001年

を加える場合もある。利益には直接的な売上高、利益高、生産性指標などを算出することもあるが、コンピテンシー、能力の向上を測定して金額に置き換えている企業もある。これらの数値を算出するためには高度な技術を要するため、重要かつ限られた研修にのみ適用する企業が多い。

この手法はすべての研修に採用するのではなく、研修ごとに評価レベルを決める必要がある。米国の主要100社の調査においてもレベル1は100％（すべての研修に）採用しているが、それぞれレベル2は60％、レベル3は30％、レベル4は10％、レベル5は5％の研修に採用しているという報告もある。

3　公的援助制度の利用

（1）教育訓練の社会システム

企業内における教育は、社会全体で行われている教育訓練のしくみ（これを、ここでは「教育訓練の社会システム」と呼ぶことにする）の一部であり、その土台の上に構築され運営されている。したがって、企業が教育訓練の戦略と管理を考えるにあたっては、教育訓練の社会システムの特質を理解しておくことが必要である。基本となる考え方は、職業能力開発促進法（昭和44年7月18日法律第64号）において、「職業訓練及び職業能力検定の内容の充実強化及びその実施の円滑化のための施策並びに労働者が自ら職業に関する教育訓練又は職業能力検定を受ける機会を確保するための施策等を総合的かつ計画的に講ずることにより、職業に必要な労働者の能力を開発し、及び向上させることを促進し、もって、職業の安定と労働者の地位の向上を図るとともに、経済及び社会の発展に寄与すること」（第1条）と定められている。

それでは、教育訓練の社会システムの特質を考えてみよう。教育訓練機関（これを「教育訓練プロバイダー」と呼ぶ）が労働者や企業などに対して教育訓練サービスを提供しているので、どのような教育訓練プロバイダーがどのような教育訓練サービスを提供できるのかによって、社

会システムの供給構造が決定される。他方、企業などが費用を負担して
教育訓練サービスを受けるので、どのような企業がどのような教育訓練
サービスを受けたいと考えているのかによって、需要構造が決まる。こ
うして形成された需要と供給が何らかのしくみを通してマッチングされ、
現実の教育訓練サービスが実現する。

　このマッチングのしくみには3つのタイプがある。第1は、政府が費
用を負担し、自前の訓練センター（「公共職業能力開発施設」と呼ばれる）
などによって教育訓練サービスを提供する、つまり行政上のしくみを通
してマッチングを行う「政府部門内型」である。同様のことは一般の企
業にも見られ、自社の費用によって自社内で教育訓練を行う（つまり、
企業内のしくみを通してマッチングを行う）場合であり、これを「社内
型」と呼ぶことにする。最後のタイプは、費用は政府や企業が負担する
が教育訓練は外部の教育訓練会社などに任せる場合である。この場合に
は、教育訓練会社などが市場での取引を介して政府や企業などから教育
訓練の事業を受けることになるので、そこでは教育訓練サービスをめぐ
って市場（この市場を「教育訓練サービス市場」と呼ぶ）が形成される。
そこで、このマッチングのタイプを「市場型」と呼ぶことにする。

　以上の枠組みに沿ってわが国の現状を整理すると、最大の費用負担者
（つまり、職業訓練サービスの需要者）である企業は、教育訓練支出の約
3分の1が社内で自家消費され（「社内型」に当たる）、残る3分の2が
社外の教育訓練プロバイダーに支払われている（「市場型」に当たる）。
この外部化された教育訓練サービスのほとんどが、民間の教育訓練機関
によって提供されている。

　次の政府については多様な機関が費用を負担しているが、その中の中
心的な機関である厚生労働省の職業能力開発にかかわる予算の約半分が
政府直轄の訓練機関で行われる職業訓練に充てられ、残りの外部流出部
分（「市場型」に当たる）は大学等の教育機関あるいは民間の教育訓練機
関に配分される部分と、企業の職業訓練を援助するために、企業に直接
配分される部分から構成されている。

（2）政府の職業訓練政策

政府はどのような教育訓練政策をとっているのか。まず、誰を政策の対象にするのかが問題になる。失業者、障害者等の社会的・経済的弱者、就業前の若年者、そして在職者が主要な対象であるが、それに加えて、社内教育を奨励・促進するための事業主を対象とする政策がある。これらの中の誰を対象範囲とするかによって政策の特徴が決まる。米国等は社会的・経済的弱者に限定するという政策をとっているが、わが国では社会的・経済的な弱者に加えて、就業前若年者、在職者、事業主のすべてを政策対象層とする点に特徴がある。

政府（厚生労働省）の職業訓練政策は大きく職業能力開発事業と教育訓練給付金事業に分かれる。まず後者は、労働者の自発的な能力開発への取り組みを支援するための事業であり、一定の要件を満たす労働者に対して、政府が指定した教育訓練施設の訓練コースを修了した場合に訓練費用の一部を支給するものである。前者の職業能力開発事業は多様な分野から構成されている。公共職業訓練は政府が公共職業能力開発施設によって実施する離職者、在職者、学卒者、障害者等を対象とする職業訓練であり、離職者訓練を中心にしてその一部が専修学校等に委託されており、それが委託訓練事業に当たる。職業能力評価事業は職業に必要な能力を評価する事業であり、その主なものは以下である。

① 技能検定制度

労働者の技能を検定して国が公証する制度であり、特級、１級、２級、３級等（職種により等級が区分されていない単一等級もある）に区分して実施されている。合格者には、厚生労働大臣名、都道府県知事名あるいは指定試験機関名の合格証書が交付され、技能士を称することができる。

② 社内検定認定制度

事業主等が行う社内検定のうち、厚生労働大臣が認定する制度であり、「厚生労働省認定」と表示することができる。

③ ビジネス・キャリア検定試験

　各職務分野におけるビジネス・パーソンの職務遂行に必要な実施能力を客観的に評価する能力評価試験の制度であり、本テキストもこの制度に準拠するものである。

　また、新たな取り組みとしてジョブ・カード制度が注目されている。これは正社員経験の少ない人々を対象とし、対象者の職務経歴・学習歴、職業訓練の経験、免許・資格などを「ジョブ・カード」と呼ばれる書類にとりまとめ、企業における実習と教育訓練期間における学習を組み合わせた職業訓練を受けることにより、その後の就職活動やキャリア形成に活用する制度である。

　技能振興事業は、優れた技能の維持・継承・発展のための事業であり、卓越した技能者等の表彰制度、技能競技大会等が主なものである。

　最後の事業主の能力開発に対する主な支援事業には、一定の基準に基づき政府が認定した認定職業訓練を助成する制度、労働者のキャリア形成支援を行う事業主に対して助成する人材開発支援助成金等の制度がある。ほかにも、キャリアアップ助成金、セルフ・キャリアドックの開設などさまざまな支援が行われており、国のみならず、自治体、業界、NPO/NGO、その他の援助制度に関する積極的な情報収集と活用を行うことが有効である。

　こうした政策に対する資源配分（予算配分）の中で最も大きい事業は、公共職業訓練と教育訓練給付金である。さらに、企業等への支援事業もかなりの規模に達している。

（3）公共職業訓練の概要

　以上の政府の教育訓練政策の中で最も重要なのは、政府みずからが教育訓練を行う公共職業訓練である。公共職業能力開発施設としては、職業能力開発大学校（主要な設置主体は独立行政法人高齢・障害・求職者雇用支援機構）、職業能力開発短期大学校（都道府県）、職業能力開発促進センター（高齢・障害・求職者雇用支援機構）、職業能力開発校（都道府県）が設置されている。

　訓練課程は、対象者の種類（中卒・高卒者か在職者・離転職者か）、訓練内容の水準（普通か高度か）、訓練期間（長期か短期か）の観点から構成されており、前述の公共職業能力開発施設がそれぞれの課程を分業して担当する体制になっている。たとえば、職業能力開発校は中卒・高卒者等を対象にした、長期の普通レベルの訓練を行う普通課程を、職業能力開発大学校は高卒者等を対象にした、長期の高度レベルの訓練を行う専門課程と応用課程を担当している。また職業能力開発促進センターは、在職者等を対象にした短期訓練を主に担当している。

　このように公共職業能力開発施設では多様な訓練が行われているが、その中で最も重要な分野は若年者を対象とする職業訓練であり、その構成は、どのような若年者を対象に、どのような方法で訓練を行うのかという観点から見ることができる。訓練対象者には、就業前若年者、在職している若年者、失業している若年者の3タイプがあり、訓練方法には、訓練センター等で訓練するOff-JT型と、企業における就業（OJT）と訓練センター等でのOff-JTを結びつけた訓練・就業結合型の2タイプがある。

　対象者から見て最も重要な分野は、就業前若年者を対象に基礎的能力を養成する就業前職業訓練であり、訓練方法は公共職業能力開発施設におけるOff-JT型が中心である。しかし欧州諸国では、同種の訓練が政府の強力な支援のもとで訓練・就業結合型で行われており、ドイツのデュアル・システムが最も知られている。企業における職場訓練（OJT）と社外の職業訓練機関での理論教育（Off-JT）を組み合わせる方式がとられていること、企業での職場訓練が有給であること、訓練期間が長期であることに特徴がある。

　わが国は若年の失業者についても、公共職業能力開発施設あるいは専修学校等におけるOff-JT型訓練が中心であるが、ここでも欧州は企業を活用する訓練・就業結合型の政策を重視しており、フランスの交互訓練がその代表である。同訓練は、①失業者は企業と訓練契約を結ぶ、②政府は企業に対して訓練に要する費用を援助する、③資格取得を訓練目標として重視する、という内容を持っている。

このように、わが国の公共職業訓練はOff-JT型中心の体制をとってきたが、最近になって訓練と就業を結合した方法が重視されつつある。企業実習と一体化した訓練を行う日本版デュアル・システムなどがそれを代表する試みであり、今後の拡大が期待される分野である。

Column コーヒーブレイク

《人材開発とビジネス・キャリア検定》

　急速に変化するビジネスにおいて、企業は「仕事ができる人材」を求めている。企業を支えるのは、人材１人ひとりの能力であり、優れた人材の育成・確保が、将来にわたる企業の発展に欠かせない。人材の発掘、育成、そして人事評価などを適正に実施するためには、公正な能力評価を行うことが重要になるが、能力評価を行うことは容易ではない。

　ビジネス・キャリア検定試験は、事務系職務（人事・人材開発、総務、経理、営業…等）を広く網羅した唯一の公的資格試験であり、国が整備した「職業能力評価基準」に準拠している。また、標準テキスト、認定講座などの学習環境も整備されていることも大きなメリットである。人材開発戦略を構築し、具体的な全体図を作成するにあたっては、社内で検討したり、外部の専門家に相談することも有効だが、ビジネス・キャリア検定の体系を利用することが最も近道ではないだろうか。

　すでにビジネス・キャリア検定を昇進・昇格要件に利用したり、Off-JTのコンテンツとして活用する企業も増えてきている。また、「仕事ができる人材」の予備軍ともいえる大学生に対して「人事・人材開発実務演習」といった科目を開設し、３・４年生に『人事・人材開発３級』を取得させようとする大学も現れている。

第3節 OJT（職場内教育）の基本的考え方

学習のポイント

◆洋の東西を問わず、教育訓練の基本は職場の上司・先輩によって行われるOJT（職場内教育）であり、Off-JT（職場外教育）と自己啓発はOJTの補完的な役割を果たす。

◆OJTを有効に進めるためには、意図的・計画的・継続的に行われなければならない。実施にあたっては担当者を定め、具体的な目標と計画が不可欠である。

◆OJTは人材開発あるいは教育訓練の一手法のみならず、日常のマネジメント・ツールでもある。目標管理制度（MBO）の中にOJTを位置づけ、管理者の責任として機能的に実施しなくてはならない。

1 OJTの意義・目的と特徴

（1）OJTの意義と目的

　教育訓練の方法には大きく、OJT（On the Job Training）、Off-JT（Off the Job Training）、自己啓発の3つの方法があることを述べた。OJTは、「企業内で行われる企業内教育・教育訓練手法の1つ。職場の上司・先輩が部下・後輩に対し具体的な仕事を通じて、仕事に必要な知識・技術・技能・態度などを意図的・計画的・継続的に指導し、修得させることによって全体的な業務処理能力や力量を育成するすべての活動である」と説明される。つまり、上司や先輩の指導のもとで、職場で働きながら行わ

れる訓練がOJTであり、それに対してOff-JTは仕事から離れて行う訓練を指し、研修施設や社外で行われる集合研修が典型例である。最後の自己啓発は、本を読む、通信教育を受けるなど、上司等の直接の指導を受けずに自分1人で勉強する方法である。

この中で基本となる方法はOJTと自己啓発であり、それらを補完する方法としてOff-JTがある。かつて「日本企業はOJTを重視するのに対して、欧米企業はOff-JTを重視する」といった日本企業と欧米企業の教育訓練政策の違いを強調する傾向があったが、どの国であっても、企業が行う教育訓練の中心はOJTであり、Off-JTはそれを補完する役割を担っている。以下では、OJTの特徴と進め方について簡単に説明しておきたい。

OJTの進め方では、まず上司は部下が業務上どのような能力を必要とし、どのような個性と関心を持っているのかを把握し、それに基づいて育成目標を立てる。この育成目標と現状の能力とのギャップから、育成が必要な具体的な項目（訓練目標）を設定する。次に、訓練目標を達成するための手段やスケジュールからなる具体的なタイムスケジュール（訓練計画）を作成して、OJTを実施する。そして、最後に実施結果を評価し、次の訓練目標の設定に役立てることになる。OJTを効果的にするためには、①育成の視点から、より難しい仕事、より多様な仕事、より権限の大きい仕事を部下に与えること、②日常業務の中で気がついたときには、そのつど指導しアドバイスすること、③定義にもあるように意図的・計画的・継続的であること、④目標管理制度と連動させ、具体的な目標項目を達成するための手法とすること、が重要である。そうでなければ、単に"背中を見て仕事を覚える"といったその場限りの非効率的な訓練となってしまう。

こうした方法をとるOJTのメリットとしては、①仕事を通じて訓練が行われるので時間的にもコスト的にも効率的である、②仕事に直接役立つ実践的な知識や技能を習得できるため上司も部下も張り合いが出る、③文書・マニュアル等では客観的に表現できない技能（暗黙知）を訓練できる、④部下1人ひとりに対して行われる方法なので能力・個性や仕

事の特性に合わせて個別的に教育できる、などが挙げられる。しかし欠点もあり、上司にかかわる点としては、①訓練効果が上司の部下指導の能力と意欲に左右される、②日常業務の対応に追われると部下を育成する余裕がなくなる、という点が問題となる。また、③訓練効果が部下の態度や意欲に大きく左右されるという問題もあり、部下が「上司は教えてくれるもの」などと考えているようでは、OJTの効果は望めない。

（2）OJTの阻害要因

　このように、OJTは教育訓練の基本をなすものであるが、今日のわが国において十分に機能しているかは心もとない。確かに製造現場においては、小集団活動（QC：Quality Control、TQC：Total Quality Control、ZD：Zero Defectsなど）や製造ライン・各従業員の目標管理を通じて、1人ひとりの従業員に対する丁寧なOJTが施されていることが少なくない。しかしながら、いわゆるホワイトカラーと呼ばれる事務職や営業職などにおいては、OJTの名を借りながらも突発的・自然発生的・断続的に対症的指導が行われているケースが多い。ましてパートタイマーやアルバイトに対しては、放置されることも日常的である。職場におけるOJTを阻害する主な要因は以下の5つである。

① 非制度化
② 長時間労働
③ 残業制限
④ 組織風土・評価制度の問題
⑤ OJTのノウハウ・経験不足

　まず、OJTが制度化されていない場合である。新人や後輩・部下の指導はどの職場でも行われているが、目標管理制度の中に明確に位置づけられないケースが多い。あるいは、目標管理制度を導入していない場合であっても、(1)達成すべき期待役割・成果、(2)そのために伸ばすべき能力と具体的な目標レベル、(3)期限およびスケジュール、(4)指導担当者・指導体制、などを明確にし、本人にも十分に認識させることが不可

欠となる。すべての従業員が具体的な成果目標と能力目標を掲げ、管理者に対しては部下に対するOJTを人事考課の項目として設定することが望ましい。

　次の要因としては職場全体が業務に忙殺され、長時間労働が常態化していることが挙げられる。全員が忙しく働いていれば、他人をかまっている時間的・精神的余裕もなくなるであろうし、部下や後輩も忙しく飛び回っている上司や先輩に質問したり、指導を請うたりすることは気が引けるであろう。１日の業務の中で必ず部下や後輩に対する指導を行う時間を設ける、あるいは週の中で必ずOJTの時間をスケジューリングするといった工夫が必要である。

　さらに、上述した点と矛盾するように聞こえるが、残業制限が施されているために就業時間中は非常に緊密に業務が行われ、その結果として、OJTを行う余裕がまったくないという逆のケースもある。残業が望ましいわけではないが、日中の仕事から解放され、一息ついたところで上司や先輩からきめ細かな指導を受ける場面を否定することはできない。実際に、ある自動車メーカーが金融不況以降に行っていた残業規制を撤廃した理由の１つは、弱体化したOJTを復活させることであった。現場の実態を正しく把握したうえで、どうしても就業時間中にOJTの時間が確保できないのであれば、このような対応は適切といえる。

　また、組織風土の問題も大きい。これは会社全体の企業文化に由来するケース、管理者の不適切な意識によるもの、個人の認識不足に起因する場合などさまざまであるが、いずれも人材開発施策がおろそかであったり、評価制度が適切でない実態が根底にある。人材育成の重要性がことあるごとに経営陣から伝えられ、組織のカルチャーとして根づいている場合には、人材開発方針や戦略が明確になっており、その中にOJTがしっかりと位置づけられるはずである。最後に、OJTのノウハウや知識そのものが、組織・上司・先輩に蓄積されていないケースも深刻である。みずからが適切なOJTを受けてこなかった場合には、部下や後輩の指導はきわめて属人的になりかねない。その場合には、「OJTトレーナー訓

練」を行うことも必要である。

2　OJTの位置づけ

（1）人材開発におけるOJTの役割

　これまで教育訓練の管理について詳しく見てきたが、なぜ企業は社員を教育するのかという点からOJTの役割について整理する。それは、労働者は自分の責任と負担で社外の学校や公的な職業訓練機関で能力を高め、それをもって会社に就職すればいいのではないか、そうすれば個人は自由にほかの会社に転職できるし、会社にしても社員を教育する費用を負担しないで済むのではないか、という社外教育あるいはOff-JTを重視する考え方もとれるからである。それにもかかわらず、企業は費用をかけて社員を社内で教育し、教育を受けた社員は同じ企業に長く定着するという現実が、わが国にとどまらず多くの国で広く見られる。そうなると、企業にとっても個人にとっても、社内教育にかなりの利点があると考えざるを得ない。それはなぜなのか。

　この考え方は、OJTがOff-JTよりも効率的な訓練方法であるという点から始まる。なぜそうなのかについては、前述のOJTの利点と問題点の説明を参照してほしいが、OJTがOff-JTより効率的であれば、企業も個人も、Off-JTの典型である学校や教育訓練機関等で行う社外教育よりも、仕事をしながらの訓練であるため社内教育にならざるを得ないOJTの訓練方法を選ぶことになる。しかし、OJTがいかに効率的な訓練方法であるからといって、企業が社員教育に熱心になるとは限らない。というのは、もしOJTで訓練した社員が、それで得た能力を持って他社に転職していくとしたら、企業は教育にかけた費用を回収できず、すぐにでも社内教育をやめてしまうからである。そうなると、教育した社員が社内に定着することが、企業が社内教育を行う必要条件になる。また、社内教育を受けた社員が定着的であるという現実を見ると、社内教育によって高い能力を獲得したにもかかわらず転職しないほうが、社員にとって

も有利であると考えざるを得ない。

　この疑問を解くカギこそ、すでに述べたように社員の能力が、その企業でしか使えない企業特殊能力と、他社でも広く使える一般能力から構成されているという考え方である。企業特殊能力は目標管理（MBO：Management By Objectives）を通じた日常業務の積み重ね、つまりキャリア開発の過程を通じて習得されるが、このことは「OJTを通じた企業特殊能力の獲得」と言い換えることができる。一方でOff-JTは、「OJTの補完あるいは誘因であると同時に、一般能力を獲得する手段としてのOff-JT」となる。また、「不足した知識・技能を急ぎ習得する場合や、生涯を通じた長期的・自主的なキャリアを見据えた場合の自己啓発という手法」と整理するならば、OJT、Off-JT、自己啓発の三者は緊密に結び合いながら教育訓練の全体を構成し、同時にCDPあるいはキャリア開発の強力な促進要因（ドライバー）となるのである。

（2）マネジメント・ツールとしてのOJT

　次に、日常の業務管理ツールとしてのOJTについて、目標管理（MBO）との関係を具体的に見てみよう。企業はいかなる状況においても、組織として最大の成果を上げ続けなければならない存在である。人事管理においては、企業の業績管理と組織および個人の目標管理は同義語でなければならず、成果に対する経営の視点と社員の視点は一致していることが必要である。また、成果は単に結果指標による業績としてとらえられるのではなく、部門や個人へのブレークダウン、社員による目標に対するコミットメント、さらには進捗管理と実行計画の修正といったマネジメント・サイクルを通じて管理され、最終的な評価と処遇に結びつかなくてはならない。OJTもまさに全社としての制度設計を行うと同時に（仮に制度となっていない場合でも）、目標管理のしくみと連動させたPDCAとすることがスタートになる。

　業績・目標には3つの側面がある。それは、達成する期間、達成する主体、達成の質と量である。期間は短期・中期・長期があり、短期の場

合は1年が一般的だが、半期ごとに目標を設定する企業もある。中期は3年～5年とすることが多いが、長期については競争や市場の変化に大きく影響を受けるため、5年以上の具体的な計画を立てることは今日では困難になってきている。OJTにおいては、能力ギャップの視点から1人ひとりのニーズの把握を短期的、中・長期的に行うことが必要である。

達成する主体としては、大きく全社、部門、個人があり、全社で達成すべき業績は経営戦略において全社予算の形をとることが多い。これが、さらに各部門（事業部、支社、支店など）へと分解され、さらに、部門目標が個人目標へとブレークダウンされていくこととなる。これを"目標の連鎖"と呼び、全社目標と個人目標との整合性を表している。ただし、目標を下にブレークダウンする際には上からの一方的な押しつけではなく、双方向的に検討が行われたうえで最終的には部門や個人によってコミットメントされなければならない。このタイミングで具体的なOJT計画を個別に作成し、目標管理面談において本人と共有・合意することが重要である。

達成の質と量（達成基準）を、指標によって明確に設定することも大切である。その際には、売上げや利益といった数値による結果目標だけではなく、プロセスに関する定性的な目標も重要になる。業績とは、社員のさまざまな活動（プロセス）によって生み出されるものであり、業績を上げるための実行計画は、さまざまな指標によって示されなくてはならない。OJTとは、成果を生む根拠である能力の伸長を期待するものであり、当然のごとくプロセスを重視した支援となる。

このように、経営戦略⇒全社目標⇒部門目標⇒個人目標がきちんと連鎖していくならば、OJTを通じた能力伸長と個人成果の達成は部門成果の達成につながり、さらには企業成果、最終的には経営戦略の達成が実現されていく。従業員1人ひとりが経営戦略の実現に何らかの形で責任を持つという意識が醸成されると同時に、達成状況が明確となることによって納得性のある評価にも結びついていく。個人目標は、"業績目標"に加えて能力開発に関する目標を設定する"能力開発目標"が不可欠と

なる。こうして、目標管理はOJTと結びつくことによって初めてその機能を発揮する。そして、本人を育成するのみならず、管理者の育成手法としてもOJTは有効なのである。

3 OJTの効果的な進め方──事例から学ぶ

（1）ファシリテーションの重要性

　ここでOJTの事例を見てみよう。部下の女性社員に対してOJTを行うケースを想定し、会議や打ち合わせのファシリテーションの際に管理者が注意すべきポイントを具体的に考えてみたい。

　ファシリテーションとは会議や研修を効果的に進行することであり、そのポイントとしては、①みずからが結論を誘導しない、②参加者が課題・目的に沿った議論や作業に集中できるよう工夫する、③質の高い結果を得るべく進行を計画し、舵取りを行うことである。ファシリテーションが必要な場面は、職場ミーティングのようなカジュアルなものから、プロジェクトや委員会といった公式な会議までさまざまである。そして、ファシリテーションを任されるのは、リーダーや管理者であることが多く、一般にファシリテーターと呼ばれる。ファシリテーターに求められるものは、専制型リーダーシップやカリスマ型リーダーシップではなく、部下やメンバーを主役と位置づける"サーバント・リーダーシップ"のスキルである。

　管理者の責任は組織の業績責任と部下の育成責任であるが、ファシリテーションはその両方において重要な手法である。まずは業績責任の場面から考えてみよう。管理者は目標達成に向けて邁進するプロセスにおいて、部署ミーティング等を通じて目標を詳しく部下に説明し、遂行のための役割分担を行い、さらには個人目標へのブレークダウン、進捗状況のフォローをそのつど行わなければならない。役割・経験・能力のみならず、年齢・性別・価値観、さらには働き方や時間制約の異なる多様な部下に自主的に議論を行わせ、上位組織の期待を上回る成果を導くた

めには、ファシリテーション・スキルが不可欠となる。

　さらに部下の育成責任においては、部下1人ひとり個別の教育訓練と
キャリア支援が必要となる。部署の業績責任は部下全員の業績達成によ
って初めて実現されうるものであり、そのカギを握るのが部下育成であ
る。育成においてファシリテーションが特に必要とされるのは、OJTの
場面である。OJTには具体的な目標と計画が欠かせず、部下との個人面
談のみならず、みずからがファシリテーターとなるさまざまな機会にお
いて、同席する部下を育成する視点によってファシリテーションを行わ
なければならない。

　このように考えると、効果的なファシリテーションに必要とされる具
体的な技術は、部下の属性を問うものではなく、きわめて共通したもの
となるはずである。しかしながら、前述したように職場は従来のような
単一的な属性や価値観の人々の集合ではなくなっている。男性・女性、
若年・中高年、正社員・非正社員、日本人・外国人といった多様な人材
が活躍するのが今日の職場であり、ファシリテーションも相手に応じた
個別の知恵と工夫が必要になってきている。それでは、女性の能力を活
かすファシリテーションについて考えてみよう。

（2）女性社員の能力を活かす

　女性社員の活躍推進においては7つの取り組みがある。①募集・採用
（女性の採用拡大）、②職域拡大（女性の職場拡大）、③登用（女性管理職
の増加）、④就業継続（仕事と生活の調和）、⑤環境整備・風土改善（男
女役割分担意識の解消）、⑥能力開発（教育訓練とキャリア支援）、⑦推
進体制構築（経営層の役割強化）であり、女性社員の能力を活かすファ
シリテーションには、会議やミーティングの目的を達成することに加え、
そのプロセスを通じて女性社員の育成を行う心構えが求められる。こう
いった日々の丁寧なマネジメントが、女性社員の能力開発を通じた性別
役割分担意識の解消につながり、女性の採用拡大、職域拡大、管理職増
加といった全社的な風土改革をもたらすのである。

　具体的な場面を考えてみよう。ミーティングにはリーダーと女性社員のほかにも本人の同僚や上司、他部署のメンバー、さらには社外の関係者が同席する場合もあるだろう。

　第1のポイントは、ミーティングに出席する前の段階である。まず、出席する（あるいは、させる）女性社員に対して、会議の目的、本人に求められる役割・成果、必要な行動等を明確に伝えなければならない。たとえば、女性の部下が企画を発表する会議であれば、「企画提案とは相手のNOから始まる説得のゲームです。決して感情的にならず、話し合いのプロセスを大切にして、データを用いて論理的に説得をしましょう。私も援護射撃します。仮に合意が得られない場合でも、次回で決着させる手もあります」といったアドバイスやリハーサルが有効である。会議においては、女性メンバーが少数であることが多く、男性に比較して会議に出た経験も少ないことが一般的であろう。こういった点を配慮した丁寧な事前指導に留意すべきであり、そのことによって発表者も気持ちが空回りすることなく、参加者も"壁の花"となることなく、活発なミーティングが期待できるのである。

　第2は、実際の会議においての注意点である。冒頭にメンバーの構成に簡単に触れ、全員の発言を期待する旨のコメントは有効である。会議において「女性だから…」という先入観は不要だが、背伸びしてがんばりすぎる女性社員もいれば、臆病になって自信のない女性社員もいることを認識すべきである。決して男性メンバーを優先した運営になってはならない。また、組織の多様性という面から、女性社員が優れているといわれる生活者の視点やユニークな着想を積極的に評価するファシリテーションも有効である。各自の事前準備に基づき、忌憚（きたん）のない発言を引き出すことができれば会議は十分に成功である。

　最後に、会議後のフォローアップも不可欠である。直後あるいは折を見て、「よい会議でした。あなたの○○という発言に、部長も深くうなずいていましたよ。今年の能力開発目標である△△にも、このプロジェクトは役に立ちますね。この調子でこれからも発言してください」といっ

た個別のフィードバックによってOJTは次なるステップへと進むのである。

　ファシリテーションとは単なる司会進行ではない。発表者・参加者に対する丁寧な事前連絡と指導、会議中の気配りと目配り、そして終了後のきめ細かいフォローアップによって初めて、部下は最大限の能力を発揮できる。多様なメンバーが活躍できるように、ファシリテーションにおいても相手に応じた細やかな知恵と工夫が必要なのである。

Column　コーヒーブレイク

《欧州型の人材育成システム》

　ドイツのデュアル・システムをご存じの方は多いと思うが、この種の訓練システムは欧州では広く導入されている。

　その特徴は、第1に、訓練期間が2〜3年と長いことだ。

　第2には、社外の教育訓練機関での理論教育（Off-JT）と企業での就業（OJT）を組み合わせている点だ。このとき、OJTの場面では、訓練生は労働者として扱われ、労働関係の法律が適用される。ただし、企業が訓練生を受け入れることのメリットを出すために、最低賃金の適用除外になっている。

　第3には、一定の職業資格の取得を訓練目標としている点だ。ドイツであれば、デュアル・システムが修了すると専門労働者の資格が付与される。

　第4には、理論教育を担当する教育訓練機関は、必ずしも公共職業訓練機関ではないが、営利企業が運営する教育訓練機関でもない。政府からの資金援助を受けた非営利機関が運営主体であり、その結果、Off-JTコースが安価に提供されているわけである。

<table>
<tr><td>第 4 節</td><td></td></tr>
</table>

Off-JT（職場外教育）の基本的考え方

◆Off-JTとは、職場や通常の業務を離れて行う教育訓練であり、階層別教育、専門別教育（職能教育）、課題別教育、選抜型教育などの形をとる。管理にあたっては、実施主体、対象者、内容、外部委託先、費用などが重要になる。

◆研修は単独で行うだけでなく、OJTや自己啓発と連動することで効果が高まる。研修以外にも、ｅ－ラーニング、アクション・ラーニング、メンタリング、コーチング、カウンセリングなどの手法が存在する。

◆Off-JTの利点は、必要な知識・技能を多くの人に同時に教育できる、日常業務では習得できない知識・情報を得ることができる、社員に情報交換と経験交流を深める機会を提供できる、などである。

1 Off-JTの意義・目的と特徴

（1）Off-JTの特徴

　Off-JTの実態は職場や通常の業務を離れた社内外で行われる各種研修であり、その体系は対象者の特性と研修方法から規定される複数の分野から構成されている。第１の分野は、部門や職能を超えて、経営者から新入社員に至るまでの各階層を対象に横断的に行われる階層別教育である。職種や部門を超えて、当該の階層に属する社員に共通的に求められ

る知識・技能が訓練されるものであり、新入社員研修、管理者研修、役員研修などがそれに当たる。第2は、組織を縦割りにした営業、生産、研究開発等のそれぞれの部門や職種に必要な専門的な能力を教育する専門別教育（あるいは、職種別研修）である。ソリューション営業研修、国際会計基準研修、秘書研修、IT人材育成研修などが代表的な例である。第3は、企業にとって重要な特定の課題やテーマに関連した知識・技能を訓練するための、部門や職種を超えて横断的に行われる課題別教育である。その内容は、コンプライアンス、ワーク・ライフ・バランス、メンタルヘルス、リーダーシップ、コーチング、ファシリテーション、組織活性化、チームビルディング、グローバル人材など多岐にわたる。また、大手企業においては次世代リーダーの育成を目的とした選抜型研修も広く行われている。研修を企画・実施する際には、経営戦略や施策と連動させると同時に、社員のニーズを満たすテーマやプログラムであることが求められている。そのことによって、研修に対するモチベーションが大きく違ってくることに留意すべきである。

　これらの研修方法の運営体制について見ると、専門別研修は、個々の職能部門や事業部が計画と実施の責任を持ち本社の教育部門が支援する、全社共通の階層別研修と課題別研修は本社の教育部門が責任を持つ、という役割分担がとられることが多い。ここで、前掲の図表4-2-6に示したある企業の教育訓練体系図を見てほしい。この会社では、本社教育部門が責任を持つ全社的な教育として、新入社員教育からトップセミナーまで多様なコースが設定されている階層別研修と、国際化教育を例にした課題別研修が設定されている。また、各部門が責任を持つ部門別教育（専門別研修）については、研究開発部門の技術者教育が例として示されている。

　Off-JTの進め方は、マネジメント・サイクルのPDCAに対応した4つの段階から構成される。Pの「計画段階」では、まず、業務に必要な能力と社員の現有能力のギャップ、あるいは経営戦略に基づいて長期的に見て必要とされる能力から生まれる研修ニーズを明らかにするために現

状分析を行う。ニーズを把握する方法には、研修対象者にインタビューする、アンケートをする、テストをする方法とともに、業務で必要とされるスキルを棚卸しし、それに基づいてニーズを把握するスキルインベントリーを活用する方法、コンピテンシー・モデルからニーズを把握する方法などがある。さらに、このニーズに基づいて研修目標を設定し、研修プログラムを作成する。研修プログラムの作成にあたっては、目標に照らして最適な研修技法を選択することが必要であり、主な伝統的な技法の概要については後述する。

　さらに、最近注目されている方法にe－ラーニングとアクション・ラーニングがある。e－ラーニングはWebやEメールを活用した研修方法であり、出向者など海外や遠隔地にいても研修に参加できる、業務が忙しい場合でも個人のニーズに対応して必要なときに学べる、進捗状況・修了状況を容易に把握できるといった利点がある。たとえば、コンプライアンス教育を実施する場合に、まず事前学習として対象者に基礎知識をe－ラーニングで習得させ、次に集合研修を実施することによって効果を高めることが可能である。アクション・ラーニングは、研修の中で創造した業務や戦略を現場で実践するなど、研修のための研修を廃し、研修と日常業務（およびOJT）を一体化させようとする実践的な研修方法である。

　ほかにも新たな手法として、すでに説明したメンター制度に基づくメンタリングがある。メンタリングはキャリア開発の手法に位置づけられることが一般的であるが、本人（メンティあるいはプロテジェ）が職場を離れて先輩（メンター）からアドバイスを得る機会はOff-JTということも可能である。さらに、社内外の専門家から業務上の指導や生活上のアドバイスを受けるビジネス・コーチングやカウンセリングも広義のOff-JTと呼んで差し支えない。

（2）Off-JTの利点

　Off-JTは以下の利点を活かして、自己啓発とOJTを側面から支援する

役割を担っている。利点の第1は、特定の階層・職種・部門に共通する知識や技能を、多くの人に同時に、かつ内容のばらつきを抑えて教育できることである。配属部門の異なる新入社員に対して、会社の組織や経営の概況について同じ内容を同じタイミングで教える新入社員教育はその典型であり、個別に行う場合と比較して時間と費用を大幅に節約することが可能である。また管理者を対象に、経営管理の体系的な知識や技能を教え、日ごろの仕事を整理し、反省する機会を与える管理者教育もこの利点を活かしている。

　第2の利点は、社内外の専門家から、日常の業務の中では習得できない高いレベルの知識や情報を得ることができる。たとえば、最新の経済や技術の動向等について、一般的に上司よりも社外の専門家から直接話を聞くほうが効果は大きい。業界のみならず社会全体や世界を見据えた内容は、受講者にとって大きな刺激となり、モチベーションの向上が期待できる。第3に、部門を超えて同じ（あるいは、異なる）入社年度、職種、職位の社員が集まり、情報や経験を交換し交流を深める機会を提供するという利点がある。そこで形成された人間関係が仕事に役立つことは多い。最近では各種教育団体が主催する、あるいは自発的な異業種（他業種）交流研修も盛んであり、こういった機会によって社外の幅広い人脈やネットワークを構築することが可能となる。

2 Off-JTの位置づけ

（1）教育機関とプログラムの検討

　いったん教育訓練の戦略が決まると、それに沿って教育訓練の管理活動が展開される。この管理活動は、前掲の図表4-1-6で示したように「誰が」（教育訓練の実施主体）、「誰に」（教育訓練対象者の特性）、「何を」（教育訓練の内容）、「いかに」（教育訓練の方法）の分野から構成されるが、ここでは、教育訓練の実施主体と方法について説明する。

　教育訓練は主に社内で行われる。特に、教育訓練の中心であるOJTは

　それぞれの職場で行われ、Off-JTも社内で実施される場合が多い。しかし、実際のOff-JTは、大学院やビジネス・スクールへの長期的な留学制度や短期的なオープン講座・セミナーへの社外研修など、かなりの部分を外部に依存しており、教育訓練の管理にとっては教育機関をいかに活用するかが重要なポイントになる。

　実施したOff-JTの教育訓練機関の種類は、正社員、正社員以外ともに「自社」が最も高く、正社員では76.2％、正社員以外では83.2％となっている。次いで「民間教育訓練機関（民間教育研修会社、民間企業主催のセミナー等）」となるが、正社員と正社員以外では大きな差がある。正社員以外では、「自社」「民間教育訓練機関（民間教育研修会社、民間企業主催のセミナー等）」以外はすべて20％以下である。→図表４－４－１

　このような現状を踏まえると、Off-JTの実施にあたっては社外機関の詳細を把握しておく必要があり、それを踏まえて具体的な研修プログラムを設計することが重要となる。外部教育機関にはさまざまな組織がある。人事コンサルティング会社、教育コンサルティング会社、研修専門会社、アセスメント会社、e－ラーニング・プロバイダー、さらには大学などの活用も可能である。外部機関に求めることは、社内で得られない研修の専門知識、人脈、ネットワークであると同時に、運営などの負荷を部分的に負担してもらうことである。これらを十分に活用するためには、実際のパフォーマンスを他社と比較することが可能であること、研修の目的やねらいが明確であること、さらには依頼する側が主導権を握れることが重要である。なお、研修を委託する機関を選ぶ際に、とりわけ重要なことは講師の選定である。プログラムの内容がいかに優れていても、講師の力量が不十分であると、研修目的を達成することは難しい。

　こうしてパートナーとなる教育機関が決定したならば、具体的な研修プログラムの設計に着手する。研修テーマと講師、研修概要（目的、内容、運営方法）、カリキュラム設計、自己啓発との関連、CDPとの連携方法、雇用管理・就業条件管理・報酬管理との連携、といった詳細を丁寧に詰めていくことが重要である。

図表4-4-1 ●企業の外部教育訓練機関の活用状況

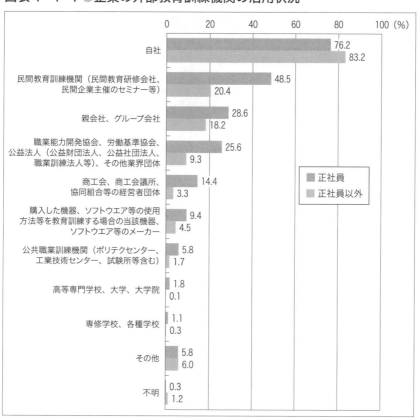

出所：厚生労働省『平成30年度 能力開発基本調査』（2019年）

（2）Off-JTの実際──「働き方改革」を推進する場合の事例

ここで、具体的な研修の事例を見てみよう。ある企業において、「働き方改革」を推進する一環として在宅勤務制度の導入を決定した。制度の目的を全員に伝え、対象者や管理者の不安を取り除くためにはどのようにOff-JTを実施すべきであろうか。まず、在宅勤務を導入する際には、制度内容について、社内で教育研修や説明の機会を持つことが重要である。その際には、①全従業員を対象とした制度導入の趣旨や概略を理解

してもらうための研修・説明会、②実際に在宅で勤務しようとする者を
対象とした制度内容の詳細や留意事項の説明会、③管理職を対象とした
在宅勤務者をマネジメントする側の研修など、各階層に応じて説明会・
研修会を開催することが望ましい。

1）全社説明会

　「働き方改革」の一環として在宅勤務制度を導入することとした場合、
社内で新たな制度が開始されることになる。少なくとも、導入目的や制
度の概要、メリット・デメリット等について、従業員に周知するための
研修や説明会を開催しておく必要がある。もしも単独開催が日程調整上、
あるいは業務の都合上難しい場合には、他の何らかの研修や会議等の機
会に合わせて在宅勤務制度に関する簡単なガイダンスを行うこととして
もよい。

　また、社内のイントラネット上や社内報に人事部・総務部等の在宅勤
務の担当部署が制度概要を掲載したり、メール等で担当窓口への質問等
を受けられるようにする方法も有効である。

〈説明会の内容〉

　　○当社における「働き方改革」の考え方
　　○在宅勤務とはどういうものか
　　○制度導入の目的（企業・個人のメリット・デメリット）
　　○制度の内容
　　○制度の対象者
　　○具体的な制度の利用の仕方（活用の方法、申請の手順）
　　○制度利用にあたっての留意事項　　　など

2）在宅勤務者を対象とした研修

　実際に在宅で勤務することとなった従業員には、別途、制度内容や具
体的な利用方法、留意事項などを以下に述べるような方法で詳しく説明
する必要がある。対象者を集めて、半日あるいは1日をかけて、在宅勤
務規程の内容を中心に具体的な申請手続や在宅勤務にあたっての留意事
項などを説明し、在宅で勤務する場合のルールについても明確にしてお

くことが重要である。

　また、実際に在宅で勤務していく者を対象とするので、前述の従業員全員を対象とした説明会等よりも、その内容はより具体的でなければならない。このため、研修においては質疑応答の時間を十分確保するほか、あらかじめ想定される具体的な場面で起こりうる疑問などを「FAQ（Frequently Asked Questions ＝ よくある質問）」の形で資料として、わかりやすく説明することが望ましい。さらに、「こんなトラブルが起こったら、このように対応する」といった具体的な事例を紹介しながら説明することが重要である。

　在宅勤務制度の導入目的やその内容は、企業によってさまざまであり、研修内容も基本的には社内の実情に応じてなされるべきである。通常、人事・総務部門、経営企画部門などの担当部門が講師となるが、プロジェクトチームなどが設置されている場合は、そのメンバーが講師を務めてもよい。また、制度の一般的な事項については、講師を外部から招くことも考えられる。

3）管理者を対象とした研修

　在宅勤務者の業務を含め部署内の業務管理、職場運営等をマネジメントする立場となる管理者には、在宅勤務そのものについての理解を深め、在宅で勤務する部下の業務管理や健康管理、そのフォロー、そして評価に関する説明会や研修を実施しておく必要がある。

　管理者研修の方法は在宅勤務制度の導入目的や対象者の規模により異なる。たとえば、在宅勤務者を対象とした研修に管理者も参加させ、制度内容や留意事項等について共通の理解・認識を持たせることも有効な方法である。さらに、管理者だけを対象としたマネジメント教育研修を実施することも必要である。この研修では、在宅勤務者からの業務報告とそれに対する対応・アドバイスといった日常の業務の流れへの対応や、コミュニケーションのとり方、目標管理による業務管理手法、仕事に対する評価基準と運用、在宅勤務者の労働時間や心身の健康状態の把握など、運用上の留意事項が主な内容となる。

3 Off-JT を効果的に進める研修技法

（１）教育研修技法の種類と特徴

　教育および研修の技法にはさまざまなものがある。→図表４-４-２

　まず、概念教育に関する技法の内容を見ていく。講義法が最も一般的なスタイルであり、主に知識のインプットをめざすものである。正しいと認識された知識、いわゆる正解のある知識あるいは客観的な情報を一方向的に転移する方法といえる。もう１つはプログラム学習である。これは心理学を応用した学習指導方法であり、学習の到達目標に至るまでのステップを小刻みに設定し、学習者の反応に対して即座にフィードバ

図表４-４-２ ● 主要な研修技法の概要

技法の名称	技法の概要
講義法	講師が知識や考え方を一方的に伝達する方法。
プログラム学習	受講者１人ひとりの能力開発の度合いに合わせて、プログラム化された指示に沿って段階的に進む学習方式。
討議法	討議によって課題を掘り下げ、多角的に理解を深める方式。
ロール・プレイング法	参加者がいろいろな立場からいろいろな役割を演技し、対人関係における望ましい行動と態度を体得することが訓練の目的であり、接遇訓練、セールス話法訓練、対人理解訓練などに用いられることが多い。
課題法（プロジェクト法）	与えられた実際的な課題を解決することを通して、問題解決の知識と能力の向上を図る方式。
事例研究	実際に起きた事例を研究することによって問題解決の原則を習得し、能力を高める方式。これにはケース・スタディ、インシデント・プロセス、イン・バスケット、ビジネス・ゲーム、ケプナー・トリゴー法等の方式がある。
ブレーン・ストーミング法	複数の人が自由にアイデアを出し合い、相互に刺激し合って優れた発想を生み出そうという方式。
集団決定法	集団による討議、決定のプロセスをとることによって、受講者の態度変容を期待するもの。
ワークショップ	「体験型講座」を意味し、一方的に講義を受けるのではなく、参加者が実際に参加・体験することが特徴。トレーニングや問題解決の場として広く活用されている。
アクション・ラーニング	グループで職場の問題に対処し、実際の行動と振返りを通じて、個人およびグループ・組織の学習する力を養成するチーム学習の手法。

ックを行いながら、学習者に適したペースで指導を行っていく双方向的かつ段階的な指導法である。

　次に、問題解決に適した研修技法を説明する。一般的な討議法は、多数の参加者が1つのテーマに関して議論を交わすものである。事例研究はケーススタディあるいはケースメソッドを意味するが、ケーススタディは研究の手法を表す言葉であり、特定の企業や業界の事例を研究して成果をまとめたものを指す。その中心となるのは事例から抽出され、概念化された理論を学ぶことにある。一方で、ケースメソッドとは学習の手法を表すものであり、事例や状況についての詳細な説明はあるが、主観や解釈は排除されている。受講者はみずからが当事者になったつもりで、分析や判断を行い、最終的な意思決定を下す。シミュレーションあるいは後述するロール・プレイングに近いものといえる。ブレーン・ストーミング法もよく知られている。集団（小グループ）によるアイデア発想法の1つであり、参加メンバーが自由にアイデアを出し合い、互いの発想の異質さを利用して、連想を行うことによってさらに多数のアイデアを生み出そうという集団思考法・発想法を指す。有名なKJ法はブレーン・ストーミングなどによって得られた発想を整序し、問題解決に結びつけていくための方法である。もともとはデータをまとめるために考案された手法であり、データをカードに記述し、カードをグループごとにまとめて、図解し、論文等にまとめていく。共同での作業にもよく用いられ、創造的な問題解決に効果があるとされる。

　体験学習の研修技法としては、ビジネス・ゲームとロール・プレイングが代表的である。ビジネス・ゲームはケースメソッドと似ているが、ゲーム盤やコマなどを用いた方法に加えて、最近ではタブレットやPC（パソコン）を活用したものも一般的である。いずれも売上げや融資などの数字を駆使して、多くの変数について判断を行い、意思決定を下し、結果を分析するという一連の事業運営を疑似体験するのに有効である。個人で行うことも可能だが、グループ学習がより効果的である。ロール・プレイングは、役割演技法と呼ばれている教育訓練技法の1つである。

組織活動においては、構成員それぞれが役割を分担し、それらが有機的に組み合わされることによって組織目標を達成しており、「自分はそのほかの人の期待に応じて」「他の人は自分の期待に応じて」行動するとき、組織活動は円滑に機能する。この関係を特定の状況設定でプレイすることにより、本人の行動発想、態度、価値観などを変えることを目的としたものであり、特に営業、カスタマーサービス、部下指導等の対人能力の訓練として用いられる。

　最後に、比較的新しい研修技法についても触れておきたい。ワークショップとは、講義法など一方的な知識伝達のスタイルではなく、参加者みずからが参加・体験し、グループの相互作用において学び合ったり、作り出したりする手法をいう。たとえば、得意先に対する価格変更が経営において決定された場合に、トップダウンで問題解決を図るのではなく、円滑に進めるにはどのような戦術や留意点が必要となるかについて、グループの相互作用によって合意を形成し、スキルを高め、問題解決へとつなげていくものである。アクション・ラーニングもワークショップの一形態といえる。これは、現場に近い環境のもとで成果を出しつつ、そのプロセスを学ぶことを目的とするものである。またアスレチック型と呼ばれる手法は身体を使って学ぶものであり、オリエンテーリングや野外活動、さらにはボランティアなどの機会を利用したものまで幅広い。非日常的な空間において、問題解決力、決断力、チームワークなどを習得させる意義は大きいといえる。

（２）インストラクション技術の基礎

　教育訓練に関するインストラクション技術について見てみる。「よりよい教え」を実現することは受講者にとっての「よりよい学び」をめざすことにほかならない。そのためのポイントを考えてみる。まず、教える側と教えられる側との人間関係の構築が不可欠となる。さらには、教えられる側どうしの信頼関係も重要であろう。Ｘ理論・Ｙ理論を教育論に発展させたロジャーズも、人は誰もが学ぶ才能を持っていること、プ

ロセスに参加することによって学びが促進されることなどを強調している。一方的に教示する"教師"ではなく、質問とフィードバックによって気づきと自立を促す"コーチ"や温かく支援を行う"ファシリテーター"となることが重要である。

さらに、相手の学習スタイルに留意することも必要となる。社員は1人ひとりの性格や環境によってさまざまな学習ニーズを有している。たとえば、人間の情報認識には4つのタイプがあることが知られている。①見る、聞く、読むことによって学ぶ、②じっくり考えて学ぶ、③動いたり試すことによって学ぶ、④直感や感情を通じて学ぶ、というものである。多様な学び方を持った社員に対応するためには、多様な教え方・手法・場面が必要となることに留意しなくてはならない。またガードナーによる、人間が働く場面あるいは生活において有する複数の能力（言語能力、論理的・数学的能力、空間能力、身体・運動能力、音感能力、人間関係形成能力、自己観察・管理能力、自然との共生能力）も参考になる。

最近においてはインストラクショナルデザイン（教育設計）の採用も広がっている。これは、教育が必要とされるさまざまなシーンにおける学習者の高い習熟と行動変容を目標とし、より効果的・効率的で魅力的な学習環境を設計・開発するための、システム的な教授方法・ガイドラインを意味している。

インストラクションのポイントをまとめてみよう。

○受講者にみずから考えさせる工夫を行うこと

○知識習得だけでなく、創造力と批判的思考を養わせること

○教える側とのよりよい人間関係を築くこと

Column　コーヒーブレイク

《社員と企業は運命共同体なのか》

　なぜ企業が社員を教育するのかを説明するときに、企業特殊能力について説明したが、この「企業特殊」が強まるということは、会社と社員がお互いに縛り合う関係になる、あるいは同じ船に乗るメンバーどうしという関係になることを意味している。

　すでに説明したが、企業特殊能力を多く持つ社員は、他社に移ると給与が下がるので、いまの会社から離れられない。しかも、社員の最も重要な資産である能力（企業特殊能力）は、いまの会社でしか価値を持たない資産であるので、会社が倒産したら資産価値がゼロになってしまう。したがって、社員は会社の経営状態を良好に維持することに常に注意し、また、そのために会社に協力することなる。つまり、自分の大切な資産が乗っている船が沈没しては困るのである。

　会社にとっても、似た状況にある。会社は多くの金をかけて社員を教育してきた。そこで社員が獲得した能力は、会社にとっても貴重な財産であり、外から簡単には調達できない資産でもある。それは、資産が社内で金をかけて養成しなければ得られない、企業特殊性を持った能力であるからであり、企業はその資産（つまり、社内で育成した人材）を大事に抱え込むし、外部に流出しないように注意する。つまり、同じ船に乗っている貴重な資産を捨てられないし、捨てるときは船が沈むときという状態に企業も置かれるのである。

　要するに、企業特殊能力を介して会社と社員は運命共同体のもとにあるということなのだが、わが国企業の人事管理を見ると、思い当たることが多々あるのではないだろうか。

第 **5** 節 | # 自己啓発支援の
基本的考え方

学習のポイント

◆自己啓発は長期的な視点による自主的な教育訓練手法である。
具体的には、社員の裁量に任せる自由型、会社が内容を示す
選択型、特定のテーマで参加者を募る応募型がある。

◆OJTとOff-JTは会社の意思あるいは指示に基づく教育訓練
であり、自己啓発は個人の自由意思によるものである。社員
の立場からは、自己啓発が学習の基盤をなすものであり、そ
の上にキャリア開発、さらにはOJTとOff-JTが位置するこ
とになる。

◆会社として自己啓発を支援する策としては、情報および場の
提供、金銭的補助、時間的便宜の供与、学ぶ風土の醸成があ
り、なかでもすべての従業員が学習し続ける組織づくりが重
要である。

1 自己啓発支援の意義・目的と特徴

(1) 自己啓発の特徴と進め方

　自己啓発とは長期的な視点による自主的な教育訓練であり、社員みず
からがめざす姿（「どのような能力を得たいのか」）を決めることから始
まる。その際に、「社内のこの部門でこの仕事をしたい。そのために必要
な能力は何なのか」といった長期的な視点を持つことが大切である。具
体的な（あるいは、抽象的な場合もある）ゴールが決まると、そのため

に必要な能力と現在の能力とのギャップを明確にし、自己啓発の目標を設定する。最後に、目標を達成するための方法、スケジュールを計画し、期間を定めて実行する。

　こうした自己啓発はあくまでも個人の自主性によるものであるが、企業はそれを促進するためにさまざまな支援策をとっている。図表４-５-１を見ると、最も中心的な方法は資金的援助策であり、受講料の全額・半額・一部補助を行うことが一般的である。受講料補助に関しては修了を条件とする場合もある。次に、自己啓発を動機づけたり、進め方を知らせるための指導パンフレットを作成する、自己啓発のための教材を紹介するといった情報提供、さらには、自己啓発のための時間的な配慮をするといった時間的な支援策が行われているが、詳しくは本節３で後述する。

図表４-５-１ ● 企業の自己啓発支援策（複数回答）

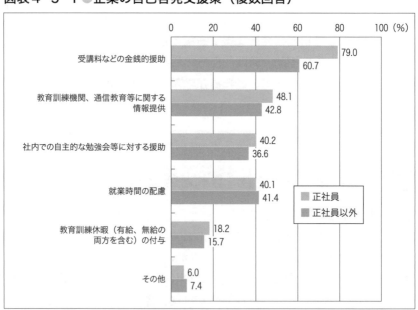

出所：厚生労働省「平成30年度 能力開発基本調査」2019年

　自己啓発は社員の自主性に任せることから、対象者を選抜するケースは少なく、すべて社員に任せる自由型、プログラムを開示して社員に選ばせる選択型、あるいは特定のテーマに関する公募型とすることが普通である。具体的な方法としては、従来の通信教育に加えてe－ラーニングやWBT（Web Based Training）も広まっている。WBTは社内イントラを活用した手法であり、たとえば、業務に必要な知識や業務工程がパッケージとなり、関連した業務あるいは興味のある業務を学ぶことができる。ほかにもスクーリング（通学）も一般的であり、他社との異業種交流会、専門学校、ビジネス・スクールなどの大学院、自費による海外留学なども自己啓発の範疇となる。

（2）自己啓発の意義

　自己啓発はOJTやOff-JTとは次元が異なるのではないかという指摘がある。つまり、職場（あるいは、日常業務）の中で行われるか、外で行われるかに基づく分類がOJTとOff-JTであるが、いずれも会社の意思あるいは指示で行われるものである。しかし、自己啓発は自発的な教育訓練の全般を指す。つまり、この3つは分類軸が異なっており、同じ通信教育という手法であっても、会社の指示および負担で行うコンプライアンス講座は後に行われる集合研修を補完するOff-JTであり、自分の将来の夢のために自費で受ける中国語講座は自己啓発ということになる。すでに述べたように、人材開発の手法は多岐にわたり、またそれぞれが補完し合うことが有効であるならば、自己啓発はみずからの意思によって（つまり、高いモチベーションに基づいて）行われる重要な人材育成領域と位置づけるべきである。OJTとOff-JTを重視し、自己啓発をその下に補完的に位置づける考え方は、かつての時代の名残ともいえる。環境変化が激しく、知識創造が企業の生命線となる今日においては、長期的かつ自主的な自己啓発こそが人材開発全体の基盤を形成するのである。

　このことは、ワーク・ライフ・バランスと自己啓発の関係からも明らかである。昨今の少子化問題、雇用の格差問題、労働力不足への対応策

として、政府はワーク・ライフ・バランス（仕事と生活の調和）推進への取り組みを強化している。2007（平成19）年には労使代表者らが参加した「官民トップ会議」で、政府は「仕事と生活の調和（ワーク・ライフ・バランス）憲章」と行動指針を策定した。「憲章」では、仕事と生活の調和が実現した社会とは、「国民1人ひとりがやりがいや充実感を感じながら働き、仕事上の責任を果たすとともに、家庭や地域生活などにおいても、子育て期、中高年期といった人生の各段階に応じて多様な生き方が選択・実現できる社会」としている。本憲章では、ライフ（生活）の領域を①仕事・働き方、②家庭生活（育児・介護など）、③地域・社会活動、④学習や趣味・娯楽等、⑤健康・休養、の5つに定めている。仕事の充実は生活におけるそのほかの領域との調和が重要であるという趣旨であるが、④の学習とはまさにみずからによる長期的かつ自発的な教育にほかならない。この点からも自己啓発の重要性を見ることができる。

2 自己啓発支援の位置づけ

（1）人材開発における自己啓発の重要性

　個人の長期的なキャリア観に基づき、自発的に行われるのが自己啓発であれば、社員の立場では自己啓発が人材開発の根幹を形成することとなる。その上に会社と個人の視点を融合した中期的なキャリア開発があり、最上階に位置するのが日常業務ともいえるOJTとこれを補完するOff-JTとなる。つまり、会社において自己啓発を支援する際には、他の人材開発手法と連動することが不可欠になる。そこで、在宅勤務者に対する教育訓練を例に自己啓発支援の位置づけを考えてみる。

（2）自己啓発支援の事例

　企業では一般に、社員の階層やキャリアなどに応じて、各種の教育訓練や研修を行う必要が生じてくる。しかし、勤務形態によっては出社日数が少なくなる在宅勤務、特に月に1日など、まれにしか出社しない常

時型の在宅勤務者の場合には、OJTの機会が難しい。また、一堂に会しての集合研修に参加させることも難しいことから、これらの機会を補完するための教育訓練や研修をどのように行うべきかが課題となる。

　在宅勤務者としても、本人が一定水準以上の自己管理能力や専門性を身につけていることから、自身のスキルアップやキャリアアップの機会である教育訓練・研修を受けたいとする意識も高い傾向にある。日常的にはできない社内の人とのフェイス・ツー・フェイスによるコミュニケーションを行い、リフレッシュあるいは気分転換に役立てるという点では、教育訓練・研修等の機会に出社してもらうことには大きな意味がある。

　そこで、オフィスにいないこと自体が不利にならないように、教育訓練・研修等の日程を在宅勤務者の都合に配慮するなどきめ細かく調整していく必要が生じる。年間計画等であらかじめ日程等が周知されていることが望ましいが、臨時的なものや随時日程を決めていく場合には、おおよその日程が決まった段階でできるだけ早めに、担当者から連絡することも1つの方法である。また、教育訓練・研修等の内容や規模によっては、出席しやすいように、曜日や時間帯などを複数の日程で設定する方法もある。

　しかし、どうしても対象者全員の日程を調整することができないこともある。そのような場合には、参加できなかった在宅勤務者へのフォローアップを考えなければならない。たとえば、知識を高めることや自己啓発を目的とした研修であれば、研修等の資料を後日送付したり、研修の模様を撮影し、DVDディスクを貸し出すなどの方法のほか、通信教育やe－ラーニングを活用することも有効である。このような対策は、海外勤務者や出張などで参加できなかった社員を対象とした場合にもよく行われており、この取り扱いを在宅勤務者にも広げるという運用で対応することが可能である。

3 自己啓発支援の種類および効果的な進め方

（1）情報の提供

　企業が社員に対して行うことができる自己啓発支援は、①情報提供、②金銭的補助、③時間的便宜、④風土醸成、の4つに集約される。順に見ていく。

　まず情報提供については、自己啓発の目的とあわせて自己啓発の体系を作成することが必須である。その際には、通信教育やe－ラーニングの講座名を単に羅列するのではなく、自社の教育訓練ニーズを反映し、分類軸に沿ったわかりやすいものにすることが重要である。たとえば自己啓発領域として、「階層別」「コンピュータ・IT」「計数管理」「ビジネス全般」「営業」「語学」「製造・技術」など自社の業務に即して分類し、対象者を「管理者（上級）」「管理者（中級）」「中堅（初級）」「新人／内定者」のように分けてマトリックスにするとわかりやすい。

　その際には、会社として取得することを奨励する公的資格を示し、それと関連する内容を明記することも有効である。

　でき上がった体系に基づき、具体的な講座やプログラムの選定を行い、自己啓発資料を作成することになる。自己啓発の体系と内容に関しては、自社で検討してもよいが、通信教育などを提供するプロバイダー（社外教育機関）に相談するなど、専門家を十分に活用することが効率的である。内容に関しては、通信教育やe－ラーニングに加えて、社内外の研修講座・セミナーや推薦図書リストなども検討する。完成した体系は冊子あるいはネット上でわかりやすく社員へ公開することになるが、全体図や内容（コンテンツ、コース、プログラム）に加えて、社内資格との関連、後述する費用負担・時間的便宜などに関する説明が重要である。

（2）費用および時間の支援

　次に、会社が行うことのできる支援は金銭的補助であり、運用のルールと会社の援助割合を定めておく必要がある。ルールに関しては、欧

米の企業では従業員1人当たり年間5万円まで援助するといった形が一般的であり、その際に内容は特に問わない。しかし日本企業の場合は、会社による費用負担は会社が提示した自己啓発プログラムの内容・講座に限定される場合が多い。また、受講申し込みの時点で自動的に会社が半額負担するケース、修了をもって半額あるいは全額負担するケースなど、金銭的補助に関する考え方はさまざまであり、経費費目、負担割合、適用条件などをあらかじめ明確にしておくことが重要である。

　金銭と同様に社員が望む支援は時間的便宜の供与である。自己啓発とは自主的な取り組みであるため、原則としては就業時間外で行うことになるが、たとえば、通学のために時間外勤務ができない場合、公的資格の受験が2日間に及ぶ場合など、会社として何らかの配慮が必要なケースが生ずる。本人の有給休暇の利用以外に、半日あるいは時間単位の有給休暇や自己啓発休暇などの導入も検討する必要がある。そうした支援以上に、職場の上司や同僚が互いの自己啓発について理解を示し、知恵・工夫・配慮によって時間的便宜を図ることが最も重要である。

　なお自己啓発の内容は、必ずしも会社が提供する内容に限定されるわけではない。社員が自由に資格取得の教材を購入したり、学校等に通う場合もあるだろう。終業後に有志で英語勉強会を定期的に行って講師を招くといった例、社内の部活動・サークル活動の内容が自己啓発に相当する例なども考えられる。いずれにせよ、自社としての自己啓発の範囲を定め、金銭や時間に関する運用ルールを周知することが必要となる。

（3）学ぶ風土の醸成

　会社が行う最も重要な支援策は個人、職場、全社で学ぶという風土の醸成である。具体的には、目標管理制度の能力開発目標に自己啓発項目を入れる、昇進・昇格の要件とOff-JT・自己啓発プログラムとの対応を示す、公的資格の取得を奨励する、自己啓発に関する相談窓口を設ける、資格取得や自己啓発における目覚ましい成果を表彰するなどの取り組みが年月を経て風土を醸成していく。これは自己啓発に限ったことではな

く、日常の業務を通じた丁寧なOJTが基盤となることはいうまでもない。さらに、一般社員のみが学習を行うのではなく、パートタイマーやアルバイトに対する学習支援、そして中間管理職や経営陣みずからが常に学ぶ姿勢を言葉や行動で表すことこそが、組織を知識創造の場へと変えていくのである。

Column コーヒーブレイク

《人材開発における専門性》
　一般に「専門性」とは、「特定分野に限定された探究や担当」を意味する「専門」という概念から派生した用語であり、人事管理では「人材が有する、担当職務における成果創出の根拠となる能力」を意味する。類語として、「職能」「熟練」「芸」「腕」などがある。人材開発の目的は専門性の向上ともいえるが、「能力」の定義が組織や個人によって多様であることから、多くの企業等においては「専門性」を構成する厳密な内容は定まっていない。具体的には、担当職務における特定領域に関する高度な知識や経験を指すことが多く、専門性の種類と高さに応じて処遇が行われることから、専門性自体が権威を意味する側面を持つ。採用活動の際には、候補者の専門性によって、担当する職群・職務に応じた社員区分制度／社員格付け制度に即した入職行動が行われ（例：企業における一般職の事務職、医療機関における看護職、オーケストラにおけるバイオリン奏者）、その後は担当職務に応じた専門性を選択、修得、向上、あるいは変更することとなり、このプロセスが「キャリア形成」である。

第4章 理解度チェック

次の設問に、○×で解答しなさい（解答・解説は後段参照）。

1　人材開発を行う際には、経営方針や経営戦略に基づく経営の視点、キャリア開発に基づく個人の視点、さらに日常業務に基づく職場の視点の3つによって進めなければならない。

2　常に重要な経営課題・人事課題であった人材開発とは教育訓練と同義語であり、その内容はOJT（職場内教育/訓練）、Off-JT（職場外教育/訓練）、自己啓発に分かれる。

3　営業職の新人などによく見られるように、営業の同行や会議の同席などによって上司や先輩の仕事ぶりを学び、必要に応じて相談に乗ってもらうというプロセスはOJTにほかならない。

4　Off-JTは単独で行うだけでなく、OJTや自己啓発との連動によって効果が高まる。アクション・ラーニングは研修において作成したプランを現場で実践することで研修とOJTを一体化させるものである。

5　かつて、自己啓発とは本人の趣味や興味を満たすものとして福利厚生的な位置づけのこともあった。しかし、今日では個人主導による長期的視点の教育訓練として、その役割が見直されている。

第4章 理解度**チェック**

1 ○
人材育成は一般的に個人と企業の視点、あるいは長期的視点で語られることが多い。しかし、日々の業務における能力のギャップを埋めるためには、職場全体の能力向上の視点が不可欠である。

2 ×
人材開発には、知識・技能などの能力を直接的に高める教育訓練と、一連の仕事群の経験を通して人材の育成を図るキャリア開発の2つの方法がある。

3 ×
OJTとは単に見よう見まねで学ばせることではなく、組織として意図的に行い、スケジュールとゴールに基づく計画的なものであり、決められた責任者のもとで継続的に行われなければならない。

4 ○
たとえば、職場の業務改善をアクション・ラーニングで行う場合、業務改善の概要についてe-ラーニングで事前学習させ、集合研修でプランを作成し、職場に戻って実践するといった組み合わせは効果的である。

5 ○
自己啓発は自発的な教育訓練を指すものであり、本人の高いモチベーションに基づいて行われる。長期的なキャリア視点による自己啓発は、人材開発システムの基盤をなすともいえる。

| 参考文献 |

今野浩一郎・佐藤博樹（2009）『人事管理入門　第２版』日本経済新聞社、2009年

川喜多喬『人材育成論入門』法政大学出版局、2004年

木谷宏『「人事管理論」再考　多様な人材が求める社会的報酬とは』生産性出版、
　　2016年

桐村晋次『人材育成の進め方〔第３版〕』日本経済新聞出版社、2005年

高原暢恭『人材育成の教科書』労務行政、2010年

田中久夫・田島伸浩『人材育成ガイドブック』日本経団連出版、2002年

堤宇一編著『はじめての教育考課測定』日科技連出版社、2007年

中尾ゆうすけ『人材育成の教科書』こう書房、2010年

中原淳編著『企業内人材育成入門』ダイヤモンド社、2006年

日本経団連出版編（2011）『人事・労務用語辞典〔第７版〕』日本経団連出版、
　　2011年

日沖健『経営人材育成実践』経営書院、2012年

福澤英弘『人材開発マネジメントブック』日本経済新聞出版、2009年

古川久敬監修、JMAMコンピテンシー研究会『コンピテンシーラーニング』日
　　本能率協会マネジメントセンター、2002年

守島基博『人材マネジメント入門』日本経済新聞出版社、2004年

索引

[あ]

[い]

[う]

[え]

[か]

[き]

334

──ビジネス・キャリア検定試験のご案内──

（令和４年４月現在）

●等級区分・出題形式等

等級	等級のイメージ	出題形式等
1級	企業全体の戦略の実現のための課題を創造し、求める目的に向かって効果的・効率的に働くために、一定の専門分野の知識及びその応用力を活用して、資源を統合し、調整することができる。（例えば、部長、ディレクター相当職を目指す方）	①出題形式　論述式 ②出 題 数　２問 ③試験時間　150分 ④合否基準　試験全体として概ね60％以上、かつ問題毎に30％以上の得点 ⑤受 験 料　11,000円（税込）
2級	当該分野又は試験区分に関する幅広い専門知識を基に、グループやチームの中心メンバーとして創意工夫を凝らし、自主的な判断・改善・提案を行うことができる。（例えば、課長、マネージャー相当職を目指す方）	①出題形式　５肢択一 ②出 題 数　40問 ③試験時間　110分 ④合否基準　出題数の概ね60％以上の正答 ⑤受 験 料　7,700円（税込）
3級	当該分野又は試験区分に関する専門知識を基に、担当者として上司の指示・助言を踏まえ、自ら問題意識を持ち定例的業務を確実に行うことができる。（例えば、係長、リーダー相当職を目指す方）	①出題形式　４肢択一 ②出 題 数　40問 ③試験時間　110分 ④合否基準　出題数の概ね60％以上の正答 ⑤受 験 料　6,200円（税込）
BASIC級	仕事を行ううえで前提となる基本的知識を基に仕事の全体像が把握でき、職場での円滑なコミュニケーションを図ることができる。（例えば、学生、就職希望者、内定者、入社してまもない方）	①出題形式　真偽法 ②出 題 数　70問 ③試験時間　60分 ④合否基準　出題数の概ね70％以上の正答 ⑤受 験 料　3,300円（税込）

※受験資格は設けておりませんので、どの等級からでも受験いただけます。

●試験の種類

試験分野	試 験 区 分			
	1 級	2 級	3 級	BASIC級
人事・人材開発・労務管理	人事・人材開発・労務管理	人事・人材開発	人事・人材開発	
		労務管理	労務管理	
経理・財務管理	経理・財務管理	経理	経理（簿記・財務諸表）	
			経理（原価計算）	
		財務管理（財務管理・管理会計）	財務管理	
営業・マーケティング	営業・マーケティング	営業	営業	
		マーケティング	マーケティング	
生産管理	生産管理	生産管理プランニング（製品企画・設計管理）	生産管理プランニング	生産管理
		生産管理プランニング（生産システム・生産計画）（加工型・組立型）		
		生産管理プランニング（生産システム・生産計画）（プロセス型）		
		生産管理オペレーション（作業・工程・設備管理）	生産管理オペレーション	
		生産管理オペレーション（購買・物流・在庫管理）		
企業法務・総務	企業法務	企業法務（組織法務）	企業法務	
		企業法務（取引法務）		
		総務	総務	
ロジスティクス	ロジスティクス	ロジスティクス管理	ロジスティクス管理	ロジスティクス
		ロジスティクス・オペレーション	ロジスティクス・オペレーション	
経営情報システム	経営情報システム	経営情報システム（情報化企画）	経営情報システム	
		経営情報システム（情報化活用）		
経営戦略	経営戦略	経営戦略	経営戦略	

※試験は、前期（10月）・後期（2月）の2回となります。ただし、1級は前期のみ、BASIC級は後期のみの実施となります。

●**出題範囲・試験日・お申し込み方法等**

　出題範囲・試験日・お申し込み方法等の詳細は、ホームページでご確認ください。

●**試験会場**

　全国47都道府県で実施します。試験会場の詳細は、ホームページでお知らせします。

●等級区分・出題形式等及び試験の種類は、令和3年4月現在の情報となっております。最新情報は、ホームページでご確認ください。

●**ビジキャリの学習体系**

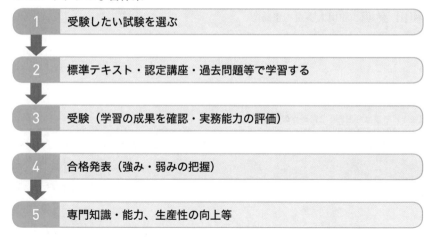

1	受験したい試験を選ぶ
2	標準テキスト・認定講座・過去問題等で学習する
3	受験（学習の成果を確認・実務能力の評価）
4	合格発表（強み・弱みの把握）
5	専門知識・能力、生産性の向上等

●**試験に関するお問い合わせ先**

実施機関	中央職業能力開発協会
お問い合わせ先	中央職業能力開発協会　能力開発支援部 ビジネス・キャリア試験課 〒160-8327 東京都新宿区西新宿7-5-25　西新宿プライムスクエア11階 TEL：03-6758-2836　FAX：03-3365-2716 E-mail：BCsikengyoumuka@javada.or.jp URL：https://www.javada.or.jp/jigyou/gino/business/index.html

人事・人材開発 **3級**〔第3版〕
テキスト監修・執筆者一覧

監修者

木谷　宏　県立広島大学大学院 経営管理研究科 教授

執筆者（五十音順）

木谷　宏　県立広島大学大学院 経営管理研究科 教授
　　　　　　…第1章、第4章

山崎 達也　トピー実業株式会社 常務取締役
　　　　　　…第3章

和田 泰明　和田人事企画事務所
　　　　　　…第2章

協力者

田村 智行　元新潟労働局長

（※1）所属は令和2年3月時点のもの
（※2）本書（第3版）は、初版及び第2版に発行後の時間の経過等により補訂を加えたものです。
　　　　初版、第2版及び第3版の監修者・執筆者・協力者の各氏のご尽力に厚く御礼申し上げます。

人事・人材開発 **3級**〔第2版〕
テキスト監修・執筆者一覧

監修者		

木谷　宏　麗澤大学 経済学部 教授

執筆者（五十音順）		

木谷　宏　麗澤大学 経済学部 教授

山崎 達也　トピー実業株式会社 経営企画・総務・人事担当
取締役 人事部長 ファシリティ営業部長

和田 泰明　和田人事企画事務所 人材・賃金コンサルタント

協力者（五十音順）		

石原 正雄　日本橋学館大学 事務局長

香川 忠成　香川社会保険労務士事務所 代表

鈴木 康雄　公益財団法人日本生産性本部 コンサルティング部 主任経営コンサルタント

二宮　孝　株式会社パーソネル・ブレイン 代表取締役 代表コンサルタント

矢頭　潔　TDK 株式会社 人事教育部 人財グループ 部長

渡邉 和洋　ワヨウ事務所 所長

（※1）所属は平成26年2月時点のもの
（※2）本書（第2版）は、初版に発行後の時間の経過等により補訂を加えたものです。
　　　初版及び第2版の監修者・執筆者・協力者の各氏のご尽力に厚く御礼申し上げます。

人事・人材開発 **3級**〔初版〕
テキスト執筆者

今野 浩一郎　学習院大学 経済学部 経営学科 教授

（※1）所属は平成19年3月時点のもの
（※2）初版の執筆者のご尽力に厚く御礼申し上げます。

ビジネス・キャリア検定試験標準テキスト

人事・人材開発 3級

平成19年4月9日	初　版	発行	
平成26年2月17日	第2版	発行	
令和2年3月31日	第3版	発行	
令和4年7月4日	第2刷	発行	

編　著　**中央職業能力開発協会**

監　修　**木谷　宏**

発 行 所　**中央職業能力開発協会**
　　　　　〒160-8327　東京都新宿区西新宿7-5-25 西新宿プライムスクエア11階

発 売 元　株式会社 **社会保険研究所**
　　　　　〒101-8522　東京都千代田区内神田2-15-9 The Kanda 282
　　　　　電話：03-3252-7901（代表）

ISBN978-4-7894-9602-5 C2036 ¥2800E